Cesare Marquis Beccaria Bonesana

Des Herrn Marquis Beccaria unsterbliches Werk von Verbrechen und Strafen

Auf das Neue selbst aus dem Italienischen übersetzt by F. J. Flathe mit

durchgängigen Anmerkungen des Herrn Hofrath Hommels

Cesare Marquis Beccaria Bonesana

Des Herrn Marquis Beccaria unsterbliches Werk von Verbrechen und Strafen
Auf das Neue selbst aus dem Italienischen übersetzt by F. J. Flathe mit durchgängigen Anmerkungen des Herrn Hofrath Hommels

ISBN/EAN: 9783743490901

Printed in Europe, USA, Canada, Australia, Japan

Cover: Foto ©Suzi / pixelio.de

More available books at **www.hansebooks.com**

Beccaria.

Des

Herrn Marquis von Beccaria

unsterbliches Werk

von

Verbrechen und Strafen.

*In rebus quibuscunque difficilioribus non expectandum,
ut quis simul & serat & metat; sed præparatione opus est,
ut per gradus maturescant.* Baco Serm. Fidel. XLV.

Auf das Neue

selbst aus dem Italiänischen übersetzet

mit

durchgängigen Anmerkungen

des Ordinarius zu Leipzig

Herrn Hofrath Hommels.

WIEN,

gedruckt bey Johann Thomas Edlen von Trattnern,
k. k. Hofbuchdruckern, und Buchhändlern.

1786,

Hommelische Vorrede.

Der dreyßigste April des 1765sten Jahres war
der mir unvergeßliche Tag, an welchen ich der höchsten Gnade theilhaftig wurde, in huldreicher Gegenwart des damals minderjährigen und nun glor-
würdigst regierenden Churfürsten zu Sachsen Durch-
lauchtigkeit, eine öffentliche Streitschrift zu vertheidigen. Höchst desselben Frau Mutter und des Herren Administrator Xavers königliche Hoheiten be-
gleiteten den jungen Helden in Hörsal, und man
hätte sagen können, daß Apollo, Mars und Mi-
nerva damals Aſträens Tempel bestrahlet. Der
ganze Hof war gegenwärtig. Leute mit Ordens-
bändern, Räthe, Prälaten, Obristen, Stallbe-
diente, und viele Fremde, weil es just in die Oster-
messe fiel, saßen damals auf den Bänken mitten unter den Studenten. Ich muste kurz zu Werke gehen; denn nur einige Wochen vorher wurde mir
höchsten Ortes vorgeschrieben, daß ich einen Gegenstand zur Abhandlung wehlen sollte, der einem
künftigen Landesherrn dienlich seyn könnte. Also
wur-

wurden Carpzov, Berger, Stryk und Menke vom
Tische geworfen, blos die Vernunft zu Rathe gezogen, und meine Disputation überschrieben: Prin-
cipis cura Leges.   Ich habe darinnen folgende
Grundsätze behauptet:

Härte schadet; übertriebene Gesetze werden lächerlich, und am wenigsten gehalten.   Todesstrafen helfen
nichts.

Wir haben kein charakterisches Kennzeichen von
einem göttlichen allgemeinen positiv Gesetze. Alle Kennzeichen, welche man zeithero davon gegeben, trügen.
Es giebt dergleichen nicht.

Ein Gesetzgeber muß der menschlichen Schwachheit eingedenk seyn, und die Natur der Sterblichen
kennen. Willst du einen Menschen verdammen, so erinnere dich selbst, daß du Mensch bist.

Ich wünschte, daß die Strafen, welche blos aus
einer üblen, durch die Päbste gemachten, Anwendung
der mosaischen Gesetze entstanden, abgeschaffet werden
möchten, weil Christus uns vom Gesetze befreyet, und
das mosaische Recht uns ganz und gar nichts angehet.
Christus ist des Gesetzes Ende, Röm. X, 4. Also
soll man das jüdische und christliche nicht durcheinan-
der kneten.

Wo die Natur selbst strafet, so daß der Verbrecher ohne alle Gesetze schon sattsame Ursache hat, die
Sünde zu unterlassen, soll der Gesetzgeber gar nicht
strafen.

Die Schande, so einer Geschwächeten auf dem
Fuße nachfolget, die Züchtigung der Eltern, die Un-
bequemlichkeit der Schwangerschaft, die Furcht des höl-
lischen Feuers, sind weit ärger, als alle obrigkeitliche
Strafen nur immer seyn mögen. Da nun jene vergeblich, was wollen diese helfen?

Man muß Sünde, Verbrechen und verächtliche
Handlungen nicht unter einander werfen. Ein Loch
im Strumpfe zu haben, ist weder Sünde noch Verbrechen, sondern Schande; seine Schwester zu heyra-
then, ist bey den Christen Sünde, aber kein bürgerliches Unrecht. Denn Verbrechen oder Unrecht heißt
nur dasjenige, wodurch ich jemanden beleidige. Blos
dieses

dieſes iſt der Gegenſtand bürgerlicher Strafgeſetze. Es
kann etwas ſchändlich, es kann etwas ſündlich und
doch bürgerlich kein Verbrechen ſeyn. Menſch, Bürger und Chriſt ſind drey unterſchiedene Begriffe.

Freyheit, das heißt, aufgehobener Zwang in Kleinigkeiten, iſt der Zucker, wodurch man denen Bürgern
die Unterwürfigkeit verſüßet. Alſo hinweg alle Einſchränkung ſolcher Handlungen, wodurch niemanden
geſchadet wird, und deren Verbot gleichwohl der
Schatzkammer kein Geld einbringet. Lobet mir keinen
geſetzgebenden Mückenfänger, welcher die Unterthanen
in Schulknaben verwandeln will. Freyheit und Gelindigkeit der Geſetze iſt in Monarchien ſo gut, als in
Republiken möglich; ſie macht, daß die Leute gerne
im Lande wohnen, und locket Fremde herbey.

Die Römer, ein Volk mit politiſcher Klugheit
die bezwungene Welt durch weiſe Geſetze zu regieren,
über alle Völker erhaben, hüteten ſich wohl, ihre
Religion in ihre peinliche Geſetze zu mengen, ſondern
ſagten kurz und gut: Wer ſich an Göttern und deren
Gebothe verſündiget, das werden die Götter rächen.

Die abſcheulichſten Verbrechen ſind, wodurch die
allgemeine Sicherheit am heftigſten geſtöret wird, als
vorſetzlicher Mord, Feueranlegen, Wegebelagerung, Prellerey, Vergiftung, Straſſenraub. Mittlere Verbrechen
ſind, die weniger beleidigen, als Diebſtahl, Todſchlag
aus Jähheit des Zorns, Ehebruch, doch nur alsdenn,
wenn der beleidigte Ehegatte ihn rüget; auf eben die
Art, als wie der Hausdiebſtahl nicht eher von Richter unterſuchet werden darf, als bis der beſtohlne Vater es verlanget. Endlich ganz geringe, als Beſchim-
pfungen, Plünderung der Gräber und dergleichen.

Es giebt chimäriſche Miſſethaten, die man belohnen
und die Verbrecher mit Kränzen zieren ſollte. Unter
ſehr vielen nur ein Beyſpiel zu geben, ſo höret man
bey Hungersnoth wohlhabende Bürger, welche in
wohlfeilen Zeiten dasjenige gethan, was Jehova in
Egypten ſeinem Freunde Joſeph eingegeben, gar öfters von Kanzeln verfluchen. Wenn es keine ſolche
Joſephe gäbe, ſo müſten, bey Mißwachſe, die Armen zu Tauſenden verhungern. Es giebt erdichtete
Verbrechen, die mit Feuer beſtrafet werden.

Täglich sieht man Beyspiele und das päßliche Recht wimlet davon, daß Worte Sachen aus dem Felde schlagen, und die Wahrheit einem leeren Schalle weichen muß.

Die heilige Inquisition, die Vehmischen Gerichte, der Hexenproceß, die so genannten Gottes Urthel und viele andere blutige Gesetze sind aus dem Misbrauche der Religion entstanden.

Diese höchst feyerliche Disputation habe ich hernach meiner Rhapsodie in einzeln Stücken, damit das Lesen nicht ermüden möge, einverleibet und, um meiner Meinung ein Gewichte zu geben, je zuweilen eine Stelle des Beccaria (den ich hernach erst gelesen hatte, zu der Zeit aber, als ich die Disputation hielte, noch nicht gelesen haben konnte) nach der Hamburgischen Uebersetzung beygefüget.

Als ich damals von Katheder herunter stiege, schüttelte man die Köpfe. Es widerlegte zwar nur gedachte ärgerliche Säze niemand, warum? Weil jedermann meynte, sie widerlegten sich selbst, doch hörte ich, daß einer dem andern ins Ohr sagte: Wenn die Folter, wenn die Lebensstrafen abgeschaffet werden sollten, so sey des Nachts niemand sicher über die Straße zu gehen, aus Furcht erschlagen zu werden. Der Herr Regierungs und Consistorialrath Hankel schiene der einzige, welcher an der Menschlichkeit Gefallen trage, da er diese Abhandlung noch in eben diesen 1765sten Jahre ins Deutsche übersetzte, stückweise den Frankenhausischen Intelligenz Blatte einverleibete, hernach aber zusammen mit einigen Anmerkungen zu Frankenhausen in Octav druken liese.

Der

Der geringe Beyfall, den die Rechtsgelehrten diesen damals ungewöhnlichen Lehren beylegten,
machte mich kleinmüthig, bis kurze Zeit darauf
dieses Mistrauen gegen mich in Zufriedenheit sich
verwandelte, als ich in gegenwärtiger Schrift des
Herren Marquis von Beccaria sehr vieles von
demjenigen, was ich in finsterer Sprache Latiens
entworfen hatte, durch der Redekunst Fakeln erleuchtet und in Worte umgeschaffen sahe, die nur
Engel reden können.

Wenn dessen Buch zuerst an das Licht ge-
treten, bin ich auf das genaueste anzuzeigen nicht
im Stande; nur so viel kann ich sagen, daß in
der deutschen zu Hamburg 1766. herausgekommenen Uebersetzung, welche mir zuerst in die Hände
kam, der Dolmetscher in der Vorrede sich beklaget,
daß weil die italiänische Urschrift noch nicht nach
Deutschland gekommen sey, er sich genöthiget gesehen,
dieses Werk nicht aus solcher, sondern aus der vor
kurzen herausgekommenen französischen Ueberse-
zung ins Deutsche zu wenden. Fast also zu der
nämlichen Zeit habe ich auf der untersten, so wie
der Marquis auf der obersten Staffel der Ehre
nicht ganz verschiedentlich gedacht, und Sätze, die
der Lehre dieses italienischen Weisen völlig gleichen,
vorzutragen den Muth gefasset.

Ich weis nicht, ob vielleicht aus dieser Un-
sache der Herr Verleger in Breslau, der ältere
Herr Korn, da er mir eine ganz neue Uebersetzung
unmittelbar aus dem Italienischen zu besorgen den
Auftrag that, und über dieses schätzbare Kleinod

der Sanftmuth und Gelindigkeit, das Italien so
viel Ehre macht, einige Anmerkungen nebst einer
Vorrede verlangte, mir einen Funken philosophischer Kenntniß zugetrauet haben mag? Ich muß
ihn aber seines Irthums belehren, indem ich zwar
ein tiefer Verehrer der Weltweisheit, nicht aber
selbst Philosoph bin. Rechtsgelehrte, d. i. Ausleger und Anwender giebt es viele. Aber Christian Thomasius ist nicht mehr. Doch sollten wohl
unter der so großen Menge nichts als lauter Ausleger und Anwender sich finden! Der Herr Verleger hätte, ehe er sich an mich gewendet, sie fleißi-
ger durchsuchen, nachzählen, herumforschen und
weiter reisen sollen, um diesen Phönix anzutreffen.
In tiefen Norden, wo Katharine herrschet, hätte
er anfragen sollen. Folgende Worte, die Aller-
höchst Dieselbe in der Instruction zu Fertigung
eines neuen Gesetzbuches ertheilet, sind bey mir un-
vergänglich ins Herz gegraben:

   Nicht alle moralische Unarten, nicht alle Sünden
sind bürgerliche Verbrechen, noch ein Gegenstand peinlicher Gesetze.

   Die zwanzigjährige Regierung der Kaiserinn Elisabeth Petrowna, die niemals am Leben gestraft, giebt
denen Vätern der Völker ein Beyspiel der Nachahmung,
das viel herrlicher ist als alle glänzende Eroberungen.

   Die Schreibart der Gesetze muß nicht verflochten
und dunkel seyn. Reiche Worte und arme Gedanken
verrathen einen asiatischen Stolz. Die Schreibart des
von Zaren Alexei Michailowiz, höchstsel. Andenkens,
gegebenen Gesetzbuches, ist deutlich, einfach und kurz.
Wenn aus selbigen Stellen angeführt werden, hört man
solche mit Vergnügen an.

   Gesetze, die in Ansehung der Geldbuße für gewisse
Verbrechen eine namentliche Summe bestimmen, müssen

wenigstens alle 50 Jahre auf das neue nachgesehen
werden *).

Bey dem Verbrechen der beleidigten, sowohl göttlichen als menschlichen, Majestät verkehret und verwirft
derjenige alles unter einander, der aus Worten und Ge-
sprächen ein allzugroßes Verbrechen macht. Es ist ein
wichtiger Unterschied zwischen Unbedachtsamkeit und
Bosheit. Der wirkliche große Geist verachtet die ihm
angethane Schmähreden, und nur der strafet, der sich
getroffen findet. Es saget jemand zum Xerxes: er verstehe den Krieg nicht. Es sagt eben dieses ein anderer
zum großen Alexander; Xerxes wird strafen, Alexander
wird lachen. Wie können wohl Fürsten bloße Reden
als wirkliche Thaten bestrafen, da ein bedenkliches Stillschweigen zuweilen mehr ausdrückt, als alle Gespräche?
Ein bloßer Verweis würde sich besser schicken.

Wenn die Büchercensur zu scharf, so vernichtet man
die Gaben des menschlichen Verstandes, und benimmt
die Lust zum Schreiben. Die Verfolgung reizet die Gemüther, aber Glaubensfreyheit erweichet die verhärte-
sten Herzen und beuget die Halsstarrigen.

Wie können wohl Prinzen an solchen Schmeichlern
Gefallen tragen, die ihnen täglich vorlügen, daß die
Völker ihrentwegen erschaffen sind? Wir aber halten
dafür und schätzen es uns zum Ruhme, zu sagen und
frey zu bekennen, daß wir unsers Volkes wegen erschaffen sind. Gott verhüte, daß ein Volk auf Erden gerechter, folglich blühender seyn möge, als das Unsrige.

Doch ich kehre zu meinem Beccaria zurück,
von dessen deutscher Uebersetzung, welche zu Hamburg herausgekommen und gut gerathen, ich schon
oben Erwähnung gethan. Ein Jahr darauf näm-

a 5 lich

*) Besser vielleicht, Getreide zum Maaßstabe anzunehmen
oder, weil auch hier es nicht zu allen Zeiten einerley Scheffel
gibt, so wie die ältesten Römer, nach Schafen und Ochsen
nicht in Natur, sondern nach der mittlern Zahl zwischen den
höchsten und niedrigsten Marktpreise, wie er in einem Durch-
schnitt von 20 Jahren auf dem nächsten Viehmarkte gestanden
die Summe zu bestimmen.

lich 1767. erschien zu Ulm eine andere, selbst aus
dem Italienischen. Ob dieser Uebersetzer das Wel-
sche verstanden? weiß ich nicht, weil ich selbst die=
ser Sprache gänzlich unerfahren, aber wohl so viel
erhellet zuversichtlich, daß er der deutschen Zunge
nicht mächtig gewesen. Kaum ist man im Stande,
eine Seite ohne Widerwillen zu lesen. Einige dieser Uebersetzung beygefügte, überaus christliche und
wohlgemeinte Anmerkungen, in welchem Consilia
Tubingensia, Lauterbach und Daniel Clasen fleißig angeführet, verunstalten des Beccaria göttliches
Werk. Viel zu schwach diesen Weltweisen nur zu
fassen, will der Anmerker ihn erklären, oder wohl
gar, Gott sey bey uns! widerlegen. So unschmack-
haft diese Ulmerischen Anmerkungen sind, so sehr
erhebt sich dagegen ein vortreflicher Kommentar in
französischer Sprache, welcher nach Angabe des
Titelblattes zu Philadelphia bey Johann Roberten,
Buchdruckern des General Congresses 1775, wenn
es jemand glauben will, gedruckt seyn soll. Ich
werde das Brauchbare davon dann und wann bey
meinen Noten unter der Bemerkung Franz. Kom=
ment. mit einrücken. Sie sind voller Geist und
Einsicht.

    Auch werde ich wegen Mißverstandes und irri=
ger Anwendung des Mosaischen Rechts, mitten un=
ter meinen Anmerkungen, je zuzweilen aus des Ritter Michaelis Schriften etwas beybringen. Der
Ort, wo er lehret, erlaubet ihm, nicht allein frey
zu denken, sondern auch was er denket, frey zu
schreiben. Diese vorzügliche Zierde der Göttingi-

schen

schen hohen Schule wird in Auslegung der heiligen Schrift, nach Verlaufe einer kurzen Zeit, unter den Theologen eben dasjenige seyn, was Cujacius
unter den Juristen.

Was die von Beccaria erwählte Ordnung an-
betrift, so getraue ich mir nicht selbige zu loben,
ob er wohl daran bey jeglicher Ausgabe gekünstelt
und öfters das hintere vorgesetzet. Seine Gedanken sind einzelne Blumen, die noch im Korbe liegen, ohne daß sie zierlich in einem Kranz geflochten.
Uebrigens will ich hoffen, daß die gegenwärtige dritte, unmittelbar aus dem Italienischen erfolgte Ver-
dollmetschung sich gut lesen lassen werde. Ich habe
den Uebersetzer, Herren Philip Jakob Fladen, sehr
gebeten, nur dahin zu trachten, daß er den Sinn
und Geist des Beccaria treffen und keinen demüthig
gehorsamsten Diener der Redensarten und Worte
abgeben möge. Die langen und zierlich in einander geflochtenen italienischen Perioden solle er lieber
zergliedern und, mit einem Worte, frey übersetzen.
Ich muß dieses erinnern, damit, wenn er etwa
diesfalls Tadel ausgesetzet würde, die Schuld nicht
auf ihn, sondern auf mich zurückfallen möge.

Sollte wohl in übrigen jemand von aller billigen Denkungsart sich so weit entfernen, daß er nicht
begreifen sollte, wie sowohl Beccaria als ich, blos
den Adel des menschlichen Geschlechts, welches bis-
hero den grausamsten Vorurtheilen aufgeopfert worden, durch Menschlichkeit zu beschützen gesuchet, keinesweges aber die Gesetze besonderer Länder anzugreifen, die Meynung gehabt haben. Sein Buch
und

und meine Anmerkungen beschäftigen sich mit der gesetzgebenden Klugheit, nicht aber mit der Auslegung und Anwendung bereits gegebener Rechte. Jene ist ein Werk der alltäglichen Jurisprudenz, dieses
die Beschäftigung der Politik und Weltweisheit, der
Weltweisheit sage ich, für welche der Rechtsgelehrten
gemeiner Haufe sich mit Kreutzen segnet, und die Klü-
geleyen der Vernunft als ein neues Thor anstaunet.
Wenn irgendwo ein selbst denkendes Geschöpfe mit
Bescheidenheit, daß ein gegebenes Gesetze dem gemeinen Wesen nicht zuträglich sey, erinnert; jedoch seine Meynung, wie er thun muß, der Majestät unterwirft, und unterdessen selbst gegen die
gegebenen Gesetze nicht handelt, sondern sie beobach-
tet und fürchtet, so soll man einen solchen Freywilligen, der mit leisen Schritten, nicht ohne Gefahr, gleichsam auf den Zehen herbey kommt, keinesweges abweisen; sondern wenigstens dessen guten
Willen belohnen, gesetzt auch, daß seine Vorschlä-
ge nicht annehmlich schienen.   Des Philosophen
mühseliges Bestreben bearbeitet ein Feld, welches
die Eigenthümer Braache liegen lassen; er biethet
ihnen noch überdieses, unentgeltlich, die Früchte zu
beliebigen Gebrauche dar: Das thut er, und du
willst ihn strafen? Ich habe mich öfters sehr verwundert, daß das bürgerliche Recht, so bloße Geld-
sachen betrift, vortreflich bearbeitet und fast zu seiner Vollkommenheit gebracht sey. Nur Kirchen-
Policey = und Kriminalordnungen der meisten Pro-
vinzen Deutschlandes enthalten Finsternisse, und
                                              sind

sind ein unbebautes Feld, ein Lehde und wahre
Wüsteney:

Pro molli viola, pro purpureo narcisso
Carduus, et spinis surgit paliurus acutis.

Außer was Christian Thomassius, Montesquieu
und unser Marquis gethan, ist alles öde. Es suchet ja aber sonst dieses philosophische Jahrhundert
alles bis auf den Gipfel zu treiben; Romanen, Predigten, Naturlehre, Malerey und Arzneykunst pran-
gen mit den herrlichsten Verbesserungen. Nur du
Asträa bist verlassen! Vergeblich suchet ein Deutscher Flavius den Urthels Stiel zu bessern. Es
bleibet alles bey voriger Barbarey. Die von Dorfe auf Landtäge berufene Edelleute und Stände,
wenn sie einen Proceß gehabt, der ihnen schweres
Geld gekostet, glauben, das ganze Wohl des Staates beruhe auf einer Tax- und Proceßordnung. Allein eine schlechte Gerichtsordnung fällt zwar schwer
in Beutel, aber sie beraubet doch Niemanden seiner
Freyheit, seiner Ehre, Gesundheit und seines Lebens.

Wollte Gott, daß alle Gesetze so gut bearbei-
beitet wären, wie die Kameralwissenschaften! Hier
haben die Räthe geglaubet, verlohne es sich der Mühe, ihren Witz anzustrengen, alles übrige möge
immerhin in seinem Chaos verwildern.

Prinzen, wenn ihr das Leben eines gemeinen
Mannes und eines Windhundes nicht für eines achtet, so kömmt es euch zu, schändliche Gesetze, die
wir noch haben, vom alten Sauerteige und Vorurtheilen zu reinigen, folglich auch diejenigen zu
schützen, die zum Denken Anlas geben. Man nenne

ne den Marquis keinen Projectmacher. Das Be=
benklichste, das Allerabscheulichste, worüber Recht=
gläubige sich schüttelten und die Augenbraunen thür=
meten, ist glücklich ins Werk gesezet; nämlich die
Folter ist zernichtet; die hochheilige Kirchenbuse
nunmehro selbst von Geistlichen für ungereimt er=
kläret; und die Landesverweisung des Landes glück=
lich verwiesen. Alle seine übrige Sätze sind eben
so unumstößlich. Nur muß man es wagen, weise
zu seyn; nur muß man von den Begriffen, die der
Herr Schulmeister tief in unsere annoch leere Seele
gepräget, als: daß Gott durch Hängen und Kö=
pfen sich versöhnen lasse und daran einen Gefallen
trage, daß Kezerey bestrafet werden müsse, daß
unordentliche Vermischung des Fleisches ein weit
größeres Verbrechen sey, als Straßenraub und
Gift; daß Gott zörne, wenn er donnere, u. s. w.
in etwas sich entfernen. Aus solchen schulmeister=
lichen Lehren entstehen abentheuerliche Begriffe von
Christenthume und Religion. Einen einfältigen
und schlecht denkenden Juden, der zu stehlen, auch
nach Gelegenheit, zu morden und zu betrügen kei=
nen Anstand nimmt, kannst du sicher am Sabbathe
einen mit Ducaten erfüllten Hut hinlegen. Geld
an diesen Tage anzugreifen, ist ihm mehr, als an
einem andern seine Mutter zu verrathen. Das nen=
net er Religion; das heißt bey ihm dem heiligen
Gesetze seiner Väter Abraham, Isaac und Jakob
nachleben. Wahre Verbrechen, meynet er, ver=
gebe Gott demjenigen, welcher in keiner verbothe=
nen Ehe lebe, Fasten und Gebethe in den vorge=

schrie=

fchriebenen Stunden beobachtete, fich von der Speife
des Erftickten, des Blutes und unreinen Viehes
enthielte, gar leicht, denn er fey ein barmherziger
Vater. Auch unter den Chriften habe ich in Kri-
minalakten durchtriebene Böfewichter und Mörder
angetroffen, welche gleichwohl am Freytage, un=
ter Verheiffung des anfehnlichften Gewinnftes,
kein Fleifch gegeffen haben würden. Wenn die an=
befohlne Beobachtung der heiligen Tage zu fehr in
das Jüdifche fällt, wenn man die Leute durch welt=
liche Strafen zum heiligen Abendmahle zwingen
will, wenn man das Innerliche und Wefentliche,
welches den Chriften machet, wie es beftändig ge=
fchiehet, verwechfelt mit dem Aeußerlichen, woran
der Pöbel klebet, fo entftehet daher das für die
wahre Kirche und den Staat fo höchft gefährliche
Uebel, daß der gemeine Haufe meynet, es beftehe
die Religion aus Feyerlichkeiten, in Kirchengehen,
in bloßen Singen und Bethen. Als ein einfältiger
Dorfprediger fich gegen den Erzbifchof von Fenelon
rühmte, er habe in feinem Dorfe das Tanzen am
Sontage gänzlich abgefchaffet, fo antwortete ihm
diefer würdigfte Prälat, lieber Mitbruder: Miß=
gunft ift es, und nicht Gottesfurcht, fo euren
Eifer beflügelt. Laffet uns nur nicht felbft den
Vorreyhen machen, die Bauern mögen in Got=
tes Namen tanzen. Warum erlaubet ihr ihnen
nicht, wenigftens einige Stunden lang, ihr
Elend zu vergeffen? Sechs Tage betrügt der
Jude, aber den fiebenten nicht. Das thut er,
und nennet diefes Gottesfurcht. Auferziehung,
Große

Großmütter, Ammen und Schulmeister sind die
Perpendikel unsers Lebens, und man siehet häufig,
daß die Kinderstube annoch im Alter uns hinterher
läuft.   Man lasse nur wenigstens die Stunden,
in welchen man dieses Buch lieset, der Urtheilungs=
kraft über das Gedächtniß die Oberhand, und setze
deutlich begriffene Wahrheiten an die Stelle derer,
die man blos auswendig gelernet.   Der Allerhöch=
ste hat an Grausamkeiten keinen Wohlgefallen, wie
einige Zorntheologen vermeynet haben.   Er ver=
giebt den bußfertigen Sünder, wenn er auch nicht
geköpfet wird, und thut dieser keine Buße; so wird
das vom Richter vergossene Blut die Sünde nicht
abwaschen.   Gottes Gerichte und menschliche Ge=
richte sind heterogene Dinge, und so schwerlich, wie
Wasser und Oel, mit einander zu vermischen, weil
ihre Bestandtheile und ihre Quellen verschiedentlich.
Die Quelle woraus menschliche Strafgesetze
fließen, ist einzig und allein die Größe des Unheils
welches ein Verbrechen dem Nächsten oder der gan=
zen Republik verursachet.   Wer dieses nicht wohl
unterscheidet, der errichtet ein Lehrgebäude, ähn=
lich, dem welches Horaz verlachet.

Fürwahr ein artig Bild! Es steht ein Menschenkopf
Auf eines Pferdes Hals: den dicken Vogelkropf
Bedeckt ein bunter Schmuck von farbigen Gefieder;
Hernach erblicket man verschiedner Thiere Glieder.
Von oben zeigt ein Weib ihr schönes Angesicht
Von unten wirds ein Fisch. Ihr Freunde lacht doch nicht!

Das Bedenklichste im ganzen Werke des Becca=
ria ist wohl vermuthlich dieses, daß er die Todes=
straf=

ſtrafe gänzlich abgerathen. Eine ganze Heerde von
Schriftſtellern hat ihn darüber angeſchnattert. Hätte er aber nicht wenigſtens den vorſetzlichen Mord
ausnehmen, und des Spruches gedenken ſollen: wer
Menſchenblut vergeußt, deſſen Blut wird wieder vergoſſen werden? Selbſt habe ich noch immer einen ſtarken Hang, wenigſtens den Todſchlag,
(nämlich den meuchelmörderiſchen und vorſetzlichen,
nicht den, welcher aus Jähheit des Zorns entſtanden) mit dem Schwerde zu belegen. Nicht
des ob angezogenen Spruches halber, den Moſes
nicht zuerſt geprediget, ſondern der, ſo wie die
ganze jüdiſche Blutrache, ein viel älteres arabiſches
Recht iſt: auch nicht deswegen, als ob ich glaubte, es könnte ein Volk außer einem ſolchen Geſetze nicht in Sicherheit leben. O warum nicht!
Bey den meiſten alten Völkern, als Griechen und
Römern, war weiter nichts, als Landesverwei-
ſung, bey den Deutſchen aber, als ſie ſchon Chri-
ſten waren, und bey den Pohlen, nur eine Geld-
ſtrafe auf den Todſchlag geſetzet; ſondern deswegen,
weil derjenige, der ſich berechtiget hält ſeinem
Feinde das Leben zu nehmen, auch von dieſem ein
Gleiches erdulden muß, weil letzterer das nämliche Befugniß hat zu ſagen: Nun dann, ſo biſt
du auch mein Feind! Er iſt aber todt, folglich
muß die Obrigkeit es rächen, und ihm ſagen: Du
biſt unſer aller Feind, denn niemand iſt für dir
ſicher. Michaelis in der Vorrede des 6ten Th.
Moſaiſchen Rechts ſagt folgendes: Auf Mord muß
wie es ſcheint, ordentlich wieder der Tod ſtehen.

Becc.   b   Dies

Dies gar nicht um des Gesetzes 1. B. Mos.
IX 6. willen, denn das gehet uns gar nicht
an, sondern rc. Auch schon längstens vor demselben hat der hällische Gottesgelehrte Baumgar-
ten, bey welchem ich in Halle an Tisch gegangen,
und dessen Asche mir heilig ist, daß dieses ein blo-
ßes jüdisches Gesetz sey, so die Christen in mindesten nicht verbinde, ganz augenscheinlich gelehrt und
erwiesen; wannenhero die Meynung derjenigen
Rechtsgelehrten, welche dem Landesherrn bey Tod-
schlägen das Begnadigungsrecht zu versagen sich er-
frechen, keine Kenntniß, sondern Finsterniß verräth. Es hat freylich, ich empfinde es, das Wort
Blut etwas schauderhaftes an sich, weshalb Dich-
ter und Redner es lieben, weil sogleich der Schall
die Einbildungskraft erhizet. Dergleichen Worte
giebt es viele, die niemand ohne Verdacht einer
Gottlosigkeit zu zergliedern, und daß sie nichts
vorstellen, zu zeigen, sich unterfangen darf, so daß
öfters eine klingende Schelle über Wahrheit und
Sachen triumphiret, weil solche Wörter, wie gedacht, die Phantasie in Brand stecken, und abson-
derlich diejenigen schwachen Seelen am meisten zit-
terd machen, die am wenigsten sothane Worte verstehen, als Zeter, Zetergeschrey, Donner, Thrä-
ne, Seraph, Zähre, Heilig, Seladon u. s. w.
Alles herzbrechende, mächtige Worte, die Häuser
niederreißen und alles übertäuben. Unter diese baum-
starke Wörter, die ohne weitere Ueberlegung alles
zu Boden schlagen; gehört auch das Wort Blut
oder noch schreckhafter — Menschenblut, besonders

ders aber Blutschn'd, welches letztere bey den
Christen gar keine Bedeutung hat. Wem schaudert
unterdessen nicht die Seele, wenn er die Juden rufen hört; Sein Blut komme über uns und über unsere Kinder! Bey den Juden und Arabern hatte
das allerdings eine vernünftige Bedeutung, indem
diese jüdische Rede-Sart vom Bluträcher hergenom-
men ist, da des Entleibten nächster Anverwandter,
wenn er nicht von aller Welt verachtet und für
einen feigherzigen Schurken gehalten seyn wollte, so
wie auch außerdem eine Verbindlichkeit auf sich hatte, an dem sich Todschläger zu rächen, welche Obliegenheit man Blutschuld nannte, so gar daß die
Obrigkeit verbunden war, den Rächer zu unterstü-
zen, und wenn sie den Mörder gefangen hielte, ihn
auszuliefern, damit dieser Bluträcher ihn selbst
tödten und seine Rache an ihm austoben lassen könnte. Wenn ein Anverwandter den Tod selbst rächen
wollte, wie er zu thun schuldig war, so bekümmerte
sich die Obrigkeit um nichts, und stellete keine Untersuchung an, sondern nur alsdenn, wenn kein
Anverwandter da war, mußte sie dessen Stelle vertreten, als in welchem letztern Falle sie selbst die
Blutschuld auf sich hatte, und den Mörder bestrafen mußte, unter der Verwarnung: daß widrigen-
falls die Stadt und das Land, welches denn Mörder hegete, verhehete und schützte, verflucht seyn
solle. Es kommt auch die Sache im Korane vor,
wo aber Mahomed diese Blutrache, weil sie ganze
Familien von Großvater bis zum Urenkel gegen
einander wechselsweise empörte, folglich zu unauf-
b 2   hör-

hörlichen Kriegen unter den Horden Anlaß gabe
und der Prophet folchemnach erkannte, daß das Ge-
fetze, welches dem Morde feuren follte, felbft zum
Morden Anlaß gebe, gar fehr einzufchränken und
faft in ein Nichts zu verwandeln, bemühet gewefen.
Die Araber und mit folchen die Juden, haßten alfo den Anverwandten, wenn er kein Bluträcher
wurde. Doch dauerte diefe Blutrache nicht länger
als bis auf den Tod des Hohenpriefters, 4 B.
Mof. XXXV. 32. wo alle Blutfchuld aufhörete
und gänzlich erlofche, welches alles bey uns Chriften keine Anwendung findet, und auf den Tod un-
ferer Hr. General Superintendenten fchwerlich paffen
würde. Soll aber der Tod des Priefters bey den
Chriften nichts gelten, da er doch bey den Juden fo
kräftig war, o! fo würde ja Chriftus, anftatt uns
vom Joche des Gefetzes zu befreyen, noch ein här-
teres, als felbft den Juden, uns auferleget haben.
Ich zweifle nicht, daß diefe Blutrache bey den
her umziehenden Patriarchen, die keine Obrigkeiten hatten, alfo bey andern Völkern und zu
andern Zeiten ein heilfames Ge'tz gewefen,
aber bey den Chriften find die Redensarten:
Blutfchuld auf fich haben; Blutfchulden auf
ein Land bringen, bloß rednerifche Blumen aus
der Kanzelfprache, die allerdings fehr überrafchen,
und ein Schaudern erregen, übrigens aber fo wenig wahren Sinn in fich faffen, als Zeter und Ze-
tergefchrey, welches ohne alle Bedeutung, gleichwohl aber doch ein gar gewaltiges Wort ift. Knecht
und Freyer find, deucht mich, vor Gottes Augen

eins

eins und, da niemand dem rothen Lebensstrom, der in den Adern eines Sklaven fleußt, den Namen des Menschenblutes absprechen wird, so hätte das Gebot: wer Menschenblut vergeußt, wenn es ein allgemeines Gesetze wäre, auch den Herrn treffen müssen, der seinen Knecht oder Magd erschlagen. Allein dieses bliebe unbestraft, mit dem im 2. B. Mos. XXI. 20. 21. angehängten Entscheidungsgrunde: denn sie sind sein Geld. Auch konnte kein Sklav einen Bluträcher haben. Ferner, wäre das Gesetze: wer Menschenblut vergeußt unwandelbar, so würde Gott nicht sechs Freystätte verordnet haben, in welchen zwar nicht der meuchlerische und vorsetzliche Mörder˜, jedoch derjenige, so in Jähheit des Zornes jemanden erschlagen hatte, für dem Rächer gesichert war.

Irre ich, oder ist es wirklich an dem? daß, nachdem man Gelegenheit gefunden, das römische Wort Incessus welches Unkeuschheit bedeutet, in das Wort Blutschande umzukleiden, der Abscheu dargegen nicht der Sache, sondern blos des Wortes Blut halber, bey den Deutschen höher gestiegen sey? Die Strafe der Blutschande, der ich hier von ungefähr nur Meldung thue, muß eine Kirchenstrafe bleiben, wenigstens halte nicht für zuträglich, daß ein weltlicher Herr auf Mord und Blutschande einerley Strafe setze.

Da Mord ein beleidigendes Verbrechen, Blutschande aber bloß Sünde ist, wodurch niemand beleidiget wird, und überhaupt dem Fürsten keinesweges die himlische, sondern blos die irdische Wohl-

fahrt seiner Unterthanen anvertrauet, so siehet wohl
ein jeder den Unterschied.   Fleischliche Vergehungen
entstehen aus Schwachheit, Verbrechen entstehen
aus Bosheit.   Als des Königs in Preußen Maje=
stät die Kirchenbuse zuerst abschaffete und ferner
im Jahre 1765. verordnete: daß, damit geschwä=
chete Weibspersonen um so viel weniger Be=
denken finden möchten, ihre Umstände jemanden
zu entdecken, zu Abwendung eines größern Ue=
bels von nun an alle Hurenstrafen, von welcher
Gattung und Art sie seyn mögen, abgeschaffet
seyn und dergleichen Weibsleute, ihres began=
genen Fehltritts halber, zu keiner Strafe ferner
gezogen, auch ihnen nicht der geringste Vorwurf
deshalb oder einige Schande gemachet werden
solle, so sagten die Geistlichen in frommen Ländern
und Reichsstädten: Gott werde Feuer und Schwe=
fel vom Himmel regnen lassen.   Gleiche Seufzer er=
schallete, als dieser durchschauende Monarch bey Hey=
rathen in überley verbotenen Graden, der Dispen=
sationsgelder großmüthig entsagte, und auf die
Bevölkerung Rücksicht nahme.   Es hat aber mei=
nes Wissens noch niemand von diesem Schwefeldam=
pfe etwas verspüret und, ist ja auf Berlin etwas
vom Himmel gefallen, so ist es Segen.

Naturlehre, Grammatik, Arzneykunst, und
Mathematik sind zufälliger Weise darinnen glücklich,
daß man in diesen Wissenschaften etwas neues sa=
gen darf, ohne in Pfuhl der Hölle geworfen zu
werden.   In der Gottesgelahrheit und Philosophie
auch bey der Rechtslehre, in so weit sie mit jenen

ver=

verbunden, gehet es anders. Alles neue ist verdächtig. Allein der selbst denkende Jurist und Staatskundige muß durchaus durch moralische Plauderey und betäubende Wörter sich nicht irre machen lassen, die Größe des Verbrechens in etwas anders als einzig und allein in den Schaden zu suchen, welcher daraus der Gesellschaft erwächset. Es sey die begangene That oder das ausgestoßene Wort immerhin ein grammatikalisches, logikalisches, moralisches oder theologisches Verbrechen, das gehet uns nichts an, die wir uns bloß mit bürgerlichen Unheile beschäftigen. Unsere Regel ist diese: Je trauriger der Erfolg, den eine That dem gemeinen Wesen verursachet, desto straffälliger ist sie. Hat sie aber keinen nachtheiligen Erfolg im gemeinen Wesen, so ist sie gleichgültig, allerwenigstens kein Gegenstand der bürgerlichen Strafgesetze.

Dieses zum vorausgesetzet, so wollen wir mit der Wagschale der Vernunft, welche bey allen Völkern gilt, und die der Christ nicht verwerfen darf, weil sie allein unsern allerheiligsten Glauben von falschen Religionen unterscheidet, nur jetzt in kurzen Injurien, Diebstähle und Mordthaten gegen einander aufwiegen. Durch Schmähungen schmälert man des andern Ehre, welches ein blos eingebildetes Gut ist, so daß die Verletzung erträglich, weil ein einzeln schimpfender Kerl mir meine ganze Ehre zu rauben nicht im Stande, welches nur geschiehet, wenn das ganze Volk schimpfet. Diebstahl benimmt einen Theil der Güter, und kann den Bestohlenen in unverdiente Armuth bringen,

welches zwar ein wirklicher Verlust, doch kann
er ersetzet werden. Mord aber entziehet ein uner-
setzliches Gut und bringet den Tod, als das Schreck-
lichste unter den Schrecklichen. Dieses sind, deucht
mich, drey sehr kenntliche Stufen. Daß ohne Willen und böslichen Vorsatz jemanden zu schaden sich
kein Verbrechen denken lasse, sondern dieses allein
das Wesen des eigentlichen sogenannten Verbrechens
ausmache, ist der Vernunft so gemäs und fällt dergestalt in die Augen, daß ein Rechtslehrer bey Erklärung der Anfangsgründe sich kaum die Mühe
giebt, seinen Schülern solches zu erklären, weil
die Sache keiner Erklärung bedarf; und ist daher
gar nicht zu begreifen, wie aus fremden Wissenschaften, besonders aus der Hoheit des päbstlichen
Rechts, welches das jüdische und christliche gar
vielmals unter einander knetet, der Seele tief eingeprägte und durch langen Gebrauch geheiligte Lehren, diesen Satz so unendlich machen können, daß
Beccaria, mit Beyfall der großen Welt, dieses
ganze Buch deswegen schreiben müssen, worinnen
er beweißt, daß, wo niemand beleidiget wird, daß
wo keine Schande erfolgt, die That kein Verbrechen genennet werden könne. Es hat zwar hin
und wieder der Unverstand ein anderes eingeführet,
und muß der schüchterne Philosoph freylich zum öftern verstummen, so bald ein Heer Menschen wüthend auf ihn loßschreyet: der Gebrauch will es
aber, der Gebrauch, ein wüthender Despote! Darum soll der Fürst den Philosophen, damit er nicht
über=

überschryen werde, schützen und nicht selbst auf ihn
mit losschreyen.

Es ist eben so handgreiflich, daß man bey einem geschehenen Unglücke Bosheit und Fahrläßigkeit zu unterscheiden habe. Wenn jemand durch
Unachtsamkeit und bloße Nachläßigkeit dem andern
schadet, so zweifelt niemand in der Welt, daß er
nicht den Beleidigten den Schaden ersetzen müsse,
so bald der Beschädigte darauf bürgerlich klaget, und
gehöret diese Sache für den Stadtrichter. Aber
in wie weit nach völliger Genugthuung und hin-
länglichen Ersaz des Schadens (so daß man nicht
sagen könne, daß die Züchtigung des Leibes an die
Stelle des Geldes trete) die Fahrläßigkeit ein Gegenstand und Geschäfte für den Blutrichter sey,
darüber wünschte ich, daß der Verfasser, nach seinem
philosophischen Scharfsinne sich herausgelassen hätte. Insonderheit bedaure ich, daß er der

Polizeystrafen

gar keine Erwähnung gethan. Der größte Theil
unserer Polizeyordnungen ist aus Predigten entstanden, und würde ein Philosoph, wie der Marquis
von Beccaria, eben den Dank der Menschlichkeit
verdienen, wenn er einen Fingerzeig thun wollte,
wie eine neue, von Vorurtheilen gereinigte, Polizeyordnung zu verfertigen? so wie er uns in gegenwärtiger Schrift zu einer verbesserten Kriminalord-
nung den Weg gebahnet. Die Einrichtung der
Polizey zu Paris könnte zu einiger Vorschrift die-

b 5   nen,

nen, die keine Mücken fängt, sondern ins Große
gehet, und mit Hindansetzung des Zwangs in Klei=
nigkeiten, den Hauptzweck ergreifet. Gleichwie
das peinliche Recht Verbrechen straft, so ahndet
die Polizeyordnung Unanständigkeiten und Fahr=
läßigkeit, nicht Sünden, nicht Verbrechen. Denn
so bald die Polizey Sünden strafen will, so fällt
sie der Kirchenordnung ins Handwerk. Es geht
jemand mit einem brennenden Lichte in Stall; er
hat etwas vor das Fenster gesetzet, dessen Herab=
fall den Fußgänger beschädigen könnte; er läßt
Mittwochs und Sonnabends nicht vor seinem Hau=
se kehren, soll er deswegen bestraft werden? Frey=
lich. Nur muß diese Untersuchung nicht von dem
Blutrichter, sondern vor dem Polizeyamte ange=
stellet werden, und niemals (der daraus entstan=
dene Schade sey auch noch so groß) auf Inquisi=
tion, weniger auf eine Leibes oder Lebensstrafe, am
allerwenigsten auf Beraubung der Ehre, erkannt
werden. Denn es ist kein wahres Verbrechen vor=
handen. Daß dergleichen Polizeystrafen keine wah=
ren Strafen sind, haben die Römer, welche an
gesetzgebender Klugheit und der Kunst zu herrschen
es allen Völkern des Erdkreises, die je gewesen
sind und noch seyn werden, zuvor gethan haben,
vernünftig eingesehen, wenn sie dergleichen Verge=
hen Quasi delicta benennet; woraus folget, es
müsse die darauf stehende Ahndung auch nur gleich=
sam eine Strafe, so wie die Vergehung nur ein
gedichtetes Verbrechen genannt werden. Aber
das wahre peinliche Recht hat mit Erdichtungen nichts
zu

zu schaffen. Auch, wenn die Prozeßordnung das
Außenbleiben der Partheyen oder sonst etwas mit
fünf Thalern verpönet, können nur blödsinnige dieses für ein Verbrechen halten, und ist hier keine
wahre Strafe, sondern nur etwas einer Strafe
ähnliches vorhanden. Armuth der Sprache macht,
daß man für die eigentlichen auf Bosheit und Beleidigungen gesetzten Strafen kein besonderes Wort
hat, sondern ein jedes Uebel, das in Gesetzen (es
mögen Prozeß- oder Polizey- oder auch Kirchenord-
nungen seyn) bestimmet, allgemein Strafe zu nennen pflegt; woraus Trugschlüsse erfolgen, die kaum
der Scharfsinn des Weltweisen zu entwickeln im
Stande ist. Ich glaube sogar, daß der Wucher
nur ein Polizeyverbrechen, nicht aber ein wirkliches
genannt zu werden verdiene. Denn wenn sich jemand gutwillig verkürzen lässet, so ist es keine Ver-
kürzung. Er will; also geschieht ihm kein Unrecht.
Ein Wucherer scheint mir zwar ein unbilliger Mann
und gewissermassen ist sein Handwerk verächtlich;
aber ist er Verbrecher? Herr Möser in seinen pa-
triotischen Phantasien hat erwiesen, daß der Verkauf
der Frucht auf dem Halmde, welcher für einen wu-
cherlichen Kontrakt gehalten wurde, eher zu begün-
stigen, als einzuschränken sey. Obst auf den Bäu-
men an Obsthändler zu verkaufen, ist ja heutiges
Tages sehr gewöhnlich. Als die gottseeligen Väter
in den Kirchenversammlungen den heiligen Einfall
hatten, daß nicht allein übermäßige, sondern ganz
und gar alle Zinsen wider Gottes Wort wären,
so kamen Kirchengesetze zu Stande, welche überhaupt

haupt von einem ausgeliehenen Hauptstamme, auch
die allermindesten und billigsten Zinsen zu nehmen,
für eine Todsünde erkläreten. Man braucht kein
Weltweiser, kein Staatskundiger zu seyn, um zu
begreifen, daß nicht, nach aufgehobenen Zinsen,
so gleich alle Räder des Kommerzes stille stehen,
und der Kreislauf des Geblütes, ich meyne des
Geldes, stocken müsse, so daß der Staat in eine
völlige Auszehrung und Schwindsucht verfallen muß.
Die reichen Mönche, welche nach Verkündigung
dieses Kirchengesetzes nicht wußten, wie sie ihr
Geld unterbringen sollten, waren die ersten, welche
eine weit häßlichere Sache, nämlich die Census ir-
redimibiles, dagegen einführten, viel abscheulicher als der ärgste Wucher, weil man bey selbigen
auch von Zinsen, Zinsen fodern konnte. Eben so
ist das hohe Spielen, wenn es ohne Betrug geschiehet, keine Verletzung des gesellschaftlichen Vertrages, sondern dessen Verbot blos eine Polizeyver-
anstaltung, deren Grund oder Ungrund zu untersuchen viel zu weitläuftig wäre. Lotterien sind ja
auch Glückspiele, und könnte mancher Bauer zehen
Jahre lang spielen, ehe er so viel verlöhre, als er
hier für ein einziges Loos bezahlet. Bey den letztern darf der Gerichtshalter nichts sagen, aber desto kräftiger donnert er bey dem erstern. Gund-
ling spricht: darf ich mein Geld zum Fenster
hinauswerfen, so darf ich es auch verspielen. Es
bleibet im Lande und ist dem ganzen einerley, ob
der Sieger oder Besiegte das aufgesetzte Geld besi-
tze. Die Wegwerfung meines Geldes ist aber nicht

mit

mit unter die Verbrechen gezählet, da vielmehr mir
der Staat das Eigenthum, das ist die freye und
ungestörte Verwaltung meiner Güter und meines
Vermögens zugesichert.

Aus dem Vorhergehenden erhellet, daß nicht
nach gemeiner Einrichtung, sondern auf philosophische Weise, d. i. der Natur gemäß, die Strafen in drey Ordnungen vertheilet werden können:
1) in wahre Strafen, die auf wahre Verbrechen
gesezet, 2) in Pollzeystrafen, auf Quasi delicta
gesezet, als da sind Wucher, hohe Spiele, fleischliche Verbrechen, Verschwendung des Vermögens
und andere unanständige, nicht aber ungerechte
Dinge, endlich 3) geistliche Strafen wegen der
Sünde, welches wiederum keine eigentlichen Strafen, sondern bloß Censurae sind, und kann die
höchste weiter nichts, als der Bau oder Ausschlie-
sung aus der Kirche seyn, jedoch ohne den allermindesten Verlust der Ehre oder Güter, als welches eine bürgerliche Strafe ist.

Wer nun nicht in dieser geistlichen Gesellschaft
begriffen, also nicht in der Kirche ist (als etwa ein
Schuzjude) den kann man auch natürlicher Weise mit
Kirchenstrafen nicht belegen. Das wäre lächerlich.
Ueberhaupt, da die Kirche gar nicht zur Republik gehört, sondern ein eigenes Reich ausmacht und nicht
alle Einwohner der herrschenden Religion beygethan,
so hätte ich diese dritte Ordnung der Strafen eigentlich gar nicht erwähnen sollen, oder ich müßte
auch der Soldatenstrafen gedenken. Aber nein;
nicht jeder Bürger ist Soldat. Eben darum hat
Mo-

Moses die drey ersten Gebothe des geistlichen Rechts
auf eine besondere Tafel geschrieben, weil sie mit
dem bürgerlichen Rechte der andern Tafel nicht die
mindeste Gemeinschaft haben. Doch die Wichtigkeit
der Sache erfordert, daß ich mich noch etwas länger bey diesen

Kirchenstrafen

aufhalte. Da jede Gesellschaft, jede Zunft, jede
Innung das Recht hat, diejenigen Mitglieder, so
Unordnungen stiften, dem gemeinschaftlichen Zwecke entgegen handeln und ihre Pflichten nicht erfüllen, aus ihrer Vereinigung auszuschließen, warum
sollte dieses Recht nicht auch die Kirche haben? da
sie nichts anders, als eine Gesellschaft ist. Also
sind sowohl die geringen Kirchenstrafen als auch die
höchste, der Ban, überaus billig und gerecht. Ob
ich nun wohl den Kirchenban vertheidige, so muß
doch, welches wohl zu merken, dessen Wirkung
blos in Beraubung der geistlichen Gemeinschaft und
anderer geistlichen Vorrechte bestehen. Aber daß
der Landesfürst oder die Republik dem Oberpriester
nachhinket und den Gebannten seiner Freyheit, seines guten Namens, des Eigenthums seiner Lehne
und weltlichen Güter, oder wohl gar seines Lebens berauben will, ist der Vernunft entgegen und
dem Fürsten nachtheilig. Er wird auf solche Art
des Hohenpriesters Diener und Generalgewaltiger.
So bald der Priester spricht: Der Fabrikant Zin-
sendorf hat, in dieser oder jener Lehre, nicht die

Be-

Begriffe, die ich habe, so soll, nach frommer Mey,
nung und Begehren der Kirche, der Fürst so gleich
antworten: O! so will ich diesen bösen Menschen
nicht zum Zeugniffe laffen, er soll über seine Güter
nicht schalten und walten dürfen; sein letzter Wil,
le soll nichts gelten; er soll seiner Ehre verluftig
seyn; ich will ihn zum Lande hinaustreiben. So
soll denn der Fürst, auf Befehl der Kirche, Leute
bestrafen, welche niemanden beleidiget, also nie ein
Verbrechen begangen haben! Noch viel weiter haben Justinian, sowohl einige seiner Vorgänger und
Nachfolger, sich vergangen, daß sie so gar den heiligen Kirchenverfammlungen erlaubet, Ehrlosigkeit
und andere weltliche, blos der Majestät vorbehal-
tene, Strafen den Irgläubigen aufzubürden. Es
ist Zwang und Gewissenspeinigung, wenn der Fürst
die Juden, damit sie fein bekehret werden mögen,
in christliche Kirchen nöthiget, oder auch zu seinen
übrigen Unterthanen spricht: Ich will euch, weil
der Erzbischof es will, mit Striken zum Abendmahle und in die Predigt führen, ihr sollt gezüchtiget
werden, wenn ihr nicht zu der gesetzten Stunde be-
thet. Ein weltlicher Herr, der sich dergestalt vom
Hohenpriester gängeln läst, und sich so weit vergißt, daß er weltliche Strafen wegen geistlicher
Vergehungen verordnet, ist wenig auf seiner Huth,
und vergiebt sich des Rechts, das Gott ihm anvertrauet. Weit fürsichtiger schreibt Eck von Rep-
kau im Sachsenspiegel: Bann schadet der Seelen,
und nimt doch niemanden Gut oder Leib, es folge denn des Königes Acht darauf. Der Papst
　　　　　　　　　　　　　　　　　mag

mag uns kein Recht ſetzen, wodurch er unſer
Landrecht oder Lehnrecht kränke. Er erwehnet
der Acht. Nehmlich der Papſt bannet, der Kay=
ſer ächtet. Es iſt dahero zwiſchen der weltlichen
Acht des Kayſers, ſo wahre Verbrechen zum vor=
ausſetzet, und dem Kirchenbanne, der Ehrloſigkeit
halber und ſonſt, ein Unterſchied wie Himmel und
Erde. Wie? Soll derjenige ehrlos werden, den
die Kirche wegen gewiſſer Gebräuche ausſchließet?
Wäre es nicht abgeſchmakt zu glauben, daß die Un=
terthanen und Vaſallen desjenigen Fürſten, den der
Pabſt für einen Kezer erkläret, des Eydes der Treue
quit und los wären? abgeſchmakt zu glauben, daß
ſein Zeugniß in Gerichten nichts gelten ſolle? ab=
geſchmakt ihn mit der mindeſten bürgerlichen Stra=
fe zu belegen, oder auch nur zu bedrohen? Wollte
man ihn aus dem Lande jagen, o! ſo finden ſich
Fürſten, geizig auf die Vermehrung derer Unter=
thanen (die wahre Größe eines Landes) die ihn mit
Freuden aufnehmen. Wer reich werden will, muß
auch einen Pfennig zu Rathe halten, weil deren
zwölfe einen Groſchen machen, und ſo hält ein
weiſer Fürſt, der ſein vielleicht ohnehin ſchon ge=
ſchwächtes Land nicht noch mehr ſchwächen will,
einen auswandeꝛaden Hausvater mit Familie für
einen großen Verluſt. Wenn ich dieſes alles nicht
dächte, wie ich es denke, wenn ich es nicht lehrte,
nicht ſchriebe, ſo wäre ich kein evangeliſcher Chriſt
und nicht eingedenk des neunten Schmalkaldiſchen
Artikels: Die Prediger ſollen geiſtliche Strafen
nicht mengen in die weltliche Strafe; Nicht ein=
ge=

gedenk der augspurgischen Confeßion, worinnen es
heißt: Die Gewalt der Kirche hindert die Poli=
cey und das weltliche Regiment nichts überal,
welches schützet nicht die Seele, sondern Leib
und Gut wider äusserliche Gewalt. Darum
soll man die zwey Regiment nicht in einander
mengen und werfen. Die geistliche Gewalt soll
Gesetze nicht zerrütten, noch der weltlichen Ge=
walt Gesetze stellen. Kurz! es ist und bleibet
ewig falsch, daß, weil wir Lutheraner bey den Ka=
tholiken Ketzer und im Banne sind, wir deswegen
keine ehrliche Leute seyn sollen. Aber dieses gilt
nicht allein hier, sondern es gilt auch umgekehrt
bey uns Protestanten, daß, wenn wir jemanden
von uns ausschließen, und in Ansehung unserer
Lehre für irrig halten, dieser deswegen in der politi=
schen Sphäre der bürgerlichen Welt nicht ehrlos oder
sonst auf einige auch nur die allergeringste Art straf=
fällig werden dürfe. Was die Kirche als eine eigene
Gesellschaft thut, muß keine Wirkung in bürgerliche
Gesetze haben, sonst verwechselt man Irrthum mit La=
ster, und die Begriffe sowohl von Sünde als Verbrechen
werden finster, verwirrt und unbestimmt. Es ist aber
unter beyden ein gewaltiger Unterschied, der sich auch
unter andern darinnen äussert, daß wahre Verbre=
chen bey Scythen und Garamanten, bey Römern
und Griechen, bey Christen und Türken gleichdurch
bestrafet werden, dahingegen die Religions Verbre=
chen oder Sünden nach der Geographie sich ändern
und öfters in einem Lande etwas so gar gelobet

Becc.　　　　　　c　　　　　　wird,

wird, was man in einem andern mit Todes Pein
beleget. Aber, sprichst du, wenn der weltliche Arm
den geistlichen Arm nicht unterstützen soll, so hat
ja die Kirche keinen Zwang   Antwort. sie kann
auch keinen haben und soll keinen haben, als nur
den, welchen ihr Gott verliehen, nehmlich die Beraubung der heiligen Sacramente und zuletzt den
Ban.   Alles was darüber, ist von Uebel.

Da der Verfasser nicht den Willen gehabt eine
peinliche Rechtsgelahrheit für die Christen, keine
für die Tartarn, keine für die Chineser zu schreiben,
sondern derselbe, so wie ich, der ich dessen Spuren
folge, freymüthige Gedanken von einem peinlichen
Rechte nach der Vernunft entwerfen wollen, so wäre der Tadel kindisch, wenn jemand uns als ein
Versehen anrechnen wollte, daß wir die Religions-
Verbrechen gänzlich abgesondert. Wer deswegen uns
Vorwürfe machet, durchsiehet nicht den Zusammenhang der Dinge, sondern alles ist bey ihm Meng-
sal, Allerley, und seine Wissenschaft ein Quod-
libet.   Seine Gottseligkeit mag vielleicht hoch gestiegen seyn, aber seine Einsicht und Kenntniß ist
in dem Wetterglase der gesetzgebenden Klugheit bis
auf den Eispunkt herunter gefallen.   Sehet also
die Nothwendigkeit, gewisse Grenzsteine zu setzen,
wie weit die bürgerliche, wie weit die peinliche, wie
weit die geistliche Gerichtsbarkeit und Policey sich
erstrecke? So erfordert es die gute Ordnung; so
will es die Regel; so verlangt es der Zusammenhang des Lehrgebäudes; so gebeut es die Natur der
Sache und die Vernunft.   So bald man vormals
nur

nur das Wort Strafe hörte, so gleich schryen un=
sere Väter: O! das gehört zum peinlichen Rechte.
Die Linien liefen so verworren durch einander, daß
eine Abtheilung und Grenzbeziehung höchst nöthig
gewesen.

Uebrigens hoffe ich, daß meine Bemühung,
überall Gelindigkeit zu verbreiten, kein böses Herz
verrathen werde. In Rom waren die schärfsten
Sittenrichter, so wie zu Jerusalem die Pharisäer,
nicht allemal die tugendhaftesten, vielmehr muste ih=
re äusserliche Strenge gar öfters ihre geheimen La=
ster decken.

Gerichtshalter! die ihr, wenn eure Küche ent=
blöset, herumschleichet, um zu erforschen, ob nicht
jemand über die Zeit gespielet? ob nicht junge Leute
in Gesellschaft gesponnen? oder ob nicht am dritten
Feyertage jemand sein Geschirr geflicket, seine Sense
geschärfet? ob nicht jemand ein Ungebührniß seines
guten Freundes verschwiegen und es zur Bestrafung
nicht angezeiget habe? vergebet mir die Sünde, wel=
che wider euch in diesem Buche begangen worden.
Wo nicht, so werde ich Beyspiele erzehlen, wo
Bauern durch dergleichen, oder doch nicht viel schlim=
mere Ursachen, Gott zu Ehren, so tief in Unko=
sten und Strafe gerathen, daß sie die landschaftli=
chen Steuern nicht mehr entrichten können, und
nach Pensylvanien (dessen jetzige in so kurzer Zeit
erlangte Größe sattsam zeiget, daß Gelindigkeit der
Gesetze und Freyheit in gleichgültigen Dingen der
kräftigste Magnet sey, Völker anzuziehen) entwei=
chen müssen.

Odi-

Odimus accipitrem, qui femper vivit in armis,
Et pavidum folitos in pecus ire lupos.
Sit piger ad poenas judex, ad præmia velox,
Et doleat, quoties cogitur effe ferox.

Haltet euch ja nicht etwa deswegen für Weise,
weil ihr auf Universitäten eine Inquisition nach
Carpzovischer Methode regelmäßig zu führen geler=
net und fleißig euren Lehrern nachgeschrieben; son=
dern glaubet, daß einige eurer Professoren wohl
noch Ursache gehabt haben möchten, den Beccaria zu
hören, diesen Weisen, diesen Sokrates unserer Zeit,
dem die künftige Welt Bildsäulen setzen und aus
Pflicht der Dankbarkeit Altäre bauen wird. Un=
terdessen brauchet er allerdings einige und zwar deut=
liche Anmerkungen, weil Gelehrte von der allgemei=
nen Art ihn zwar gelesen, jedoch so, daß man
schwören sollte, sie hätten ihn nicht gelesen.

Herr Korn zu Breslau hat, da er von mir
Erläuterungen zu diesem Buche verlanget, zwo
ganz verschiedene Seelen mit einander vereiniget,
da er mich zum Ausleger ausersehen, mich, der ich
Bosheit und Unschuld, sowohl als den Gerichts
Geist sattsam kennen lernen, nachdem ich seit zwan=
zig und etlichen Jahren mein Leben ununterbrochen
mitten in Acten verhauchet, und unglückliche Schick=
sale der Menschen, als Urthelssprecher, häufig ent=
schieden. Vielleicht also können, durch Vermi=
schung der Temperamente, meine Anmerkungen die=
ses Buch vollkommen machen, da Beccaria blos

Phi=

Philosoph und wenig Jurist, ich aber bloſer Ju‐
riſt und wenig Philoſoph bin.   Deſſen hohes Ge‐
nie und meine lange Erfahrung. werden ſich begat‐
ten; juſt was dem einen fehlet, das beſitzet der
andere.

               Inhalt.

Inhalt.

Inhalt.

Von

Von
Verbrechen und Strafen.

Einleitung.

Menschen überlassen gemeiniglich ihre wich=
tigsten Dinge guten ehrlichen Leuten von
alltäglicher Klugheit, oder wohl gar dem
Gutbefinden solcher Personen, deren Eigennutz es
erfordert, Männern von Einsicht, und den weise=
sten Erfindungen Hindernisse in Weg zu legen. Ver=
nünftige Gesetze verbreiten natürlicher Weise allge=
meines Wohl, und widerstehen dem Bestreben der=
jenigen, die einem geringen Theile des Staats alle
nur mögliche Macht, hingegen dem andern alle
Noth und alles Elend zuzuwenden suchen. Es
wird daher vieles verdunkelt und unterdrückt, was
das glückliche Leben und die Freyheit eigentlich aus=
macht. Nur alsdenn, wenn es die äuserste Noth=
wendigkeit erheischet, wenn die Beschwerden auf
das Höchste gestiegen, und die Gedrückten müde
sind länger zu leiden, verfallen die Menschen erst
darauf, den Uibeln bösartiger Gesetze abzuhel=
fen. Dann erst verwünschen sie die Irrthümer,
dann erst suchen sie Arzney gegen die entkräftende
Krankheit, dann erst öfnen sie die Augen der aller=

deutlichsten Wahrheit, die eben deswegen, weil sie
allzu einfach und natürlich, vor dem unachtsamen
Blödsinne gemeiner Einsicht vorbeyrauschet, und
den blos nachbethenden Seelen entwischet, weil
sie eine Sache zu zergliedern, und in ihrer nackenden Schönheit zu betrachten, unfähig, da sie blos
von Hören sagen, nicht aber von Selbstdenken Gebrauch zu machen wissen.

Schlagen wir die Geschichte nach, so werden
wir finden, daß die Gesetze, welche doch eigentlich
Verträge und Einwilligungen freyer Menschen sind
und wenigstens seyn sollten, zum öftern nichts, als
Werkzeuge der Leidenschaften einiger Wenigen a), oder aber wohl gar Misgeburten einer zei-
tigen

a) Leidenschaften. Diese Leidenschaften erstrecken sich so gar
bis auf den Neid, welcher die Kleiderordnungen erschaffen,
damit Vornehmere sich von den Niedern auszeichnen möchten. Wenn der Bauer sich in Seide hüllet, so beleidigt er,
wie mich dünket, die öffentliche Ruhe dadurch in geringsten
nicht. Er schadet niemanden, als vielleicht sich selbst. Edle
Ritter! misgönnet ihm das nicht! er wird deswegen doch kein
Edelmann. Pracht soll man nicht einschränken, denn sie ernähret Arme und belebet den Handel. Gesetze, welche ohne
Ursache die natürliche Freyheit hemmen und unschuldige Begebenheiten, durch welche Niemanden das Seinige entzogen
wird, Missethaten gleich stellen, sind schädlich und von keiner Dauer. Der Fürst büsset ein, und die Accise leidet. Es
sind also dergleichen Verbothe weder gerecht noch ökonomisch.
Die erträglichste Abgabe unter allen ist wohl unstreitig diejenige, die man gerne und willig zollet. Es hat das Ansehen, als wäre es keine. Nun aber giebt für auswärtigen
Putz die Zofe und der Stutzer ihre Accise mit Freuden hin.
O wären doch alle Abgaben von dieser Art! Und das neidi-
sche Gesetz will gleichwohl dem Landesherren solche entziehen.
Wie sehr ist der Minister zu loben, der die Schwachheit der
Unter-

tigen blos zufälligen und vorübergehenden Nothwendigkeit gewesen.   Vergeblich suchet man in solchen einen stillen Beobachter der menschlichen Natur, der die Kunst versteht, die Menge menschlicher Handlungen in einem einzigen Mittelpunkte zu
sammlen, und also zu betrachten: Daß die größte in bürgerlicher Verfassung mögliche Vollkommenheit diejenige sey, woran die größte
Zahl der Bürger Antheil nimmt.   Glücklich
sind die Völker, welche ohne zu warten, bis der
Nachbar es ihnen vorgemacht, aus eigenen Nachsinnen durch vernünftige Gesetze zu ihrer Wohlfarth
eilen, und nicht so lange Abstand nehmen, bis die
Erfahrung des höchsten Elendes, sie zum Uibergange guter Gesetze in eine langsame Bewegung setzet.
Seyd dankbar jenem Weisen, (er verdienet es), der
es muthig wagte, aus dem Winkel seiner stillen
und einsamen Kammer den lange Zeit unfruchtbaren
Saamen nützlicher Wahrheiten unter den gemeinen
Haufen auszustreuen.

A 2   Dem

Unterthanen zum Beßten der Schatzkammer sich zu Nutzen machet. Zergliedert die Polizey- und Kleiderordnungen, wie ihr
wollet, so werdet ihr finden, daß der Grund dieser Gesetze in
der Mißgunst verborgen liege, welche verursachet, daß die Gesetzgeber ihren eigenen Nutzen verkannt haben. Eine neue auf
vernünftige Grundsätze erbauete Polizeyordnung würde so
schätzbar seyn, als eine neue Criminalordnung. Der Herr
von Sonnenfels philosophiret zwar, aber zu wenig. Wie viel
gesetzliche Verordnungen haben nicht die Reichen bey Bewilli-
gungen und sonst, gegen die Niedern erpresset! Man will,
daß der Bauer, der doch dem ganzen Staate das Leben giebet, ohne Leben seyn, und daß selbst zu der Zeit, wenn der
Vornehme der Armen Schweiß mit Trompeten zum Fenster
hinaus bläset, und sich im Weine badet, der gebeugte Landmann mit gesenktem Haupte in seiner Hütte Wermuth to-
chen soll.

Einleitung.

Dem angezündeten Lichte philosophischer Wahrheiten, die durch Erfindung der Druckerey bekannter worden, ist man die Kenntniß der wahren Verhältnisse schuldig, welche zwischen dem Beherrscher und seinen Unterthanen obwaltet, und die Völker mit einander verbindet. Nationen belebt durch Eifer es einander zuvor zu thun, entbrannten nunmehro in einen vernünftigen Krieg, ohne Blutvergießen, der den Menschen ganz würdig war. Dieses sind die Früchte, welche man userm erleuchteten Jahrhunderte zu verdanken hat.

Allein fast niemand hat die Abscheulichkeit grausamer Strafen, und das Unregelmäßige in peinlichen Verfahren zu untersuchen und zu bekämpfen sich die Mühe genommen, da es doch das Wohl und Weh der Unterthanen, also den wichtigsten Theil der gesetzgebenden Klugheit ausmacht. Nur wenige haben es gewagt, bis zu den allgemeinen Grundsätzen hinaufzusteigen, und die übereinander aufgethürmten Irrthümer voriger Zeiten zu stürzen. Kaum noch haben die neuerkannten Wahrheiten in etwas den übelgerichteten Lauf eines hergebrachten Mißbrauches der peinlichen Gewalt gehemmet, welcher bisanher blos Vorurtheil des Alterthums mit einer kaltblütigen Grausamkeit b) bestätiget hatte.
Wie

b) Noch bis diese Stunde sind die frommen Verordnungen, welche Hexen verbrennen, nicht förmlich abgeschaffet, sondern die Urthelsprecher schämen sich nur, nach dergleichen Gesetzen, welche wirklich noch stehen, zu erkennen. Noch jetzt erblickt man die Ketzerey, die wir andern vorwerfen, und die von Katholiken uns vorgeworfen wird, roth angestrichen unter den Verbrechen. Und wenn ich noch einige Bogen dergleichen Beyspiele anführen wollte, wie ich thun könnte,
ſo

Wie aber? Solten nicht wenigstens nunmehr die
Seufzer der Unterdrückten, welche einer schändlichen Unwissenheit und einer fühllosen Gleichgültig-
keit der Reichen und Mächtigen gesetzmäßig aufgeopfert worden; sollten nicht die barbarischen
Quaalen, welche bey unerwiesenen, oder, welches noch ärger, bey eingebildeten und chimärischen
Verbrechen, mit verschwenderischer Strenge, leider! vervielfältiget worden; sollte nicht der schreckende Anblick eines gräßlichen Kerkers, welcher
noch dasjenige, worinnen die meiste Quaal der
Gefangenen besteht, und der Angeklagten größter
Henker ist, nämlich die folternde Ungewisheit vom
Ausgange des Processes, vervielfältiget; sollten
nicht, sage ich, diese schrecklichen Dinge die Beherrscher der Welt, die zwar zum Theil selbst noch durch
A 3 jene

so würde ich doch nicht alles erschöpfet haben, woraus sich
erkennen liese, wie bey der gemeinen Sorte alltäglicher Criminalisten noch so große Unwissenheit herrsche, daß selbig
nicht einmal das große A, ich meine, den Grund und Ent-
zweck aller Strafgesetze zu nennen wissen, welcher darinnen
bestehet, daß nie eine bürgerliche Strafe gerecht zu nennen,
ausser nur diejenige, welche die Stöhrer der öffentlichen und privat Sicherheit in Schranken hält. Daher kommt es, daß gedachte peinliche Rechtslehrer, denen dieser Grundsatz, dieser
erste und ursprüngliche Vertrag der Völker noch fremde ist,
frisch darauf in Lüften herumhauen, ohne daß sie wissen, wornach sie bauen sollen: Gedächtniß und das Herkommen, nicht
Vernunftschlüsse, sind ihre hohe Gelehrsamkeit. Niemand unter ihnen hat das Vermögen zu zweifeln, sie bethen nach,
und schreiben gelehrten Unsinn, mit goldnen Buchstaben vom
Großvater bis zum Enkel. Hingerichtet durch den Dolch der
Gerechtigkeit, haben Sokrates, das Mädgen von Orleans,
Johann Huß, Calas, und tausend andere die Gesetze zu verwünschen wohl Ursache gehabt.

jene altväterische Meynungen beherrschet werden,
von ihren Schlummer erwecken, und zur Rettung
beflügeln?

Der unsterbliche Präsident von Montesquieu
ist sehr schnell über diesen Gegenstand hingehüpfet.
Unterdessen hat Liebe zur Wahrheit, die immer
einerley ist, mich bewogen, den hellen Spuren dieses grossen Mannes zu folgen. Nichts destoweni-
ger werden Leute, die zu denken gewohnt (und für
solche schreibe ich) meine Schritte von den seinigen
wohl zu unterscheiden wissen. Wie glücklich würde
ich seyn, wenn mein Unternehmen, so wie das
seinige, den geheimen Dank der verborgenen und
friedsamen Schüler der Vernunft mir erwerben,
und ihnen einen gewissen Wiederhall und angenehmen Schauer einflössen könnte, wodurch fühlbare
Seelen der Stimme desjenigen antworten, der den
Adel und die Hoheit des menschlichen Geschlechts
zu vertheidigen unternimmt. Die von mir aufge-
worfenen Fragen verdienen mit derjenigen geome-
trischen Richtigkeit aufgelöset zu werden, welche
über die unfruchtbare Spitzfindigkeit sophistischer
Schlüsse sowohl, als über die verführerische Beredsamkeit des Aberglaubens triumphiret. Könnte
ich, indem ich die unüberwindliche Wahrheit ver-
thäidige, der Tyranney oder Dummheit ein einziges
Schlachtopfer entreissen, so würden die Segenswünsche eines einzigen Unschuldigen, in der Ent-
zückung seiner Freudenthränen, mich wegen Verachtung des ganzen menschlichen Geschlechtes ent-
schädigen!

§. I.

§. I.

Ursprung der Gesetze.

Bey Anbeginn des menschlichen Geschlechts waren Gesetze die Bedingungen, welche die vormals unabhängigen und einsamen Menschen in eine Gesellschaft vereinigten. Des immerwährenden Balgens überdrüssig, und einer Freyheit müde, welche wegen Ungewisheit, ob sie selbige ewig behaupten möchten, bedenklich wurde, opferten sie einen Theil derselben klüglich auf, um den annoch sich vorbehaltenen Rest in Sicherheit und Ruhe zu geniessen. Demnach bestehet die höchste Gewalt aus der Summe dieser zum Theil abgetretenen Freyheit, die ein jeglicher für seine mehr sichere Wohlfahrt einem einzigen aufgetragen und hingegeben. Sie ist als ein heiliges Depositum den Händen eines Beherrschers und seiner Verwaltung anvertrauet c). Allein es war nicht genug, ein so theures Heiligthum zu treuen Händen niedergeleget, und obgedachten An-

A 4   theil

---

a) Dieser Ursprung der Republicken ist zwar nur erdichtet. Denn ich glaube nicht, daß alle und jede Völker durch Verträge, sondern daß sie allermeist durch die Macht des Uiberwinders vereiniget worden. Allein dem ohngeachtet ist diese Erdichtung vom Ursprunge der Gesellschaft, gesetzt auch, daß sie nicht historisch wahr, dennoch von unvergleichlichen Nutzen. Die Meßkünstler, wenn sie vorgeben, daß aus der fliessenden Bewegung eines Punkts die Linie, aus dem Flusse einer Linie die Fläche und aus der Fortbewegung der Fläche ein Würfel entstanden sey, wissen gar wohl, daß dieses ein blosser

theil von Freyheit dem Fürſten übertragen zu haben, ſondern man muſte es auch gegen die Nachſtellungen eines jeglichen Mitgenoſſen der Geſellſchaft insbeſondere ſchützen.
Denn es gelüſtet immer einem jeden, nicht allein ſeinen
weggegebenen Theil, ſondern, wenn es möglich wäre,
auch derer andern Antheile hinwiederum der gemein-
ſchaftlichen Maſſe zu entziehen, und ſeine natürliche Freyheit, durch Unterdrückung ſeiner Mitbürger, wieder zu
erobern. Nachdrückliche und handgreifliche Mittel waren ſolchemnach nöthig, jedem Menſchen den herrſchſüch-
tigen Geiſt zu benehmen, wenn die Geſellſchaft nicht in
ihr altes Chaos hinab, und zurückſinken ſollte. Nun
dann, dieſe nachdrückliche Hemmungsmittel ſind die den
Uibertretern der Geſetze beſtimmte Strafen. Dieſe Hemmungsmittel müſſen handgreiflich ſeyn, weil die
Erfahrung lehret, daß der Pöbel nicht nach feſten
Grundſätzen handelt oder regelmäſſig denkt. Alſo müſſen die gedachten Hemmungsmittel unmittelbar die Sinne auf das kräftigſte rühren, und unaufhörlich vor Augen ſchweben, wenn ſie den ſtarken Eindrücken der ſtür-
menden Leidenſchaften das Gleichgewichte halten ſollen.
Weder Vernunftſchlüße, noch Beredſamkeit, noch die
erha-

der Traum. Aber ſie leiten daraus nützliche Wahrheiten ab.
Es mag alſo immerhin ein Staat erwachſen ſeyn, wie er will,
ſo iſt doch nöthig, daß, weil der eigentliche Urſprung der
Städte unbekannt, man ſein Lehrgebäude auf dieſe durchgängig
angenommene Erdichtung gründe. Alles läßt ſich daraus ableiten und erweiſen, und wiſſen Rechtsgelehrte von ſich ſelbſt,
daß dergleichen Fictionen, ſo gut als Wahrheit ſind. Auch
wird der Beſiegte nicht eben ein Galeerenſclave. Die Bedingungen des Friedens ſind mancherley. Oefters wird er blos
ein Freund und künftiger Bundesgenoſſe. Kurz, eine Erdichtung auf die Hobbes und Puffendorf auf gleiche Art ſich berufen, muß wohl richtig ſeyn. Man nenne mir nur einen einzigen, der nicht die ganze Lehre des natürlichen Rechts auf dieſen
obſchon nur erdichteten, Vertrag gebauet hätte.

erhabenſten Wahrheiten ſind vermögend, die von einem allzu ſehr blendenden Schimmer, alles zu thun was uns beliebig iſt, heftig gerührten Sinne und aufbrauſenden Leidenſchaften, zu bezähmen.

§. II.

Von dem Befugniße zu ſtrafen.

Jegliche Strafe, welche nicht die dringenſte Noth erfordert, iſt nach dem Ausſpruche des groſſen Montesquieu, tyranniſch d). Dieſer Satz kann allgemeiner auch alſo ausgedrückt werden: Die Gewalt einer privat Perſon gegen eine andere iſt ungerecht, wenn ſie nicht dringend nothwendig iſt; nun gründet ſich aber die dem Oberhaupte gegebene Gewalt auf die Nothwendigkeit, das anvertraute öffentliche Wohl wider die Eingriffe eines jeglichen zu vertheidigen. Je heiliger die Freyheit iſt, welche der Beherrſcher ſeinen Unterthanen gewähren muß, deſto gerechter ſind die Strafen.

Daneben gründet ſich auch das bürgerliche Recht oder Unrecht zum Theil auf die unauslöſchliche Empfindung und innere Kenntniß der menſchlichen Natur. Dieſe

A 5

d) Daß alle Strafen, die dem Verbrecher nicht zur Beſſerung gereichen, grauſam und ungerecht, hat ſchon Grotius (I. B. et P. lib. 2. c. 20. §. 4.) gelehret. Sie ſind ungerecht, weil ſie des Endzweckes verfehlen, der darinnen beſtehet, daß man entweder dem Miſſethäter ſeine üble Gewohnheit abgewöhnen, oder das gemeine Weſen vor ſeinen künftigen Anfällen ſchützen, oder andere dadurch abſchrecken will. Widrigen Falls und auſſerdem ſind die Strafen nichts, als eitel Rache. Aber die Rache iſt unter allen menſchlichen Begierden die niederträchtigſte, und wieder die erſte Hauptregel des Chriſtenthums. Nur amerikaniſche Wilde zerfleiſchen ihre Gefangene. Wer härtere Strafen auf die Verbrechen ſetzet, als die Noth erfordert, der mordet.

se müssen wir zu Rathe ziehen e). Welchem Gesetze
diese Eigenschaft fehlet, das wird sich nicht lange be-
haup.

e) Menschliche Natur. Diejenige Sittenlehre taugt nichts,
welche von Menschen fodert, daß er vier Centner von der
Erde heben, das heißt: sich über die Menschheit empor heben
solle. Er thut sich weh; ein Bruch oder Verrenkung der
Glieder, und das Gelächter derer, so die Natur des Menschen kennen, sind die Belohnung dieses kindischen Unterneh-
mens. Ganz Geist zu seyn, ist kein Loos der Sterblichkeit,
wohl aber Thorheit Leidenschaften zu entsagen, die derjenige
erschuf, der meine Seele und meinen Körper erschaffen hat.
Den meisten Sittenlehrern ist die menschliche Natur gänzlich verborgen. Sie erdichten sich ein Muster der Vollkommenheit einer übersteigenden menschlichen Natur, die nur da
anzutreffen, wo man den vollkommenen Stoischen Weisen
findet, und ein albernes Gesetze fodert, ich soll mich besser
machen, als der, welcher die Natur erschaffen hat, haben
wollte. D. Luther spricht, da er wider den Mönchsstand ei-
fert: Sich selbst die Gabe der Enthaltung zu geben, ist
eben so viel, als sich ein ander Geschlecht zu geben. Gesetze die nicht gehalten werden können, sind in den Augen
eines Weltweisen lächerlich, und zerstäuben in Kurzen. Natur und Vernunft glänzen bey Mohren und Weisen. Heilig
und dreymal heilig sey uns allenthalben das Beyspiel der
grossen Natur, die auch der Gesetzgeber verehren muß. Ihre
Stimme ist Gottes Stimme. Höchst erleucht sagt Justinian
im 73 Kapitel ,der 134sten Novelle: Der Gesetzgeber muß
der menschlichen Schwachheit nachsehen, d. h. er muß
die Natur der Sterblichkeit kennen, und nicht glauben, daß
er Gesetze für Götter schreibe. Also darf ein Hirte der Völker Strafgesetze nicht übertreiben. Er muß kein Aristarch
seyn. Alle Gesetze, die verlangen, daß man seine eigene oder
seiner Familie Schande zeigen solle, sind wider die Natur.
Würde es wohl Kenntniß des Menschen verrathen, wenn jemand behauptete, daß ein Mann, der ein Mädgen ihrer
Schönheit halber zur Ehe nimmt, und nicht hauptsächlich
dabey die heilige Absicht hat Kinder zu erzeugen, eine Todsünde begehe? Aber man lehrt dieses gleichwohl, und giebt
Worten den Triumph über die allerdeutlichste Wahrheit.

haupten: Denn der Widerstand des menschlichen Her,
zens gegen ein solch unnatürliches Gesetze, wenn er gleich
nur geringe ist, wird dennoch das Gesetz endlich vernich,
ten, wie wir in der Mechanik sehen, daß eine geringe
Kraft, die sich aber unaufhörlich reibet, endlich die
heftigste Bewegung zum Stillstande nöthiget.

Niemand hat je ein Opfer oder Geschenke seiner
Freyheit umsonst gemacht. Es geschahe des eigenen
Mußen halber. Nur in Romanen finden solche Chi-
mären einer Freygebigkeit ohne Vortheil statt. Wohl
aber umgekehrt wünschte ein jeder von uns, daß die
Verträge, welche andere binden, uns nicht binden möchten. Jeder Mensch macht sich zum Mittelpunkte der
ganzen Schöpfung, und glaubet, alles übrige in der Welt
habe eine Beziehung blos auf ihn.

Wir haben zeithero gesehen, daß die Befriedigung
gar verschiedener unter den Menschen täglich je mehr
und mehr erwachsener Bedürfniße die Vereinigung der
ersten Wilden veranlasset. Als einige Gesellschaften errichtet waren, entstanden bald darauf neue, um den
übrigen Widerstand zu thun, und der Krieg zwischen ganzen Völkern, trat an die Stelle des Krieges, den vorher der einzelne Mann gegen den einzeln Mann geführet
hatte. Nothwendigkeit war es also, welche die Menschen
zwange, einen Theil ihrer natürlichen Freyheit der ganzen
Gesellschaft abzutreten; woraus folget, daß jedermann
nur den kleinsten Theil, der möglich gewesen, zum gemeinschaftlichen Beytrage hergegeben, nehmlich nur so
viel, als unumgänglich war, die Mitgenossen zu vermögen, daß sie ihn auch ihres Theils für Gewalt der
übrigen beschützen, und von ihrer Freyheit etwas abtreten möchten. Die Zusammenhäufung dieser möglichst
geringen Portionen schufe das Recht, den Beleidiger

der

der Gesetze in Strafe zu nehmen. Alles, was über
diesen Endzweck der allgemeinen Sicherheit gehet, und
diese Absicht übersteiget, wird Misbrauch und nicht
Gerechtigkeit. Es ist Gewalt, aber kein Recht. Man
bemerke, daß das Wort Recht dem Worte Zwang nicht
geradezu widerspreche. Denn auch das Recht, so die
übrigen haben, ist in Ansehung dessen, dem etwas ob-
lieget, Zwang. Unter dem Worte Recht verstehe ich
nichts anders, als das Band der Nothwendigkeit, welches das Wohl einzelner Personen verkündiget, und
ohne welches der Rückfall in den alten Stand der Wildniß unvermeidlich wäre. Alle Strafen, welche nicht
auf den Zweck dieser geselligen Verbindung abzielen,
sind also, so gleich an und für sich selbst, das ist ihrem
innern Wesen nach, ungerecht. Man hüte sich wohl,
daß man unter der Gerechtigkeit sich kein physikalisches
Ding, oder was wirkliches vorstelle. Sie ist vielmehr
eine Idee, welche blos in der Seele des Menschen ihren Sitz hat, aber von unendlichem Einflusse in die Glückseligkeit aller und jeder. Noch weniger verstehe ich, da
ich blos von politischer oder bürgerlicher Gerechtigkeit
handeln will, jene theologische Gerechtigkeit Gottes,
die von ganz anderer Art ist, und welche sich auf Belohnung und Strafe nicht in diesem, sondern bereinst in
jenem Leben beziehet f).

§. III.

f) Walch in seinem philosophischen Lexikon saget: Die Gerechtigkeit Gottes müssen wir uns anders vorstellen, als die Gerechtigkeit der Menschen. Da diese letztere sich auf die menschliche Natur gründet, so gehet dieses bey Gott nicht an.
Der heil. Augustin *de Prædestin.* c. 2. erinnert eben dieses,
wenn er spricht: de justitia Dei non disputandum est lege
justitiæ humanæ, welchem Luther *de Servo arbitrio* c. 156.
beystimmet: Si talis esset Dei justitia, quae humano capiti
posset judicari, plane non esset divina, vielmehr müssen
wir hier mit dem Apostel ausrufen: Wie gar unbegreiflich

§. III.

Folgerungen.

Die erste Folgerung aus diesen zeithero vorgetragenen Lehren ist diese, daß es den Gesetzen und der höchsten Gewalt, welche die ganze Gesellschaft vorstellet, allein zukommt, den Verbrechern das Uebel zu bestimmen, welches ihre Thaten zu gewarten haben, und Strafgesetze zu verordnen; Nie aber einer niederen Obrigkeit, als welche selbst nur ein Theil der Gesellschaft ist. Eine Strafe welche das Ziel überschreitet, ist keine gerechte Strafe, sondern mehr, als Strafe. Hieraus folget, daß ein Richter unter keinerley Vorwande, auch nicht einmal unter dem gar prächtigen Dekmantel der gemeinen Wohlfahrt, die in den Gesetzen festgesetzte Strafe erhöhen dürfe.

Die zwote Folge ist, daß, gleichwie ein jedes Mitglied an die Gesellschaft gebunden ist, also diese hinwiederum auf gleiche Art, mit jedem einzeln Gliede verbunden sey, und zwar mittelst obgedachten Vertrages, wel-

cher

---

sind Gottes Gerichte, und wie unerforschlich sind seine Wege! Der Ritter Michaelis in der Vorrede des 6 Theils seines mosaischen Rechts schreibet als Theologe hiervon folgendes: Man hat sich häufig eingebildet, Gott strafe blos aus Haß gegen die Sünde, aus einem unwiderstehlichen Wesenstriebe von Antipathie gegen moralisches Uibel, den man Heiligkeit zu nennen beliebet. Die gesunde Vernunft lehret uns nichts davon, und die Bibel auch nicht. Gesetzt aber, man wolle der Gottheit aus zurückzitternden, unbegreifenden und undenkenden Respekt ein ganz anderes Recht, als bey uns Menschen Recht heißt, andichten, und ihm ganz andere Ursachen der Strafen leyhen, so ist doch u. s. w.

cher nicht einseitig, sondern natürlicher Weise beyde Con-
trahenden verpflichtet. Diese wechselseitige Obliegenheit *), welche vom höchsten Throne bis zur niedrigsten
Hütte, und von dieser sich wiederum hinauf erstrecket;
welche den Grossen, ja selbst das Oberhaupt, nicht minder als den Niedrigsten fesselt, beruhet darauf: daß so
wohl dem Ganzen, als jedem Theile gleichviel daran gelegen seyn muß, daß die dem Haupte und Gliedern gleich
nützliche Verträge gehalten werden. Die Verletzung
derselben bringt den natürlichen Stand der unbegränzten
Freyheit zurück. Der Regent, welcher die Gesellschaft
vorstellet, kann also, wie ich gesagt habe, nur allein
sträfliche Gesetze verordnen, welche alle Glieder verbinden; aber es ist nicht gut, daß er selbst urtheile, ob
einer oder der andere den Gesellschaftsvertrag überschrit-
ten habe oder nicht? weil alsdenn zwey Theile ohne Richter vorhanden wären, einer, der das Oberhaupt vorstellet, der die Verletzung des Vertrages behauptet, und
zum andern der Angeschuldigte, welcher diese Verletzung
läug-

*) Obliegenheit oder Verbindlichkeit ist ein den Rechts-
gelehrten und Moralisten sehr gewöhnlicher Ausdruk.
Es scheint mir aber dieses Wort eher ein abgekürzter
Vernunftschluß, als der Begriff eines einzigen Din-
ges zu seyn. Vergebens wird man eine sinnliche Idee
zu dem Wort Verbindlichkeit suchen. Man wird keine
finden. Nur wenn man einen in ein einziges Wort
zusammen gezogenen Schlußsatz sich vorstellet, (und
nicht eher) wird man bey Gebrauche dieses Ausdru-
kes sich selbst verstehen, oder von andern verstanden
werden. Beccar. g)

g) Warum nicht? Verbindlichkeit ist, wenn man was thun
muß. Müssen ist eben so viel, als gezwungen werden. Also
ist Verbindlichkeit ein Zwang, etwas zu thun, oder etwas zu
leiden.

läugnet. Besser ist es demnach, daß ein Dritter die Wahrheit der Sache beurtheile. Daraus folgt die Noth- wendigkeit des Richters, dessen Entscheidung unumstößli lich seyn, übrigens aber bloß allein in Ja und Nein be stehen muß h).

Die dritte Folge ist, daß, wenn auch übertriebene und grausame Strafen nicht gerade dem gemeinen Besten und der Einrichtung des ungedachten geselligen Vertra ges, das ist, der Gerechtigkeit zuwider wären, wie sie es doch sind, daß, wenn sie so gar ihrem Endzwecke, dem Verbrechen vorzubeugen nicht entgegen stünden, wie ich unten zeigen werde, sie doch wenigstens mit einer ge linden Denkungsart, und der wohlthätigen Tugend, so die Wirkung eines wohl ausgebildeten Verstandes und guten Herzens ist, nicht bestehen können. Ein recht schaffner Mann wird doch wohl lieber freyen und glückli chen Bürgern, als einer Heerde muthloser und elender Sklaven, deren unseliges Loos die Peitsche ist, gebie then wollen.

§. IV.

Von der Auslegung der Gesetze.

Vierte Folge. Die Auslegung der Strafgesetze kann auch den Richtern aus eben der Sache, weil sie kei ne

h) Hierwider findet man triftige Zweifel in meiner Rhapsodie Obs. 439. wo ich zeige, daß ein Richter mit gutem Gewissen abgeschmackte Gesetze zu umschiffen bemühet seyn kann, und die Hexen nicht verbrennen soll, wenn gleich das Gesetze, so es anbefiehlt, noch bis diese Stunde nicht abgeschaffet. Grö newegen hat ein ganzes Buch von dergleichen Beyspielen zu sammen getragen.

ne Gesetzgeber sind, nicht zukommen i). Die Gesetze sind
den Obrigkeiten von unsern Vorfahren nicht blos als ein
Fideikommiß hinterlassen worden, damit sie, die Obrigkeiten, gleichsam als Erbnehmer, nichts anders dabey zu
thun haben sollten, als diesen letzten Willen zu vollziehen, sondern die jetzt lebenden Menschen, welche die fort-
währende Gesellschaft ausmachen, oder der Regent, so
sie vorstellet, übergiebt sie ihnen. Die Gesetze selbst haben ihre verbindende Kraft nicht daher, weil sie vor Zeiten mit einem Eide bestättiget worden; ein Eid, welcher
einer Seits ungültig seyn würde, weil er den Willen
noch nicht daseyender Menschen gebunden; andern Theils
aber ungerecht, weil er aus einer Gesellschaft freyer Menschen eine Kuppel elender Sklaven, die allen eigenen Willen entsagen müßten, gemacht hätte. Der stillschweigende, oder ausdrückliche Eid der Treue, welchen die lebenden Mitglieder der Gesellschaft ihrem Beherrscher ein-
müthig abgelegt haben, giebt den Gesetzen ihre verbindende Kraft, und die daraus entstehende Gewalt, daß er
die innerliche Gährung des Privatvortheils dämpfen solle.
Wem kommt es demnach von Rechtswegen zu, die Gesetze auszulegen? Nur allein dem Fürsten, als welchem
hierinnen der Wille aller Mitglieder anvertrauet ist; keinesweges aber dem Richter, welcher keine andere Pflicht auf
sich hat, als zu untersuchen, ob dieser oder jener eine That
begangen habe, die den Gesetzen zuwider sey oder nicht.

Bey Untersuchung eines jeglichen Verbrechens muß
der Richter einen förmlichen Vernunftschluß machen
in dessen Vordersatze das allgemeine Gesetz; im Hinter-
satze die dem Gesetze gemäße, oder zuwiderlaufende Handlung; im Schlusse die Lossprechung, oder Anerkennung
der

i) Er hätte dieses nur von der Auslegung, so die Strafgesetze
erweitern will, nicht aber von der so sie einzuschränken suchet,
sagen sollen. Siehe vorige Anmerckung.

der Strafe bestehet. Macht der Richter in einer peinlichen Frage mehr, als einen Schluß, entweder frey-
willig oder aus Noth, weil er hierzu durch die Untaug-
lichkeit elender Gesetze gezwungen ist, so wird der Ungewisheit Fenster und Thüre geöffnet.

Es ist ein eben so gefährlicher, als gemeiner Grundsatz, daß man gleichsam in die Seele und die Absichten des Gesetzes dringen, und den Sinn desselben
zu Rathe ziehen müsse. Das heißt, den Damm, welcher dem Strom der Meynungen vorgebauet ist, durch-
stechen, und ihnen freyen Lauf lassen. Wenn Leuten
von schwacher Einsicht das, was ich hier als eine erwiesene Wahrheit behaupte, widersinnig vorkommt, so be-
fremdet es mich nicht; denn ein kleines gegenwärti-
ges Unheil fällt ihnen weit mehr auf, als ein entfern-
tes, von tausendmal schädlicheren Folgen, die ein einziger angenommener falscher Grundsatz nach sich ziehet.
Unsere Kenntnisse und unsere Begriffe hängen alle an
einander. Je verwickelter sie sind, desto zahlreicher
sind die Wege, welche zum Irrthume führen. Jeder
Mensch hat seinen eigenen Gesichtspunkt. Ein und eben
derselbe Mensch sieht einerley Gegenstände zu verschiedenen Zeiten auf ganz verschiedene Art. Also würde
der Geist und die Absicht eines Gesetzes der Erfolg einer guten oder schlechten Logik des Richters seyn. Dessen gesunde oder verdorbene Säfte, ein aufwallender
Sturm seiner Leidenschaften, die Schwäche und Dürftigkeit des Angeklagten, des Richters Verbindungen
mit dem beleidigten Theile, und die übrigen gering
scheinenden Ursachen, welche das veränderliche Gemüth
des Menschen, wie Wellen herumtreiben, würden auf
dieses wichtige Geschäfte des Richters widrige Einflüsse
verbreiten. Daher kommt es, daß öfters das Schicksal eines Bürgers durch den bloßen Uebergang seines

Beccar. v. Verbr. u. Straf.   B   Proces-

Processes aus einem Gerichtshofe zu einem andern verändert wird.   Daher kommt es, daß öfters Unschuldige ein Schlachtopfer falscher Begriffe, oder leyder!
wohl gar aufbrausender Leidenschaften werden, nach
welchen öfters die Obrigkeit eine Reihe verworrener
Schlüsse für eine rechtmäßige Auslegung des Gesetzes
hält.   Daher kommt es, daß einerley Verbrechen, vor
einerley Gerichte, in verschiedenen Zeiten auf verschiedene Weise bestraft werden.   Der schwankende Unbe-
stand willkührlicher Auslegungen übertäubet alsdann die
sich immer gleiche und reine Stimme des Gesetzes.

Man könnte hier einwenden, daß aus einer allzu-
strengen und buchstäblichen Beobachtung eines Strafge-
setzes auch zuweilen großes Unheil entstehet k). Allein ich antworte, daß die Unordnungen, welche aus der
freyen Auslegung entstehen, ungleich größer, und mit
jenem Unheile nicht im geringsten zu vergleichen sind.
Ist der Sinn des Gesetzes wegen einiger Worte ungewiß und zweydeutig, so sollte der Gesetzgeber dieser Dunkelheit durch eine schleunige Verbesserung abhelfen. Er
sollte hierdurch der unglücklichen Freyheit in Lüften herum zu kreuzen, Einhalt thun, und die Quelle verstopfen, woraus feil stehende und willkührliche Verdammun-
gen entspringen. Wenn der Richter auf eine buchstäbliche
Erklärung eingeschränkt, so ist demselben weiter nichts
nachgelassen, als die Handlung zu untersuchen, ob sie
mit dem Gesetze übereinstimmet, oder nicht? Ist der
Leitfaden des gerechten oder ungerechten blos eine Un-
ter-

k) Allerdings. Es sey ein Gesetze: Wer zwey Weiber auf einmal sich antrauen läßt, werde des Landes verwiesen. Dieser wird angeklagt, daß er zwey Weiber habe. Nein, sagt
er, ich habe deren drey. Nach den Regeln des Beccaria
wird er loszusprechen seyn, denn der Buchstabe des Gesetzes
redet nur von zweyen.

tersuchung von der Wirklichkeit einer That, nämlich
ob sie geschehen sey oder nicht? so wird der Bürger
nie Sklav des Richters seyn. Es ist aber das Joch
einer Menge von kleinern Tyrannen und Unterobrig-
keiten desto unerträglicher, je unbeträchtlicher der Abstand des Unterdrückten von dem Unterdrücker ist. Ich
halte die Bedrängung von kleinen Despoten weit unse-
liger, als die Oberherrschaft eines Einzigen.

Wenn also die Gesetze keine andere als buchstäbliche Auslegung leiden, so geniessen die Bürger der Sicherheit ihrer Person, ihrer Ehre, ihrer Güter, und
finden sich dadurch im Stande, alle schlimme Folgen einer Handlung aufs genaueste zu berechnen, welches sehr
vieles beyträgt, sie davon abzuhalten. Zwar ist es nicht
zu läugnen, daß hierdurch die Gemüther der Bürger
einen Hang zur hohen Denkungsart bekommen können,
und nicht mehr so demüthige Verehrer der Obrigkeit
bleiben, besonders derjenigen, die einer treuherzigen
Unterwerfung den geheiligten Namen der Tugend beylegen; Allein sie werden dem ungeachtet den Gesetzen
gehorsam bleiben, und der höchsten Obrigkeit weniger
wiederspenstig seyn, als jene schleichende Geschöpfe, die
ohne inneres Gefühl der Rechtschaffenheit weiter nichts,
als nur die Peitsche fürchten. Es könnte also wohl
sich zutragen, daß diese Grundsätze solchen Männern
mißfallen, welche die Streiche der Tyrannen, die sie
bekommen, wieder auf Niedere doppelt zurückfallen lassen. Ich habe von diesen alles zu befürchten, wenn
sie mich lesen und verstehen. Allein, ein Trost! Tyrannen lesen nicht.

§. V.

Von Dunkelheit der Gesetze.　•

Ist die Auslegung der Gesetze ein Uibel, so ist die
Dunkelheit ein nicht größeres, weil sie die Auslegung nothwendig machet.　Dieses Uibel vergrößert sich,
wenn die Gesetze in einer unbekannten Sprache geschrieben sind.　Was sind die Rechte alsdann anders, als
Heimlichkeiten und sibyllinische Bücher? so lange sie sich
bey der Würde behaupten, die man ihnen aus Unbedachtsamkeit beygeleget; so lange deren Eröfnung für eine
Entheiligung angesehen wird; so lange sie nicht in der
gemeinen Landessprache abgefasset und wie ein Katechis-
mus zu jedermanns Wissenschaft und Gebrauche da liegen;
eben so lange bleibt der Bürger unter der Abhängigkeit
gewisser Leute, welche die Gesetze und ihre Auslegung
handhaben, wannenhero er die Folgen seiner Handlungen nicht von sich selbst übersehen kann.　Je größer
im Gegentheil die Anzahl von Leuten ist, welche das
Gesetzbuch in Händen führen und dessen geheiligte Aussprüche lesen dürfen, desto geringer wird die Anzahl der
Verbrechen seyn, weil die Unwissenheit oder die Ungewißheit der Strafen ohne allen Zweifel auf menschliche
Leidenschaften wirket, und zu Missethaten anlocket. Sollte man daher nicht erstaunen, daß fast durchgängig die
Gesetze in einer todten Sprache abgefasset sind 1)?

Aus

1) Dieser Seufzer ist vergeblich.　Die heiligen zehen Gebote
Gottes hat man in allen Landessprachen, man lernet sie so
gar auswendig.　Deutschland hat Kayser Karl des fünften
peinliche Halsgerichtsordnung deutsch geschrieben und gedruckt.
Wer ließ sie? Wer hat sie? Man braucht sie auch nicht zu
lesen, da jeder Mensch von Natur schon weiß, daß Unrecht
unrecht sey.　Wer eine Uibelthat zu begehen Willens ist,
schlägt dieses Strafgesetze so wenig nach, als derjenige, so
sündigen will, die Bibel.

Aus diesen Grundsätzen flieſſet die Folgerung, daß ohne geschriebene Gesetze eine Gesellschaft nie eine solche bestimmte Regierungsform annehmen kann, in welcher die Gesetze niemals dem Gedränge des Privatvortheils nachgeben dürfen, und nur durch den allgemeinen Willen aller Mitglieder verändert und gänzlich aufgehoben werden können. Vernunft und Erfahrung lehren, daß die Gewißheit und Wahrscheinlichkeit menschlicher Satzungen in eben der Maaße sich verlieren, je weiter sie sich von ihrer Quelle entfernen. Wie sollen nun die Gesetze der hinreiſſenden Gewalt der Zeit und den Leidenschaften widerstehen, wofern nicht ein dauerhaftes Denkmal des ursprünglichen Bündniſſes einer errichteten Gesellschaft vorhanden iſt?

Ich will hier etwas von der Nützlichkeit der Preſſe einschalten. Sie iſt es, welche das Publikum, und nicht einige Wenige zu Aufsehern und Beschützern der heiligen Gesetze macht; sie iſt es, die das düstere Gewölke, sie iſt es, die den Geiſt der Kabale und der Arglist zerstreuet, und den Geiſt der Finsterniß verscheuchet, der das Licht scheuet, und bey Anbruche des Tages verschwindet, den Geiſt der die Wiſſenschaften lästert und verdammet, weil er ſich mit seinen sämmtlichen Trabanten dafür fürchtet. Die Druckerey iſt es, welche die abscheulichen und gräßlichen Verbrechen vermindert und den jämmerlichen Zustand beendiget, der bey unsern Vorfahren die Schwachen zu Laſtthieren, die Mächtigen aber zu Wütrichen machte. Wer die Begebenheiten zweyer oder dreyer Jahrhunderte und unsere Zeiten kennet, kann daraus ersehen, wie aus dem Schooße der Schwelgerey und Dummheit die sanfteſten Tugenden, die Menschlichkeit, die Wohlthätigkeit, die Duldung menschlicher Irrthümer, entstanden. In diesen entfernten Zeiten erblickt man schreckliche Wirkungen jener zur

B 3 Unge-

Ungebühr alſo benannten alten Einfalt und Redlichkeit: Da ſiehet man vielmehr, wie die Vernunft unter Verfolgung des Aberglaubens ſeufzete; wie Geiß und Herrſchſucht einer geringen Anzahl Menſchen Thron und Schatzkammer der Könige mit Menſchenblute färbten; da erblickt man geheime Verrätherey, und öffentliche Todſchläge; einen Adel, der die niedrigen allenthalben mit Füſſen trate; Prediger, welche im Namen des barmherzigen Gottes ihre Hände mit Blute beſprizten und die Religion entweyheten. Beyſpiele von dergleichen Abſcheulichkeiten ſchänden unſer erleuchtetes Jahrhundert nicht mehr, ſo verderbt man auch übrigens unſere Zeiten auszuſchreyen ſich bemühet.

§ VI.
Von dem Verhältniſſe zwiſchen Verbrechen und Strafen.

Es erfodert nicht nur die zeitliche Glückſeligkeit, daß wenig Verbrechen begangen werden, ſondern auch, daß jegliche Art der Verbrechen nach dem Verhältniſſe des Uibels, das der Geſellſchaft daraus entſtehet, deſto ſeltener ſey, je ſchlimmer und nachtheiliger die Folgen ſind. Es müſſen demnach die in den Geſetzen angezogene Bewegungsgründe, welche die Menſchen von Miſſethaten abhalten ſollen, deſto ſtärker ſeyn, jemehr nach Verſchiedenheit der Verbrecher eines dem gemeinen Beßten nachtheiliger, als das andere iſt, und jemehr mächtiger die Reizungen ſind, welche die Menſchen zu irgend einer Gattung von Miſſethaten verleiten. Laſſet uns demnach ein beſtimmtes Verhältniß zwiſchen den verſchiedenen Gattungen der Verbrechen und den verſchiedenen Strafen ſuchen.

Unmöglich ist es zwar bey dem allgemeinen Kampfe
so mancherley wider einander laufender Leidenschaft, allen Unordnungen völlig vorzubeugen. Jemehr ein
Staat bevölkert und reicher wird, und jemehr sich der
Eigennutz einzelner Personen in das Spiel menget, in
eben dem Maase wachsen die Unordnungen, so daß es
nicht möglich ist, die Menschen mit geometrischer Gewisheit zum allgemeinen Beßten zu lenken. Man muß in
politischer Rechnung statt der mathematischen Pünktlich-
keit sich mit Wahrscheinlichkeit und Näherungen behel-
fen. Ein in die Geschichte geworfener Blick eröfnet
uns, daß mit der Erweiterung eines jeden Staates in
eben dem Verhältnisse, wie sich die Gesinnung und Denkungsart der ganzen Nation verändert, sich auch Unordnungen verbreiten und der Hang zum Verbrechen allgemeiner wird. Hieraus entstehet die Nothwendigkeit je
zuweilen schwerere Strafen auf die Verbrechen zu setzen, als sonst nöthig wäre.

Die Kraft, welche die Menschen ohne Unterlaß zu
Lüsten und Begierden hinreiset, ist der Schwerkraft ähnlich, welche alle Körper nach dem Mittelpunkte des Erd-
bodens unaufhörlich ziehet, und die sich durch nichts anders, als durch Hindernisse, die man ihr entgegen setzt,
aufhalten lässet. Die ganze Folge menschlicher Handlungen ist eine Wirkung dieser moralischen Schwerkraft.
Strafen sind die politischen Hindernisse und dienen dazu,
den Hang des Eigennutzes und der Begierden zu entkräf-
ten, und der Schädlichkeit seiner Wirkungen vorzubeugen, ohne bey den Menschen die Ursache der Bewegung,
das ist, die Sinne und Leidenschaften aufzuheben, welches eine vergebliche Sache seyn würde, weil sie von ihm
unzertrennlich ist. Ich vergleiche den Gesetzgeber mit einem geschickten Baumeister, dessen Hauptsorge dahin gehet, der niederdrückenden Kraft der Schwere andere ent-

B 4   Hal-

haltende und unterstützende Kräfte entgegen zu stellen, um durch diese Vereinigung des Gewichtes und Gegengewichtes seinem Gebäude Festigkeit zu geben.

Wenn man die Verbindung der Menschen in Gesellschaften, und die daraus fliessenden Vortheile, voraussetzt; wenn man die Verträge, welche das wider einander streitende Privatintereffe veranlaffet, annimmt; so kann man sich die in der Gesellschaft vorkommende Unordnungen, als eine Leiter vorstellen, auf deren obersten Stufe diejenigen Verbrechen stehen, welche auf die Zerrüttung und den Untergang der ganzen Gesellschaft unmittelbar abzielen; auf der untersten aber die gar geringe Beleidigung, die man einzeln Mitgliedern der Gesellschaft zufüget. Zwischen diesen beyden stehen alle dem gemeinen Beßten auf mancherley Weise sonst zuwiderlaufende Handlungen, und steigen durch unmerkliche Stufen von der höchsten zur niedrigsten herab.

Liessen sich mathematische Berechnungen und die Meßkunst auf die unendlichen Abwechselungen menschlicher Thaten anwenden, so könnte man zu solcher eine übereinstimmende Progreffion der Strafen mit größerer Genauigkeit finden, so daß die geschärfteste bis zur gelindesten gleichmäffig und stufenweiß herabfiele. Weil dieses aber nicht möglich, so läßt ein weiser Gesetzgeber sich damit begnügen, daß er nur die vornehmste Eintheilung bemerket, und nicht Verbrechen vom untersten Range, mit Strafen der obristen Stufe belege m).

Eine

---

m) Wenn Charidon seine Daphnis liebet, so ist es kein Verbrechen, weil dadurch niemand beleidiget wird. Missethat oder Unrecht ist nur dasjenige, wodurch ich entweder meinen einzeln Nächsten oder gar dem gemeinen Wesen etwas unmittelbar entziehe. Ich sage unmittelbar. Denn wenn man das
Wort

Eine jede zwischen den vorerwehnten Grenzen nicht
begriffene Handlung ist kein Verbrechen zu nennen, noch
als ein solches zu bestrafen.   Nur diejenigen, denen aus
besonderen Absichten oder Eigennutz daran gelegen ist,
bezeichnen dergleichen Handlungen mit den Namen des
Lasters.   Lange Zeit hat man diese Grenzen nicht zu
bestimmen gewußt; und ist aus dieser Ungewißheit unter den Völkern eine Art von Sittenlehre aufgekom-
men, mit welcher sich der Geist und das Wesen der
Gesetze gar nicht verträgt.   Doch was nenne ich Gesetz,
Das schäckigte Allerley verwirrter Einfälle, welche sich
wechselsweise aufheben und einander widersprechen, wodurch der tugendvolle Weise gar oft der strengsten Strafe
ausgesetzet wird, verwirrter Einfälle, sage ich, welche
den Begriff von Tugend und Laster wankend und zweifelhaft machen, tolle und unnütze Anordnungen, welche uns unserer Güter nicht versichern und den gan-
                                                    zen

Wort unmittelbar einwebet, so finden Moralisten, welche die
ganze Welt nach ihrem System regieren wollen, und gleichwohl
die drey Worte: Mensch, Bürger und Christ nicht zu unterscheiden wissen, ein offenes Feld, nach eigenem Belieben,
was sie nur wollen, auch unschuldige, auch nützliche Handlungen in Verbrechen umzugießen und durch verflochtene Dunkelheit überall so genannte mittelbare Nachtheile und Verletzungen der Republik heraus zu künsteln.   Wo nicht unmittelbar, werden sie sagen, doch wenigstens mittelbar ist der Hang
zur Mode, die Ehrbegierde, der Geiz, die Heyrath in dem
vierten Grade, der Einkauf des Getreydes bey wohlfeiler Zeit,
insonderheit die Ketzerey, und Gott weiß, was sonst für Dinge, unter die bürgerlichen Verbrechen zu zählen.   Man kennet schon die labyrinthischen Schlüsse tiefdenkender Schulwei-
sen, welche durch 99 Folgerungen, darunter öfters der größte
Theil falsch ist, endlich die hunderste hervorbringen, die erweisen soll, es wäre den Bürgern doch wenigstens die Sache
mittelbar schädlich.

B 5

ten Staatskörper in einen Todtenschlummer versenken?
Lieset man die Gesetzbücher verschiedentlicher Völker mit
nachdenkender Aufmerksamkeit, so bemerket man gar
leicht, wie Tugend und Laster, rechtschaffener Mann
und Missethäter , in verschiedenen Zeiten verschiedene Bedeutungen gehabt, nicht deswegen daß die Umstände der Staaten und Reiche sich verändert, sondern weil diejenigen, so das Staatsruder führten, und
das gemeine Beste verwalteten, von verschiedenen Irrthümern beherrschet wurden. Hier stehet man, daß
öfters blinde Leidenschaften, welche der Leitstern in einem Jahrhunderte waren, die Grundlage zur Moral
des nachfolgenden Zeitalters geworden; man siehet, daß
mancher fanatische Wahn und die Enthusiasterey, welche
in den Gemüthern der Menschen ein schwärmendes Heer
von Begierden aufflattern läßt, durch Umlauf der Zeiten
gedämpft und gänzlich unterbrückt worden. Durch die
Zeit, sage ich, welche in physikalische und moralische Dinge gleichen Einfluß hat, sind die Menschen erleuchtet
worden und die Mächtigen haben ihre Kräfte zum Wohl
der Menschen anwenden gelernet. Auf solche Weise erhöhen und verdunkeln sich zuweilen die Begriffe von Ehre und Tugend, welche bey verschiedenen Völkern mancherley Gestalten erhalten, je nachdem die Zeiten oder
die Grenzen des Reichs sich verändern. Denn Berge
und Flüsse sind öfters nicht allein die Grenzen der Länder, sondern auch der Meynungen, welches ich die moralische Geographie zu nennen pflege. Man findet an einem Orte göttlich wahr, was drey Meilen weiter, ja
bey Grenzorten, öfters nur eine viertel Stunde davon,
die ausgemachteste Lüge ist.

Wenn man demjenigen, der einen Hirsch oder Fasan tödtet, einerley Strafe mit demjenigen erkennet,
der einen Menschen umbringet, oder falsche Wechsel ma-
                                        chet,

chet, so wird der gemeine Mann zwischen beyden Verbrechen in kurzer Zeit keinen Unterschied weiter machen.
Auf diese Art zernichtet man in menschlichen Herzen das
Erkenntniß des Guten und Bösen, der Rechtschaffenheit und des Betrugs; dies Werk vieler Jahrhunderte,
das durch viele Todesurtheil langsam und mit vieler
Mühe aufgeführet worden, und so beschaffen ist, daß
man es kaum für möglich halten sollte, daß es aufgeführet werden könnte.

Vergnügen und Schmerzen sind bey empfindenden
Wesen die Triebfeder aller Handlungen: Selbst die Religion verkennet diese mächtige Triebfeder nicht, weil
der höchste Gesetzgeber auch die Strafen und Belohnungen in jenem Leben als Bewegungsgründe zum Thun
und Lassen vorgebildet. Wenn nun zwey Verbrechen,
die der Gesellschaft in verschiedenen Graden schädlich
sind, auf gleiche Art bestrafet werden, so ist kein stär-
keres Hinderniß mehr vorhanden, warum unsere Bürger die lasterhafteste Handlung nicht eben so wohl, als
ein geringes Ungebührniß zu begehen sich erkühnen
sollten, so bald sie bey dem größern Vortheil zu finden hoffen. Diese ungleiche Austheilung der Strafe,
welche zu sündigen selbst Anlaß giebt, wird diesen son-
derbaren, diesen eben so oft vorkommenden, als selten
bemerkten Widerspruch erzeugen, daß die Gesetze Verbrechen bestrafen, welche sie selbst veranlasset.

§. VII.

Vom Maaßstabe der Größe der Verbrechen.

Aus den vorhergehenden Betrachtungen läßt sich mit
völligem Rechte behaupten, daß der wahre und
ein-

einzige Maaßstab der Größe und Schwere eines Verbrechens lediglich nur der Schade sey, welcher der Gesellschaft daraus entstehet n). Einige Sittenlehrer haben geglaubt, die verschiedene Größe der Verbrechen
hänge von dem boßhaften Willen und der Absicht desjenigen ab, der es begehet. Allein da dieser Wille
oder Absicht von der Verfassung, worinnen sich die
Seele des Sünders damals befunden, abstammet: diese Lage der Seele aber nicht bey allen Menschen einerley, ja zuweilen selbst bey einen und eben denselben
Menschen eben so abwechselnd ist, als die verschiedenen
Auf-

n) Man mache also nicht Handlungen zu bürgerlichen Verbrechen, die es nicht sind. Wenn ein Mann seiner verstorbenen Frauen Schwester heyrathet, wo ist da Beleidigung?
Wird nun aber niemand dabey verletzet, niemand um das
Seinige gebracht, dem Nächsten nicht geschadet, wie kann
wohl der weltliche Richter strafen? wie kann dieses der Gegenstand eines bürgerlichen Gesetzes seyn? Gott hat es nur
verbothen, ihr zum Tord, dieweil sie lebet. Wenn der
Frauen Schwester ihr im Ehebette folget, welch ein Glück
für die verwayseten Kinder! Sie wird ihnen keine Stiefmut-
ter seyn. Es sind gleichsam ihre eigenen Kinder, sie ist ihre Tante. Weinet nicht arme verlassene Waysen! ihr habt
eure Mutter nicht verlohren, sie lebt noch in der Person
ihrer Schwester. Angestammte Liebe, bereits errichtete Bekannt-
schaft, wechselseitige Bedürfnisse, Band der Familie, alles
rufet, alles ermahnet die Heyrath mit der Frauen Schwester zu befördern. Gesetzt auch, daß die rechtgläubigen Theologen der alten Welt darwider zu eifern Recht haben sollten,
(wie sie es doch, aller Rechtsgelehrten Meynung nach, nicht
haben) so wäre dieses doch auf alle Fälle kein Gegenstand
der bürgerlichen Strafgesetze, welche blos die Störung der
Sicherheit und Beleidigungen zu verhüten und Ruhe zu erhalten zur Absicht haben sollen. In diese Grenzen wird alles eingeschränkt. Verbiethet der evangelische Fürst diese
Heyrath, so thut er es als Bischoff und nicht als Landesherr.

Auftritte der Ideen, Leidenschaften und Umstände, welche auf einander folgen; so müßte man ein besonderes Gesetzbuch für einen jeglichen Bürger machen. Zuweilen entstehet der größte Schaden für die Gesellschaft aus einer Handlung, welche aus der reinsten Quelle und der besten Absicht geflossen; hingegen erwächst ein andermal der beträchtlichste Vortheil aus einer That, welche den bösesten Willen zur Triebfeder gehabt o).

Andere Staatslehrer wollen die Verbrechen vielmehr nach der Würde des Beleidigten, als nach den traurigen Folgen, die dem gemeinen Wesen daher entstehen, abgemessen wissen. Wenn diese Meynung gegründet wäre, so würde eine Unehrerbietigkeit gegen das Wesen aller Wesen weit schrecklicher bestraft werden müssen, als die Ermordung eines Monarchen, weil diese Beleidigung den Unterschied mit jenen, in Betracht der Erhabenheit der göttlichen Natur, nicht im allerminbesten ausgleichet p).

Noch

o) Den bloßen Willen, so böse er auch seyn mag, wenn er noch nicht in öffentliche Thathandlung ausgebrochen, bestrafet kein bürgerliches Gesetze. Denn man sahe, daß es unschicklich. Vielweniger also kann die Absicht den Maaßstab, den wir suchen, abgeben. Auch wird dazu ein Richter erfordert, der den Delinquenten ins Herze schauen könnte, das gleichwohl keine Fenster hat.

p) Wenn zween Kaufleute in eine Handlung treten und gleiches Geld erlegen, so muß Gewinnst und Verlust auch gleich getheilet werden. Nun hat aber bey Errichtung der menschlichen Gesellschaft sowohl der Reiche als Arme ein gleiches eingelegt. Beyde ließen nämlich einen Theil der natürlichen Freyheit fahren; also muß auch der Geringe so gut als der Vornehme seiner Ehre, seiner Güter, und seines Lebens gleich

Noch andere sind endlich auch auf die Gedanken gerathen, daß bey Abmessung des Grades eines Verbrechens auch mit auf die Größe und Schwere der hiermit begangenen Sünde gegen Gott müßte gesehen werden q). Der Ungrund dieser Meynung wird demjenigen sogleich in die Augen leuchten, der die wahre Verhältnisse zwischen Mensch und Mensch auf einer, und zwischen Mensch und Gott auf der andern Seite unpartheyisch erwägen will. Das Verhältniß zwischen Mensch und Mensch ist einerley und sich immer gleich. Die einander sich stossenden Leidenschaften und der Eintrachtswidrige Eigennutz hat den Begriff vom gemeinen Besten hervorbracht, und hierauf gründet sich die menschliche Gerechtigkeit. Die Menschen stehen mit Gott blos in einem Verhältnisse

der

p) gleich gesichert seyn. Die kleinen Tyrannen der mitleren Ordnung, die Mandarins, der Adel um dem Fürsten in etwas gleich zu werden, möchten freylich gerne Stand und Würde zum Maaßstabe machen.

q) Was ein theologisirender Weltweise, eben das ist auch ein theologisirender Gesetzgeber. Die Religion hat ihr eigenes Gebiete. Es kann etwas der Republik nützlich und in der Kirche sündlich seyn. Der sel. D. Luther sagt: Was in der Theologie wahr, sey öfters in der Philosophie falsch, von welchem Spruche ich anderswo meine Gedanken eröffnet. Dieses alles läßt sich auch hier anwenden. Wenn der Fürst in einem bürgerlichen Gesetze von der Seelengefahr redet, so wird dieses als ein falscher Ton dem zur Harmonie gewöhnten Ohre eben so hart auffallen, als wenn ein evangelischer Landesherr seine katholischen Unterthanen durch Strafgesetze bekehren, oder der Sultan die in Constantinopel wohnenden Christen seinem Paradiese zuführen wollte. Thut er dieses, so versteht er sein Amt nicht, wozu ihn die Vorsicht bestimmet, und ist sein Beruf ihm unwissend. Als Völker sich einen König erwählten, so wolten sie an ihm zur Friedenszeit einen Richter, und im Kriege einen

Au

der Abhängigkeit, als von einem vollkommnern Wesen und ihrem Schöpfer, der sich das Recht, Gesetzgeber und Richter zugleich zu seyn, vorbehalten, weil er allein ohne Unschicklichkeit es seyn kann. Hat Gott ewige Strafen dem, der seiner Allmacht nicht Gehorsam leistet, verordnen wollen, welcher Wurm, welcher menschlicher Käfer wird der göttlichen Gerechtigkeit unter die Arme zu greifen sich erkühnen, und sich anmaßen, in seiner Rache dem unendlichen Wesen beyzustehen, das sich selber genug ist. Gott ist ein Wesen, welches keines Eindrucks von Schmerzen fähig ist, indem er allein unter allen Wesen in die Natur wirket, ohne Gegenwirkungen ausgesetzt zu seyn. Also nicht die Größe des bürgerlichen Verbrechens, sondern nur die Schwere der Sünde hänat von der verborgenen Bosheit des Herzens ab, welches dem menschlichen Blicke verschlossen, und ohne gött-

Anführer haben. Er sollte sie in der Welt glücklich, nicht in der Ewigkeit selig machen. Letzteres ist das Amt der Priester. Will ein Fürst den Priester vorstellen, so wird der Priester regieren. Kirche und Republik müssen abgetheilt bleiben, weil Einmischung in fremde Händel gar selten gelinget. Katharine in Rußland, die in ihrem weitläuftigen Reiche so viele Religionen zu beherrschen hat, wird durch Strafgesetze und Himmelswege gewiß niemanden seines alten Glaubens berauben. Wenigstens muß ein Fürst die himmlische Regierung nicht eher vornehmen, als bis er die Regierung auf Erden versteht. Ein anderes ist recht glauben, ein anderes recht leben. Wirft ein Perser etwas Unreines in das Feuer, so ist es Zoroastische Sünde. Aber der König hat nicht Ursache es zu bestrafen, denn er ist kein Fürst für das Himmelreich. Es werde also dieser Entheiliger des heiligen Feuers von der Zoroastischen Kirche ausgeschlossen. Er lasse sich von den Priestern reinigen; alles gut! nur treffe ihn keine bürgerliche Strafe, im Fall er kein Aufwiegler ist. Verbrechen ist nur dasjenige, wodurch ich dem Nächsten etwas entziehe. Also sind Sünde und Verbrechen zwey unterschiedene Dinge.

göttliche Offenbarung keinem endlichen Geschöpfe erforsch-
lich ist.   Wie soll nun von der Sünde ein Maaßstab der
Bestrafung eines Verbrechens genommen werden? Der
Mensch würde oftmals strafen, wenn Gott vergiebt,
und vergeben, wenn er straft, also in beyden Fällen der
nicht verstandenen göttlichen Tiefe der Weisheit entgegen
handeln r).

§. VIII.

r) *Lactantius ad Pentadium c.* 53. Sed hoc facere se dicunt,
ut deos suos defendant. Primum si dii sunt et habent ali-
Quid potestatis & numinis, defensione hominis patrocinio-
que non indigent.   Stultum igitur & vanum, deorum esse
vindices velle.   Qui patrocinium Dei, quem colit, susci-
pit, illum esse nihil, confitetur.   So viel habe ich als
Christ mich fest überzeugt, daß Gott an Hängen und Köpfen keinen Gefallen habe.   Wir Menschen bilden öfters Gott
nach uns.   Der Stolze, Zornige, Hochmüthige und Rachgierige stellt sich das höchste Wesen zornig, und der Hypochon-
driste, den die Fliege an der Wand irret, hypochondrisch vor.
Wer sanguinisch ist, denkt sich Gott mildthätig und wohlthätig.   Der Phlegmatische denkt gar nichts.   Auf dem Erdboden
ist etwa der sechste Theil der Menschen sanguinisch.   Dieses
Verhältniß wechselt nicht ab; denn ich habe anderswo berechnet, daß es heutiges Tages nicht einen einzigen Geizigen
mehr gebe, als es zur Zeit des Königes Salomo gegeben.
Der Vogel bauet sein Nest noch eben so, wie er es zur Zeit
des Königes Salomo gebauet.   Es fließet noch immer dasselbe
Blut durch unsere Adern, und die menschliche Natur bleibt
unveränderlich.   Kann wohl ein Mohr seine Haut wandeln
und ein Parder sie flecken? Melancholische auch zum Theil
cholerische Gemüther sind vermittelst ihrer Säfte und des Ge-
blüts Liebhaber von gekünsteltem Zwange und einer unnatürli-
chen Moral.   Die einmal gefaßten Eindrücke behalten sie fest,
daher gar öfters bey ihnen ein Wort zur Sache wird.   Wenn
dergleichen fest geheftete Idee bis zur Begeisterung ansteiget,
so ist es unmöglich, den Schwärmer zu bekehren.

§. VIII.

Von der Verschiedenheit uud den Folgen der Verbrechen.

Der gröffere oder mindere Schade, welcher aus einem Verbrechen der Gesellschaft entstehet, ist angezeigter maaßen dasjenige, wornach ich die Strafe abwiegen muß. Diese Wahrheit, die weder algebraischer Beweise noch eines künstlichen Sehrohrs bedarf; diese für einen nur mittelmäßigen Verstand, auch bey der geringsten Aufmerksamkeit, leicht zu begreifende Wahrheit, hat dennoch, durch einen wunderbaren Zusammenfluß der Umstände, das traurige Schiksal gehabt, nur von einer geringen Anzahl denkender Köpfe mit zuverläßiger Gewißheit erkannt zu werden. Ueberhaupt haben asiatische Vorurtheile die natürlichen und einfachen Begriffe, welche den ersten Menschen die hervorkeimende Philosophie einflößete, mehrentheils durch unmerkliche Stöße, zuweilen aber auch durch gewaltsame Eindrücke, welche sie auf Blödsinn und Leichtgläubigkeit gewaget, ziemlicher maaßen verdränget. Allein das in diesen Zeiten aufgegangene Licht führet uns (glücklich sind wir!) zu wahren Grundsätzen zurük, und kläret sie uns mit desto hellerem Glanze auf, jemehr wir durch Erfahrung und Beweise solche unterstützet finden, und jemehr selbst der Widerstand unsere Standhaftigkeit, und nichtswürdige Einwürfe unsren Eifer befestigen.

Ich sollte jetzt, der Ordnung gemäß, die verschiedenen Gattungen der Verbrechen und ihre Strafen, einer nach der andern, darstellen. Allein die durch allzu sehr verschiedene Umstände der Zeit und des Ortes verursachte Manchfaltigkeit, würde mich in ein so weites

Feld abführen, daß ich die Aufmerksamkeit der Leser ermüden würde. Ich begnüge mich vorjetzt nur überhaupt durch allgemeine Grundsätze die, so irrige als gemeine, Meynung derjenigen zu widerlegen, welche, aus Liebe zu einer übel verstandenen Freyheit, die Wildnis gerne wieder einführen, oder im Gegentheile die Menschen zu Mönchen machen und in eine strenge Ordensregel, welche jeglicher Stunde ihre Pflichten vorschreibet, einschränken möchten.

Es giebt Verbrechen, welche geraden Weges zum gänzlichen Untergange der Gesellschaft, und dessen, der sie vorstellet, abzielen. Andere bestehen in der Verletzung eines einzeln Mitgliedes der Gesellschaft, in Ansehung der Sicherheit seiner Person, seiner Güter, und seiner Ehre s). Andere bestehen endlich auch in denjenigen Handlungen, welche die Gesetze, in mancherley Rücksicht auf das gemeine Beste gebiethen oder verbiethen t).

Von

---

s) Als vorsetzlicher Mord, Wegelagerung, Feueranlegen, Vergiftung, Strassenraub, Nothzucht, Prellerey.

t) Unter den letztern aber muß man keinesweges Uebertretung der Religionsgebräuche verstehen, weil Bestrafung der Sünde auf die Kanzel, nicht auf den Richtplatz, gehörig. Mit den Sünden, wenn sie nicht zugleich der Gesellschaft Schaden bringen, hat die Politik und bürgerliche Rechtsgelehrheit nichts zu schaffen. Wir verfallen sonst in eine ganz andere Sphäre, und mengen alles durch einander. In der Schule, wenn jemand gesagt hat: Hæc schisma, so schlägt der Schulmeister zu und strafet mit Recht, denn es ist ein grammatikalisches Verbrechen, aber in bürgerlicher Gesellschaft kannst du diese Sünde ungestraft begehen, weil der Fürst kein Schulmeister ist. Einer meiner Freunde brauchte einen Pachter für sein Rittergut. Es ward ihm einer empfohlen, der rechtschaffen, tugend-

Vom Hochverrathe.

Diejenigen Verbrechen, welche unmittelbar zum Untergang der ganzen Gesellschaft, und desjenigen, der sie vorstellet, abzielen, sind die größten, weil sie für das Volk am gefährlichsten, und werden Hochverrath genennt. Aber Tyranney und Unwissenheit, welche die deutlichsten Begriffe mit einander vorsetzlich verwirren, haben diesen Namen, und zugleich die höchste Strafe zuweilen geringen Vergehungen beygeleget, welche schlechterdings von ganz verschiedener Natur sind, und hier wie in vielen andern, die Menschen zum Schlachtopfer eines Wortes eines blossen Ausdruks gemacht u). Jegliches

jugendhaft, ein vollkommner Hauswirth und artiger Mann war. Aber der Pfarrherr widerriethe diese Wahl. Denn, sagte er, es hat dieser Pachter seiner Frauen Schwester zur Ehe. Wie gehöret das hieher? Ja, sagte der Priester: Religion sey doch ein Kleinod, so über alles gehe, und wer nicht den rechten Glauben habe, könne kein rechtschaffener Mann seyn, und Gott entziehe allen Segen. Der Verpachter liese sich aber nicht irren, sondern sagte: Jetzt sind wir in der Sphäre des Pachtes, und nicht in der Sphäre vom Kirchengesetze. Ich will lieber einen Schwachgläubigen, der mir den Pacht bezahlt, als einen Starkgläubigen, der kein Hauswirth. Was hier ein Privatmann bey einem Pachtgeschäfte sagte, beliebe der Gesetzgeber in Grossen anzuwenden.

u) Das blinde Misverständniß des Wortes Majestät hat so gar die Verfälschung der Münze zu einem Hochverrathe machen wollen. Ich aber kenne einen Rechtsgelehrten, der da meinet, man könne einem falschen Münzer weiter nichts thun, als einen in dieser Kunst so geübten Menschen dahin, daß er Zeitlebens in der Münze des Königes mit der Schelle am Beine oder an der Kette arbeiten müsse, zu verdammen. Franz

C 2   Comen-

liches Verbrechen ist eine Verletzung der Gesellschaft; aber
nicht jegliches Verbrechen ziehet den unmittelbaren Untergang derselben nach sich. Die moralischen Handlungen haben eben sowohl, als die physikalischen, einen
gewissen Umfang der Wirksamkeit, welche auf verschiedene Art, wie alle Bewegungen in der Natur, sich auf
Zeit und Raum beziehen. Nur eine sophistische Auslegung, welche gemeiniglich die Philosophie der Sklaverey
ist, kann sich unterwinden, dasjenige zu verwirren,
was Wahrheit durch unverrükte Grenzen von einander
auf ewig getrennet hat.

Dieser Gattung von Verbrechen folgen diejenigen,
welche die Sicherheit einzelner Personen verletzen. Da
diese Sicherheit der einzige Zweck der Vereinigung in
menschlicher Gesellschaft ist, so muß der Verletzung dieses geheiligten Rechtes, an welchen jeglicher Bürger einen rechtmässigen Anspruch durch Begebung seiner natürlichen Freyheit, also höchst theuer, erworben, durch
reine der schwersten Strafen gebüßet worden

Daß jeden Bürger alles, was im Gesetze nicht verbothen, zu thun frey stehen müsse, ohne andere Unbequemlichkeiten, als die, welche die Handlung selbst als
Folgen mit sich führet, zu befürchten: dieses ist ein
platter sich selbst beweisender Heischesatz, davon alle Menschen überzeugt sind, und sollte die hohe Obrigkeit, welcher die Verwaltung der Gesetze anvertrauet, denselben
laut

Commentar. Hälst du die Regel gegründet, daß für ein
Verbrechen, so leicht zu erdenken ist, und nicht heimlich bleiben kann, eine geringe Strafe satsames Gegengewichte sey, so
wären unsere Gesetze bey der falschen Münze zu harte. Es ist
diese Uebertretung selten und der Schade vertheilt sich unter
viele.

laut predigen; eine heilige Wahrheit, ein Recht, welches als eine höchst billige Wiedervergeltung des Opfers
angesehen werden kann, daß der Bürger von einem Stücke seiner Freyheit, nehmlich von dem unumschränkten
Rechte aller gegen alle, dahin gegeben hat. Dieser Lehr-
saß schaffet Hoheit der Seele und flösset dem erleuchteten
Geiste Tugend ein; aber eine Tugend, welche nicht in
kriechender Demuth bestehet, welche nur dem wohl klei-
det, der sein Daseyn als eine Gnade, oder besser zu sagen, als ein erbetteltes Geschenke ansehen muß. Die
Verletzung der Sicherheit und Freyheit der Bürger,
mithin alle Eingriffe in dieselbe sind demnach die größten
Verbrechen, und zu dieser Gattung gehören nicht nur
Todschlag und Raub, welche Leute von gemeinem Volke, sondern auch Gewaltthätigkeit, die hohe und niedre
Obrigkeiten verüben. Diese letztere sind desto gefährlicher, weil ihr schädlicher Einfluß in weiter Entfernung
und mit mächtigern Nachtheile wirket, da sie die Begriffe von Gerechtigkeit und Pflicht bey den Menschen nie-
derreissen, und an deren Stelle das Recht des Stärksten
setzen, welches sowohl für den, der es ausübt, als auch
für den, der es dulden muß, in gleichem Maaße sowohl
gefährlich als schädlich ist u *).

C 3   §. IX

*) Da der Verfasser nichts von der Gotteslästerung saget,
so kann ich deren hier gedenken, weil in den gemeinen Schul-
büchern die Blasphemie eine Beleidigung göttlicher Maiestät
genennt wird. Diese Benennung ist zwar rednerisch genug,
aber der Sache gar nicht angemessen. Denn niemand kann
durch Thaten, geschweige denn durch Worte bewirken, daß
die Welt und Gottes Reich zu Grunde gehe. Nur Giganten
konnte es einfallen mit Felsen den Jupiter zu bestürmen.
Nothwendiges Erfoderniß: Soll eine Rede für eine Blasphemie gehalten werden, so muß auch der Schmähende denjenigen, welchen er lästert, für eine Gottheit halten. Wenn
                                                    ein

§. XI.

Von der Ehre. (Von Schmähungen).

Es ist ein merkwürdiger Unterschied zwischen den bürgerlichen Gesetzen, und dem so genannten Puncte
der Ehre. Die Absicht jener ist das Leben und die Güter eines jeglichen Bürgers in Sicherheit zu erhalten
und zu beschützen. Aber die Duellmandate sollen eine
Brustwehr wider die Anfälle des Wahnes seyn, denn
allermeist ist die Ehre, Wahn. Ueber das Wort Ehre
haben sich viele die Köpfe zerbrochen, ohne daß man einen

ein Christ in Constantinopel sagt: Mahometh sey ein Bettlie-
ger, so beleidigt er zwar das Volk, unter welchen er sich
enthält, indem er denselben auf solche Art Dummheit vorwirft, aber er beleidigt nicht Gott. Eben dieses steht zu
sagen, wenn umgekehrt der Türke oder ein Jude unter den
Christen unartig von Christo spricht. Gesetzt aber, der so
genannte Gotteslästerer hielte denienigen für einen wirklichen
Gott, dem er ein oder die andere Eigenschaften abspricht, so
muß man ferner untersuchen, ob er im Zorne und in der
Meynung Gott zu beschimpfen, es gesprochen habe. Als
Leibniz lehrte, daß Gott Urheber der Sünde sey, nannten
es die Theologen Blasphemie. Allein er that es nicht zur
Verkleinerung, sondern zur Verherrlichung seines Gottes, weil
er den Teufel von dem Throne stieße, worauf ihn noch itzt
einige herrschende Manichäer gesetzet haben. Die Küster und
Schulmeister nennen auch die Socinianer, weil sie die Gottheit Christi läugnen, Beleidiger der göttlichen Majestät.
Sie verwechseln hier offenbar den Begriff der Ketzerey mit
der Blasphemie. Auch, wer im Spaaße unartig spricht, verdienet zwar einen Verweis, ist aber kein Gotteslästerer, weil
er nicht den Willen hat zu schimpfen, sondern zu spaaßen.
Es schneyet, die Böhmische Käsemutter hat ihr Enkelgen
auf dem Arme und spricht: Siehe, die liebe Maria schüttet
ihr Federbette aus. Der Pfarr will es zur Blasphemie machen, ohnerachtet er doch gar wohl weiß, daß die gute Käsemutter äußerst orthodox sey.

nen festen und bestimmten Begriff herausgeklügelt. So
elend ist das Loos der menschlichen Vernunft, daß ihr
gar sehr entbehrliche Begriffe von himmlischen Gegenständen und Laufe der Sterne weit bekannter sind, als
die täglich uns umgebende Dinge, welche in Ansehung
unserer Glückseligkeit gleichwohl für uns ungemein wichtig sind. Noch unglücklicher aber sind wir, daß die
wichtigsten Begriffe der Moral und des alltäglichen Lebens, sich nach heute und morgen richten, nach den Umständen ändern und, weil sie von Unwissenden bestimmet, bey dem geringsten Winde sich wie ein Wetterhahn
drehen. Allein dieses scheinbare Wunder wird verschwinden, wenn man erweget, daß auch nach der Optik gar
zu nahe vor das Auge gebrachte Dinge sich verwirrt und
dunkel darstellen, und daß folglich auch in moralischen
Begriffen die Linien, wegen der vielen einzeln Ideen,
woraus sie bestehen, sich leichtlich vermischen und unter
einander laufen. Wer aber ohne Vorurtheil und ohne
Leidenschaft in das Innere der menschlichen Dinge drin-
get, wird gar bald einsehen, daß die Glückseligkeit der
Menschen keine vollgestopften Magazine moralischer Begriffe nöthig habe, noch so vieler Schlingen und Knoten
bedürfe, welche die Sittenlehrer unaufhörlich in einander
flechten.

Der Begriff der Ehre gehöret zu den zusammen gesetzten Ideen, welche eine Sammlung nicht von einfachen,
sondern wiederum von zusammen gesetzten Begriffen sind.
Nachdem nun der Begriff der Ehre sich dem Verstande
nach Unterscheid seiner Bestandtheile von verschiedenen
Seiten vorstellet, so fasset der Verstand bald einige von
diesen verschiedenen Theilen, bald schliesset er einige davon aus, mit Beybehaltung einer kleinen Anzahl ge-
meinschaftlicher Begriffe, so wie viele algebraische Grössen einen gemeinschaftlichen Theiler haben. Will man

die-

diesen gemeinschaftlichen Divisor zu den manchfaltigen
Begriffen, welche sich die Menschen von der Ehre bilden,
ausfindig machen, so darf man nur einen flüchtigen
Blick auf den Ursprung des gesellschaftlichen Lebens
werfen.

Die ersten Gesetze, die ersten Obrigkeiten haben
ihr Daseyn der Nothwendigkeit zu verdanken, deren die
ersten Menschen sich unterwarfen, um der körperlichen
Gewalt des Stärkern zu entgehen. Dieses war die vornehmste Absicht bey Errichtung der Gesellschaft, und diesen Hauptzweck haben die Rechtsbücher aller Völker,
ja selbst diejenigen Gesetze, die schlecht, schädlich und
verderblich ausgesonnen sind. Alles ist auf diesen Zwek
gerichtet, wo nicht in der That selbst, doch wenigstens
zum Scheine. Allein die genauere Verbindung der Menschen, und die Ausbreitung ihrer Kentnisse brachten
bald eine unzählige Reihe von Handlungen und Bedürfnissen hervor, welche unter den Gliedern der Gesellschaft wechselseitig wurden. Auf diese nicht vorausge-
sehenen, und die Kräfte eines einzeln Bürgers weit über-
legenen Bedürfnisse hatten die Gesetze keine Rücksicht genommen, folglich verfielen die Menschen darauf, sich
eine scheinbare Grösse zu geben, und sich Beyfall zu verschaffen, weil dieses das einzige Mittel war, von andern diejenigen Güter zu erlangen, welche die Gesetze
zu verschaffen nicht vermögend waren. Wir wollen diese
scheinbare Grösse, vorjetzo den Wahn, die Einbildung,
das Vorurtheil, das Aeußerliche, den Beyfall nennen.
Der Wahn, oder die scheinbare Grösse, ist nicht minder
die Quaal des Weisen, als des Pöbels, und leget öfters dem bloßen Scheine den Werth der Tugend bey.
Der Schein macht den Bösewicht zum Mißionär, er
versteckt sich, weil er bey diesem heuchlerischen Amte seinen Vortheil findet. Daher ist der Beyfall, den uns

den

andere Menschen geben, nicht nur nützlich, sondern
auch, weil dadurch ein Armer sich ein Ansehen geben
kann, gewisser Maaßen nothwendig, damit man in der
Welt nicht ganz für ein Nichts, sondern auch bey Mangel der Güter, für ein Etwas angesehen werden möge.
Auf dem Pfade des Beyfalls eilet der Ehrgeizige seinen
Absichten zu, der Eitle erbettelt die scheinbare Größe,
um die Blöße seiner Verdienste damit zu decken; der
Rechtschaffene aber fodert den allgemeinen Beyfall, als
einen ihm zugehörigen Tribut. Die Ehre und der Beyfall ist demnach ein Gut, worauf die Menschen so er-
hitzet sind, daß sie dessen Verlust mit ihrem Daseyn nicht
vertauschen würden. Da sie erst nach errichteter Gesellschaft entstanden, so hat man sie nicht als einen Bey-
trag in die allgemeine Schatzkammer niederlegen können.
Die Empfindung, welche die Beraubung der Ehre in
uns rege machet, ist eine kurzdaurende Rückkehr in den
natürlichen Zustand, und eine augenblickliche Vorstellung
unsrer ehemaligen Unabhängigkeit von der Gewalt der
Gesetze, welche in gewissen Fällen einen Bürger nicht
genugsam wider die Angriffe der Beschimpfung vertheidigen u).

Hieraus folget, daß bey der größten politischen
Freyheit, und wiederum bey der äußersten Unterthä-

C 5 nig-

---

u) Es ist freylich für denjenigen, welcher eine Ohrfeige oder
Stockschlag erhalten, eine böse Sache, daß dieser Schimpf
sitzen bleibet, gesetzt daß auch der Richter jenen um hundert
Thaler bestrafte. Wollte jemand rathen, daß der Beleidigte
vor Gerichte seinen Gegner wiederum eine Ohrfeige oder Stockschlag geben solle, so würde wegen Ungleichheit des Standes,
(der freylich nur ein Wahn, unterdessen aber doch kein Nichts
ist) auch sonst mancherley danoch zu überlegen seyn. So
viel ist gewiß, daß der Richter mit aller seiner Gewalt, mit
allen seinen Strafen uns die entrissene Ehre nicht wiedergeben, noch die empfangene Maulschelle abnehmen kann.

nigkeit die Begriffe der Ehre beynahe verschwinden, oder
sich ganz mit den andern Begriffen vermengen.   Dort
vereiteln die Gesetze das übermäßige Bestreben der Menschen nach Hochachtung; hier aber hebt die despotische
Gewalt alle bürgerliche Freyheit, alles Befugnis auf,
so daß weiter nichts, als ein erbettelter und ungewisser Personatus, d. i. bloß der Name eines Bürgers,
nicht aber der Bürger selbst zurück und übrig bleibet. Die
Ehre ist demnach in solchen Staaten, wo die höchste Gewalt eingeschränkt ist, ein zum Wesen eines solchen
Staats beytragender Grundsatz, und bringet eben die
Wirkungen hervor, welche in dem despotischen Reiche
aus den Staatsveränderungen entstehen.   Der beschimpf-
te Unterthan wird auf einen Augenblick in den Stand
der Natur versetzt, und erinnert den Herrn an die vor-
mahlige Gleichheit. w)

§. X.

Vom Zweykampfe.

Aus dem nothwendigen Bestreben der Menschen Schande von sich abzuwenden, ist der Zweykampf entstanden, weil die Gesetze noch kein anderes Mittel zu völligen Ersatz an die Hand gegeben.   Man glaubt, daß das
Alterthum von Duelliren nichts gewußt, welches vermuthlich daher rühret, weil die Leute damals, wenn
sie in Tempeln oder bey Schauspielen oder bey Freunden
zusammen kamen, einen Degen anzustecken oder einen
verzierten Prügel mit zu nehmen, nicht gewohnt waren;
oder vielleicht kam es daher, weil das Kämpfen ein ge-
mei-

---

w.) Er sagt mit erzwungener Dunkelheit hiermit nichts anders,
als daß, wenn der Richter mir meine entrissene Ehre nicht
wiedergeben kann, ich mich wiederum im Stande der Natur
befinde.

meines und gewöhnliches Schauspiel war, wo Knechte
und schlechte Leute vor dem Volke öffentlich sich schlu-
gen. Sollten wohl freye Bürger sich so erniedriget haben, daß sie für Klopffechter hätten angesehen seyn
wollen?

Dem sey, wie ihm wolle, so ist es doch vergebens, die Todesstrafe demjenigen zuzuerkennen, der eine Ausforderung zum Zweykampfe giebt, oder annimt.
Die Strenge des Duellmandats hat eine Gewohnheit,
die sich auf eine Empfindung gründet, welche dem Menschen lieber als das Leben ist, nicht ausrotten können.
Wenn der Bürger die Hochachtung anderer verlohren,
so würde er Gefahr laufen, entweder der Finsterniß
einer traurigen Einsamkeit ausgesetzet zu werden, die
für gesellige Geschöpfe ein unerträglicher Zustand ist,
oder er wird das Ziel bleiben, für Pfeile einer beständ-
digen Schmach und schändender Verhöhnung, welche
durch ihre wiederholten Anfälle alle Vorstellung der
Lebensstrafe überwältiget x).

Aber woher kommt es, daß der Zweykampf unter gemeinen Leuten nicht eben so gebräuchlich, als
unter den Grossen ist? Nicht blos daher, weil der Pöbel waffenlos, sondern weil Leuten von geringern Stande die öffentliche Hochachtung nicht so unentbehrlich,
als den Vornehmen ist, welche in ihrer eingebildeten
Erhabenheit einander voller Schadenfreude und mit ei-
fersüchtigen Augen betrachten.

Es

x) Der Adeliche der den andern im Duell ermordet,
mag immer pardoniret werden, so lange wir kein
wirksameres Mittel haben die Ehre zu beschützen;
nur nicht der Adeliche, der Bauern ermordet.
Michaelis Vorrede zum 6 Theile des mosaischen Rechts.

Es ist hier nicht unschicklich, dasjenige was schon andere vor mir angemerkt, zu wiederholen, nehmlich es sey das beste Mittel, dieser Art von Verbrechen dadurch vorzubeugen, daß man den angreifenden Theil, das ist den Urheber des Zankes bestrafe, und hingegen den für unschuldig erkläre, welcher ohne sein Verschulden in die Nothwendigkeit versetzt gewesen, seine Ehre zu vertheidigen, weil dieses die Gesetze nicht bewerkstelligen können, also daß er gezwungen worden, seinen Mitbürgern zu zeigen, daß er Menschen nicht fürchte, sondern die Gesetze, letztere aber nur in dem Falle, wenn sie ihm einen wirklichen Schutz wahrhaftig zu gewähren im Stande sind y).

§. XI.

y) Ich pflichte vollkommen bey, setze aber hinzu, daß alles hier auf richterliches Gutachten ankommen müsse, welchen von beyden er als Urheber des Zankes betrachten wolle.
A. sagt zu B. in öffentlicher Gesellschaft:

ich habe heute bey deiner Schwester geschlafen.

B. Du redest dieses als ein Schurke.

A. versetzt hierauf eine Ohrfeige.

B. ergreift den Degen und stößt jenen zu Boden.

Jeder Philosoph wird hier den Todschläger gänzlich entbinden und losjehlen. Zuweilen aber ist es kaum zu ergründen, wem eigentlich die Schuld beyzumessen sey. In meiner Rhapsodie Obs. 383. werden diejenigen widerlegt, welche behaupten: nicht derjenige, der zuerst geschimpfet, sondern der zuerst ausgeschlagen habe, müsse für den Urheber des Unglücks angesehen werden. Denn wer schimpfet, sollte wissen, daß auch der kleinste Funke in Zunder geworfen Glut und Brand erregen könne. Unsere Vorfahren sagten: auf einen Schimpf gehört sich eine Ohrfeige, und auf eine Ohrfeige gehört sich ein Dolch. Doch diese Philosophie ist mir zu schlüpfrig, als daß ich ihr weiter nachdenken sollte.

§. XI.

Von der öffentlichen Ruhe.

Es ist eine andere Gattung von Verbrechen, welche den öffentlichen Frieden und Ruhestand der Bürger störet. Hieher gehöret der Unfug, Zänkerey und des muthwilligen Pöbels Schlägerey auf der Strasse. Ferner die schwärmerischen Reden, welche an das Volk gehalten werden, wodurch der neugierige und allen Leidenschaften folgsame Pöbel leichtlich aufzubringen ist. Je aufgehäufter die Rotte der Zuhörenden; je dunkler und geheimnißvoller die scheinbare Begeisterung des entzückten Redners ist, desto gefährlichere Folgen können daraus entstehen, weil ein grosser Schwarm niemals dem sanften Zuge einer aufgeklärten und stillen Vernunft folget.

Die kräftigsten Mittel, solche Rotten zu verhüten, ist die Beleuchtung der Strassen auf öffentliche Kosten; die in verschiedenen Vierteln der Stadt ausgestellte Wache, die vernünftigen und der Einfalt der christlichen Sittenlehre gemäßen Kanzelreden, welche der stillen Einsamkeit der Tempel vorbehalten; die zur Aufrechthaltung des allgemeinen und privat Nutzens abzielende Vorstellungen, welche in der Versammlung des Volkes und zugleich in Gegenwart der Majestät zu halten wären. Das ist das vornehmste Augenmerk der Regierung, und wird Policey genannt. Verfähret man aber auch hier nach Willkühr und nicht nach rechtlichen Vorschriften, so hat der oberste Gebieter sattsamen Anlaß, die Grenzsteine der bürgerlichen Freyheit zu verrücken, und sie nach und nach immer in engere Bezirke einzuziehen. Ein jedweder Bürger muß wissen, in welchem Falle er Recht oder Unrecht habe, wo

er

er schuldig oder unschuldig sey? Diesen Grundsatz halte ich für angemessen und dergestalt unbewunden, daß
er nicht der mindesten Ausnahme fähig. * Wenn in
einigen Staaten Sittenrichter, und überhaupt Obrigkeiten, die willkührliche Aussprüche thun dürfen, anzutreffen sind, so ist dieses eine Folge ihrer schwachen
und unvollkommenen Verfassung, und nicht ein Beweis
einer wohl eingerichteten Regierung, oder eines gut
organisirten Körpers. Die verborgene Tyranney hat
mehr Bürger, als die unverhüllte Grausamkeit derjenigen, die sich nicht Mühe gaben es zu verhehlen, daß
sie Tyrannen wären, hingerichtet. Offenbare Grausamkeiten erregen in den Gemüthern zwar Zorn und
Widerwillen, keineswegs aber Muthlosigkeit und knech-
tische Gesinnung. Der wahre Tyrann fängt mit Be-
herrschung der Meynungen an, damit er den Muth
dämpfe, von welchen er alles zu befürchten hat, und
den man nicht anders schöpfen kann, als wenn man
vom Lichte der Wahrheit erleuchtet, vom Feuer der
Freyheit getrieben oder von Unwissenheit der Gefahr
belebet wird.

*　*
*

Welches sind denn aber wohl die solchen Verbrechen
angemessenen Strafen? Ist der Tod eine zur Sicherheit und guten Ordnung der Gesellschaft nützliche und
nothwendige Strafe? Ist die Folter und andere Martern
gerecht, und erreichen sie den Endzweck, welchen sich
die Gesetze vorsetzen? Was ist die beste Art den Verbrechen vorzubeugen? Ist eine und eben dieselbe Strafe zu
allen Zeiten nützlich? Was für Einfluß haben die Strafen auf die Sitten der Menschen? Diese Aufgaben verdienen allerdings, daß man sie mit solcher entscheidenden
Zuverläßigkeit aufzulösen suche, daß kein Dunst von
Trugschlüssen, kein Blendwerk der Beredsamkeit, keine
zagende Ungewißheit des Zweifels weiter statt findet.

Hätte

Hätte ich auch kein ander Verdienst, als daß ich deutlicher, als jemals vor mir geschehen, Italien dasjenige
vor Augen gelegt, was bereits andere Nationen zu
schreiben gewaget, und auszuüben angefangen, so würde
ich mich schon vor glücklich halten: Gelänge es mir aber
vollends, daß ich zur Behauptung der allgemeinen
menschlichen Rechte etwas beytragen und irgend ein un-
glückliches Schlachtopfer der Tyranney oder Unwissenheit,
(zwo gleich schreckliche Scheusaale) der Todesangst entreissen könnte, so würde mein Glück vollkommen seyn.

§. XII
Endzweck der Strafen.

Aus der Betrachtung der bisher erwogenen Wahrheiten erhellet deutlich, daß weder die Pein und
Quaal eines empfindenden Wesens, noch die unmögliche
Austilgung eines bereits begangenen Verbrechers,
(gleichsam als wollte man thörigter Weise durch die Strafe ein schon beschehenes Ding unbeschehen machen) ein
wahrer Endzweck der Strafen seyn können. Sollte man
wohl glauben, daß ein politisches Haupt, welches die
Leidenschaften der einzeln Glieder regieren soll, selbst von
Leidenschaften hingerissen, wüthend handeln, und eine
Rüstkammer der tödtlichen Werkzeuge seyn könnte, womit rasende Schwärmerey, und die kleinen, sonst un-
mächtigen Tyrannen der mittlern Ordnung ihre Grausamkeiten ausüben? Kann das Geheule und Brüllen
eines Gequälten seine schon vollbrachten Thaten aus der nie
zurückkehrenden Zeit vertilgen und heraus reissen? Keinesweges. Also haben die Strafen keine andere Absicht, als nur den Bösewicht zu verhindern, daß er
nicht weiter schade, und andere, eben dergleichen zu begehen, abgeschreckt werden mögen. Da nun also die
Stra-

Strafe kein Sühnopfer, so muß diejenige Art der Züchtigung erwehlet und vorgezogen werden, welche mit
Beobachtung eines richtigen Verhältnisses gegen die Grösse-
se des Greuels die kräftigsten und dauerhaftigsten Eindrücke auf die Gemüther machet, aber für die Empfindsamkeit des Unglücklichen am wenigsten folternd und
schmerzhaft ist.

§ XIII.

Von Zeugen.

Ein genau bestimmter Grundsaß, nach welchem die
Glaubwürdigkeit der Zeugen und die Stärke des
Beweises, daß die That wirklich begangen sey, abgewo-
gen werden soll, ist ein Hauptpunct, welchen die gesetzgebende Klugheit in Erwägung ziehen muß. Jeder
nicht ganz unvernünftiger Mensch, das ist ein solcher,
welcher gesunde Sinne, zusammenhängende Begriffe und
menschliche Empfindungen hat, kann ein Zeuge seyn,
er sey in übrigen Christ oder Heyde z). Zu dieser
Glaub-

z) Wunderbar ist es, was wir in cap. 1. X. deharret. lesen:
Wer nicht den christlichen Glauben hat, soll auch keinen
iuristischen haben. Welch ein Wortspiel! Also soll ein Jude nicht wider den Christen zeugen, aber der Christ wohl
wider den Juden. Vortreflich! ist der Jude, ist der Türke
kein Mensch? was für ein sinnreiches Fragestücke, wenn
der Zeuge antworten soll: wenn er das letzemal zum heil.
Abendmahle gewesen? Leider redet die Erfahrung, daß (man
sollte es nicht glauben) öfters diejenigen, welche zum Füßen
der Heiligen sitzen, solche Menschen sind, welche gar zu gerne die unerleuchteten Weltkinder in das Unglück bringen.
Es folgt gar nicht, dieser ist sehr orthodox, also ist es auch
rechtschaffen. Unter allen Religionsverwandten hat es zu
allen Zeiten Meineydige, so wie auch Rechtschaffene gegeben
und

Glaubwürdigkeit darf man kein andern Maas annehmen,
als den Vortheil, welchen der Zeuge davon haben kann,
wenn er die Wahrheit saget oder verschweiget. Aus diesem Grunde erhellet offenbar, wie nichtig und ungeltend
das in albernen Gesetzen verworfene Zeugniß der Weibspersonen; wie kindisch die Anwendung des natürlichen
Todes auf den bürgerlichen sey. Ein Verurtheilter, sagen sie ganz ernsthaft, ist bürgerlich tod, aber ein Todter
kann nicht zeugen, weil er aller Handlungen unfähig.
Sollte man wohl denken, daß eine Metapher solche Dinge ausbrüten könne? Auch erhellet ferner, wie ungereimt das Hinderniß sey, so den Zeugen durch die Beraubung des ehrlichen Namens, welche er als ein Verbrecher bey seiner Verurtheilung erlitten, zurück treibet,
weil alle diese Gründe keine rechtmäßige Ausschließung
vom Zeugnisse in den erwähnten Personen an die Hand
geben, immaßen lediglich darauf zu sehen: ob es den
Zeugen vortheilhafter sey, zu lügen oder die Wahrheit

und die Lehre, daß man einem Ketzer nicht glauben solle,
ist aus einem, den vorigen Zeiten nicht zur Ehre gereichen
den Verfolgungseifer enstanden. Nein, heut zu Tage wird
man einen griechischen Kaufmann, einen Türken vor dem Han-
delsgerichte in Handlungssachen nicht vom Zeugnisse abwei=
sen. Aber wie hält es mit denen, so einigermaßen mit einem leichten Flecken behaftet sind? Ein rechtschaffenes Mäd=
gen hat sich durch die Gewalt der Liebe überwältigen lassen,
also ist sie nicht auszusagen im Stande, daß am Neujahrsta-
ge die Sonne geschienen? Der Sohn eines Henkers oder
eines Ehebrechers ist vielleicht rechtschaffner, als der Sohn
eines Küsters, und er soll nicht zeugen? Geschickte Schau-
spieler vergöttert man, aber in Gerichten spricht der Amtmann, sie wären teuflisch. O du vernünftiges Geschöpfe
wie vielmals muß in deinen Anordnungen und Vorschriften
die Vernunft die Flucht ergreifen, und wie unmenschlich ist
öfters die Menschlichkeit?

Beccar. v. Verbr. u. Straf.   D

heit zu bekennen. Also nimmt die Glaubwürdigkeit
nach dem Verhältniſſe des Haſſes, der Freundſchaft,
oder der Verbindungen ab, welche zwiſchen ihn und dem
Verbrecher oder Beleidigten obwalten. Es iſt aber mehr
als ein Zeuge bey einem ſchweren und entſetzlichen Verbrechen nöthig. Wenn der eine bejahet und der andere verneinet, ſo iſt keine Gewißheit vorhanden, und
die Vermuthung welche jeglicher vor ſich hat, für unſchuldig angeſehen zu werden, behält die Oberhand. Die
Glaubwürdigkeit eines Zeugen wird merklich unwichti-
ger, je größer ein Verbrechen iſt †), und je unwahrſcheinlicher

†) Wunderlich klingt es, wenn nach Ausſpruche der
Criminaliſten die Glaubwürdigkeit eines Zeugen deſto
größer ſeyn ſoll, je abſcheulicher das Verbrechen iſt.
Dieſer eiſerne Lehrſatz iſt eine von dem ſchrecklich-
ſten Blödſinne ausgekrochene Geburt: *In atrociſſi-
mis leviores conjecturæ ſufficiunt & licet judici jura
transgredi.* Die kriechende Schmeicheley gegen die
Mächtigen bey dem Hochverrathe, zum Theil aber
auch die Furcht, iſt die reiche Quelle der in Geſetzen vorkommenden Widerſprüche, und aus dieſer viel
praktiſcher Unſinn gefloſſen. Die Privatgeſetzgeber,
das iſt, die Rechtsgelehrten, derer Ausſprüche ent-
ſcheiden, ſind aus eigennützigen und ſklien Rechts-
conſulenten, hochgebietende Herren über die Schick-
ſale der Menſchen worden. Dieſe haben aus einer
an ſich nicht zu mißbilligenden Beſorgniß, daß nicht
etwa ein Unſchuldiger verdammet werden möge, die
Rechtsgelahrheit mit überflüßigen Formalitäten und
Ausnahmen beläſtiget, deren allzu genaue Beobachtung die Frechheit der Anarchie auf den Thron der
Gerechtigkeit ſetzen würde; ein andermal aber ſind ſie
dagegen bey ſchwer zu erweiſenden Verbrechen zu ſehr
ab-

licher die dabey vorkommenden Umstände sind, bey welcher Gelegenheit ich nur die Hexerey und andere diesen
ähnliche, d. i. erdichtete Verbrechen nennen will, welche
widerrechtlich mit unverant-wortlichen Strafen beleget
werden a).

Meine Lehre, daß die Glaubwürdigkeit der Zeugen
desto geringer, je unnatürlicher und abscheulicher das
Verbrechen und je unwahrscheinlicher die Umstände sind,
läßt sich ganz auf die Zauberey und alle diejenigen Handlungen anwenden, welche ohne Nutzen grausam sind.
Im erstern Falle ist viel glaubhafter, daß eine gewisse
Anzahl Menschen von Aberglauben getäuscht, oder vom
Hasse bewogen, sich irren oder verläumden, als daß ein
Mensch eine Macht ausüben könne, welche Gott allen er-
schaffenen Wesen verweigert hat.   Im zweyten Falle
findet die Vermuthung statt, daß kein Mensch eher eine
grausame That begehe, als wenn er von Vortheilen,
vom Hasse, Furcht u. s. w. dazu gereizet wird.   Es ist
eigentlich in dem menschlichen Herzen keine einzige Begierde, welche überflüßig sey.   Eine jede ist allemal eine
Wirkung der sinnlichen Eindrücke, und gemachten Vorstellung eines zu hoffenden Gutes.

D 2   Es

abgewichen und haben eben dieselben Feyerlichkeiten,
die sie erst selbst in Schwang gebracht hatten, hindange-
setzet. Solchergestalt haben sie bald auf despotische Art
keinen Widerspruch erduldet, bald aber mit weibischer
Zaghaftigkeit, die Gerichte, welche wie Felsen stehen
und verehrungswürdig seyn sollten, gewissermaassen
in ein Spiel verwandelt, welches ein blindes Ohngefähr nach seinem Eigendünkel drehet.   Beccar.

a) Ehe man sich den Kopf zerbricht, mit welcher Strafe ein
Verbrechen zu belegen sey; sollte man doch wohl vorher erst
untersuchen, ob es ein Verbrechen? oder ob umgekehret,
wohl nicht etwa gar die That der Gesellschaft nützlich sey,
die man bestrafen will.

Es fragt sich, ob die Glaubwürdigkeit eines Zeu-
gens auch alsdenn einige Verminderung leide, wenn er
ein Mitglied einer besondern Gesellschaft ist, deren Gebräuche und Absichten entweder nicht recht bekannt,
oder von den von uns angenommenen Grundsätzen unterschieden sind, weil ein solcher Mensch nicht allein seinen eigenen, sondern noch dazu fremden Leidenschaften
ausgesetzet seyn kann.

Gar sehr wird die Glaubwürdigkeit eines Zeugen
vermindert, wenn bloße Worte gerüget werden, weil
der Ton, die Gebärden, alles was den verschiedenen
Bedeutungen, welche die Menschen mit ihren Worten
verbinden, vorhergehet oder nachfolget, die Reden eines
Menschen so veränderlich macht, und so mannichfaltig ge-
staltet, daß es fast unmöglich ist, sie gänzlich so zu wiederholen, wie sie vorgebracht worden. Wirkliche That-
handlungen zeichnen sich durch eine Menge von Umständen und daraus entstehenden annoch vorhandenen Wirkungen aus; allein Worte lassen in dem untreuen und
leicht zu täuschenden Gedächtnisse keine Spuren zurück b). Es ist demnach ungemein leichter, aus Worten,

b) Daher gelten auch die Zeugen wenig, welche von
dem angeklagten ein außergerichtliches Bekenntniß
seiner verübten That gehöret haben wollen, so wie
auch böses Hören Sagen zwar einigen gar geringen
aber nicht einmal zum Reinigungseyde, geschweige
denn zur Peinlichkeit hinreichenden Verdacht ab-
giebet. Das Parlement zu Toulouse hat einen son-
derbaren Gebrauch bey dem Beweise durch Zeugen. Man läßt sonst zwar verdächtige Zeugen in
etwas gelten, sie sind gleichsam halbe Zeugen,
ohnerachtet solche doch in der That weiter nichts als
nur

ten, als aus Thaten, Verläumbung zu drehen. Je
größer die Anzahl kleiner Umstände ist, welche man zum
Beweise einer gerügten That beybringet, desto größer ist
auf der andern Seite die Menge der Rechtfertigungsmit-
tel, welche sich der Angeklagte zu Nuße machen kann.

§. XIV.

Von den Anzeigen und dem ganzen pein-
lichen Processe.

Es giebt einen so allgemeinen als nützlichen Lehrsatz,
wornach sich die Gewißheit einer Missethat berechnen
läßt, nämlich je stärker die Anzeigen und Beweise sind,
desto wahrscheinlicher ist die Anklage. Wenn vielerley
Beweise so beschaffen, daß einer von den andern abhänget, das ist, wenn die Anzeigen nur blos unter
einander genommen beweisen sollen, so ist die That so
gar wahrscheinlich nicht, weil das, was den Hauptbe-
weis schwächet, ebenermaßen zur Entkräftung des
davon abhangenden gereichet, sintemal die Gültigkeit

D 3 des

nur einigen Zweifel erregen können. Denn man
weiß, daß es keine halbe Wahrheiten giebt. Aber
in Toulouse läßt man viertels und achtels Beweise zu.
Man betrachtet daselbst ein Hören Sagen als ein
Viertel; ein andres Hören Sagen noch etwa un-
bestimmter, als das vorige, für ein Achtel, dergestalt, daß acht solche Hören Sagen, die doch nichts anders sind, als ein Wiederhall eines unbestimmten
Rufes und Wäscherey, endlich einen vollkommenen
Beweis abgeben. Und das sind ungefähr die Gründe, nach welchen Johann Calas zum Rade verdammet wurde. Französ. Commentar.

des wahrscheinlichen Zusammenhangs von dem Gewichte eines einzigen angenommenen Satzes abhanget. Sind
aber umgekehrt die Beweise von einander unabhängig,
das ist, wenn jede einzelne Anzeige für sich allein einen
Verdacht erreget, so daß die Anzeigen anders woher
als von sich selbsten durch einander erwiesen werden,
so wächst die Wahrscheinlichkeit um eben so viel, als,
mehrere dergleichen nicht von einander abhangende Beweise angezogen werden.   Denn alsdann hat die Un-
gültigkeit etwa des einen Beweises auf die Gültigkeit des
andern keinen entkräftenden Einfluß.   Wenn ich hier
von Wahrscheinlichkeit rede, so verstehe ich diejenige
Gewißheit darunter, welche zur Bestrafung unumgänglich erfodert wird.   Es könnte widersinnig scheinen, daß ich von Gewißheit rede, da, wo doch
nur Wahrscheinlichkeit vorhanden ist; allein diese Be-
denklichkeit verschwindet, wenn man erwäget, daß die
moralische Gewißheit nur bloße Wahrscheinlichkeit ist,
aber eine Wahrscheinlichkeit, welche Gewißheit genennt
zu werden verdienet, weil sie einem jeglichen Menschen
von gesunden Verstande seinen Beyfall abnöthiget, indem sie allen mühsamen Nachsinnen zuvorkommt.   Die
Gewißheit, welche zur Uiberzeugung erfordert wird,
ist also diejenige, nach welcher auch sonst jeglicher Mensch
in den wichtigsten Angelegenheiten des Lebens zu urtheilen und zu verfahren pfleget.

Die Beweise können in zwo Arten eingetheilet
werden, nämlich in vollkommene und unvollkommene.
Vollkommene Beweise nenne ich, die so einleuchtend
sind, daß keine Möglichkeit übrig bleibt, sich einen
Angeklagten als unschuldig vorzustellen.   Unvollkommene sind diejenigen, welche diese Möglichkeit eben
nicht gänzlich ausschliessen.   Ein einziger Beweis von
der ersten Gattung ist zur Verdammung hinlänglich;

von der zwoten Art hingegen müſſen ſo viele zuſammen kommen, deß ſie die Stelle eines vollkommenen
vertreten, und eben ſo gültig werden, das iſt, wenn
gleich jeder Beweis für ſich die Möglichkeit zu denken
geſtattete, daß ein gewiſſer Menſch nicht ſchuldig ſey,
ſo wird es doch durch die Vereinigung vieler Beweiſe
unmöglich zu denken, daß er unſchuldig ſey. Hierbey
iſt ferner anzumerken, daß eine Menge unvollkommener
Beweiſe, die ein Angeſchuldigter bey dem Bewußtſeyn
ſeiner Unſchuld zu ſeiner Rechtfertigung widerlegen
ſollte, wenn er es nicht gehörig gethan, wenn er die
einzelne wider ihn ſtreitende Anzeigungen nicht entkräf-
tet, vollkommene Beweiſe werden c).

Indeſſen läßt ſich dieſe moraliſche Gewißheit weit
leichter empfinden, als genau erörtern. Mich dünkt,
daß auf eine nach bloſſer Empfindung urtheilende Unwiſſenheit mehr, als auf den Dünkel der Gelehrſam-
keit zu bauen ſey. Wenn die Geſetze deutlich und be-
ſtimmt

D 4

c) Richtig genug ſind dieſe Regeln, aber nicht brauchbarer,
als die logicaliſchen, welche die Jugend, in der Hoffnung ſie
zu vergeſſen, lernet. Die Schlüſſe des menſchlichen Verſtan-
des gehen nacheinander geſchwinde fort, wie der Strahl des
Blitzes. Wie weit würde ich kommen, wenn ich bey jeden
unterſuchen wollte, ob ich in Barbara oder Celarent ge-
ſchloſſen? Wer in Gerichten geſeſſen, weiß wohl, daß man
bey dem Vortrage peinlicher Fälle keine algebraiſche Berechnungen anſtellen kann, es kommt, wie der Verfaſſer ſelbſt
geſtehet, alles auf das Gefühl an. Daher habe ich eine kür-
zere Regel gegeben, nämlich: Wenn der Richter ſchwören
kann, er glaube das Verbrechen ſey begangen, dann und
eher nicht ſoll er auf ſpecial Inquiſition erkennen. Erlaubte
aber ſein Gewiſſen nicht dieſen Glauben zu beſchwören, und
er müßte Non Liquot ſagen, ſo kann aufs höchſte nur ein
Reinigungs Eyd erkannt werden, jedoch ohne vorgegangenes
Inqui-

stimmt reden, so brauchen wir keine Rechtsgelehrten und hat der Richter weiter nichts zu thun, als die Gewißheit der That, ob sie geschehen sey oder nicht? auszuspüren. Hierzu braucht man nichts, als gesunde Vernunft, mit welcher man lange nicht die Gefahr lauft in Irrthümer zu fallen, als mit der gelernten Wissenschaft eines Richters, der Kraft seines Amts und Berufs sich gewöhnt hat, überall Schuldige zu finden, wannenhero er auch überall dergleichen zu finden gewohnt ist d). Wie glücklich ist ein Volk, wo die Kenntniß des Guten und Bösen nicht Gelahrheit ist.

Es

Inquisition, die ein fürchterlicher Name und mehr ein schrekhaftes Wort, als Mittel zu Wahrheit ist. Hier kommt alles auf Wahrscheinlichkeit, auf die Grösse des Verbrechens aber nicht das geringste an. So gar bey Kindermorde, und angelegten Feuer, darf bey sehr geringen Anzeichen ein Eyd zuerkannt werden. Er bekränket die Ehre, und es ist schon ein Schimpf, wenn man sagt, er hat sich losgeschworen. Leidet es nun wohl die Philosophie unserer Zeiten, wenn in Schöppenstühlen, so oft die Rede erschallet: das Verbrechen ist zu groß, wir können ohne Inquisition nicht durchkommen. Wenn das ist, so wird es blos auf den Verläumder ankommen, ob er, um mich unglücklich zu machen, mich nicht lieber eines grossen als kleinen Verbrechens beschuldigen will.

d) Die natürliche und angeborne Empfindsamkeit der Blutrichter und deren Gemüthe wird zuletzt verhärtet. Der Kerl hat die Inquisition, den Strang — Dieses wird mit eben der Leichtsinnigkeit ausgesprochen, als man zu einer Magd sagt, sie solle, wenn sie ausgienge, eine Semmel mitbringen. Daher ist es gekommen, daß Carpzov allenthalben so grausam entscheidet, und er ist gleichwohl in Deutschland noch immer der Leitstern. Ich selbst habe bey Anhörung peinlicher Fälle, meiner mitleidigen Natur ohngeachtet, noch immer mit mir zu kämpfen, daß die Menschlichkeit nicht schlafe.

Es iſt eine löbliche Gewohnheit ehedem geweſen, daß jedermann von ſeines Gleichen gerichtet worden, denn wenn es auf die Freyheit und das Schickſal eines Menſchen ankömmt, müſſen die Geſinnungen ſchweigen, welche die Ungleichheit einflößet. Die Verachtung, womit der Mächtige auf einen Schwächern herabſchauet, und der Unwille, welcher in dem Niedrigen bey Erblickung eines Obern rege wird, darf ſich nicht in die Unterſuchung mengen. Betrift aber das Verbrechen die Verletzung eines dritten, ſo muß eine Hälfte der Richter von gleichem Stande mit den Beklagten genommen werden. Auf ſolche Weiſe wird alles im Gleichgewichte erhalten, und die Gegenſtände ſtellen ſich auch wider Willen den Anſchauenden in einem unpartheyiſchen Geſichtspunkte dar, woraus denn die Geſetze und mit ihnen die Wahrheit freye Macht zu ſprechen erlangen. Auch bringt es ferner die natürliche Billigkeit mit ſich, daß es dem Beklagten frey ſtehen müſſe, eine gewiſſe Anzahl Richter, die ihm verdächtig ſind, zu verwerfen. Wenn dieſes Recht dem Schuldigen geſtattet wird, ſo bekommt es faſt das Anſehen, als ob er ſich ſelbſt das Urtheil geſprochen hätte. Die Gerichte ſowohl, als die Beweiſe eines Verbrechens ſollen öffentlich e) ſeyn, damit das Gutachten der Mehreren die Gewalt und Leidenſchaften des Richters im Zaume halte, und jeglicher Bürger ſagen könne: Ich werde vom Geſetze beſchützet und bin kein Sklave; eine Denkungsart, die Muth einflößet, und

D 5   einem

---

e) Auch aus gleichen Grunde iſt eine hinlängliche Beſetzung der Gerichtsbank ſchlechterdings von Nöthen. Sowohl der Angeſchuldigte, als das Volk müſſen, zumal bey Leib = und Lebensſtrafen verſichert ſeyn, daß alles mit größter Ueberlegung vorgenommen worden. Gut wäre es, wenn Vernehmung, Zeugen = Verhör u. ſ. w. bey offenen Thüren erfolgte.

einem Beherrſcher, der tugendhafte Unterthanen wün-
ſchet, eben ſo lieb, als eine Kopfſteuer ſeyn muß.
Auf andere weitläuftigere Erklärungen deſſen, was man
zur Einrichtung von dergleichen Anſtalten nothwendig
zu beobachten hat, will ich mich nicht einlaſſen.; denn
für diejenigen, welche verlangen, ich ſolle alles ſagen,
würde ich doch am Ende noch nichts geſagt haben.

§. XV.

Von der heimlichen Anklage:

Ein offenbarer, aber gleichwohl wegen gebrechlicher
Staatsverfaſſung heilig gehaltener Mißbrauch iſt die
heimliche Anklage e*). Sie macht die Menſchheit treulos und ſteckt ſie hinter falſche Geſtalten. So bald
ihr einen Mitbürger als einen geheimen Angeber in Ver-

dacht

a*) Die Vernunft, die peinliche Halsgerichtsordnung, das rö-
miſche Recht giebt den Beſchuldigten das Recht, nach ſeinem
Ankläger zu forſchen. Denn er iſt, wenn jener losgeſprochen
wird, verbunden, der Unſchuld Ehrenerklärung, Erſatz des
Schadens und der Unkoſten zu leiſten. Alſo muß der Angeklagte wiſſen, mit wem er zu thun habe. Was iſt eine Rü-
ge ohne Namen anders, als ein Pasquil? Noch mehr! ein
jeglicher Ankläger hat an und für ſich ſchon den Verdacht
wider ſich, daß er des Angeklagten Feind ſey. (den unſere
Freunde verrathen wir nicht) alſo um ſo viel eher bediene,
der ſeinen Namen verborgen gehalten wiſſen will. In Gerichten muß alles rechtſchaffen, ohne Betrug, ohne Verſtel-
lung, öffentlich vorgehen. Ein betrügeriſcher Richterſtuhl —
wie ſoll ich dieſen Ausdruck nennen? Was für ein Gedanke? Wir wollen Netze, Schlingen, Lockſpeiſe und Vogelleim
den Jägern überlaſſen. Ein ehrlicher Mann läßt ſich ſehen.
Das iſt die Art der Mörder und Straſſenräuber, daß ſie

auf

dacht haben könnet, so bald sehet ihr ihn als euren
Feind an. Man gewöhnt sich seine Gedanken zu verlar-
ven, und es kommt endlich so weit, daß wir unsere
eigene Gedanken nicht anders, als verstellt, erblicken.
Unglückselig sind die Menschen in diesen traurigen Umständen. Sie irren auf gefährlichen Meereswellen,
sie schleichen in Winkeln und Irrgängen herum, und
sind bloß bemühet den geheimen Anklägern, als so viel
Ungeheuern, die ihnen als Schreckbilder drohen, zu
entfliehen. Die Ungewißheit der Zukunft verbittert
ihnen die gegenwärtigen Augenblicke, denn da ihnen
das dauerhafte Vergnügen der Ruhe und Sicherheit versaget, so verbreiten sich kaum einige wenige Erquickun-
gen hin und wieder auf ihr freudenloses Leben. Sie
schmecken kein anderes Vergnügen, als die wenigen
Brocken des Lebens eilfertig verschluckt zu haben. Wie
sollen aber solche Menschen unerschrockene Kriegsleute,
wie sollen sie muthige Vertheidiger des Vaterlandes
und des Thrones seyn? Wie wollen wir unter ihnen unverfälschte Obrigkeiten finden? ich verstehe solche, welche mit freymüthiger und patriotischer Weisheit den wahren Nußen der Bürger zu entwickeln und
zu unterstützen wissen? Wie sollen die Völker zu den
Füssen des Thrones Liebe und Seegenswünsche zollen?
Wie soll Friede, Sicherheit und emsige Hoffnung zu
immer mehr wachsenden Glücke in die Palläste der Grossen eingehen, und von da in die niedrigen Hütten der
Armen

---

aus Gebüschen und dicken Hecken herausschiessen und Fußgänger, die sich nichts Böses vermuthen, ertödten. Tritt
hervor, vermummter Ankläger! damit ich dich sehe, damit
ich den Richter von dir, die Laster, die zehenmal ärger, als
dessen du mich beschuldigest, erweisen könne. Wem eckelt nicht,
wenn die Criminalacten mit den Worten anfangen: Nachdem verlauten wollen.

Armen zurück kommen? welches gleichwohl ein herrli-
ches Mittel ist, die Lebensgeister zur Arbeit in Bewegung zu setzen, und dem Staatskörper ein zweytes Leben zu geben.

Wer kann sich wider die Pfeile der Verläumdung
vertheidigen, wenn so gar die Gesetze Heimlichkeiten be-
cken? Elende Regierung, wo der Fürst seine Unterthanen gewöhnet, seine Feinde zu werden! Verächtliche Obrigkeit, welche glaubt, daß zur Erhaltung der
öffentlichen Ruhe nöthig sey, die Ruhe eines jeden einzelnen Bürgers zu zerstöhren f)! Welches sind wohl die
Be-

f) Zur Zeit, da die Römer in der Großmuth Ehre sucheten,
zu der Zeit, da sie nur Stolze zu demüthigen, derer Verunglückten aber zu schonen, zu ihren Karacter erwählet hatten, sagten sie: Wo kein Ankläger, da ist auch kein Richter. Aber als unter denen Kaisern die Confiscationen üblich
wurden, dürstete ihre Schatzkammer nach Bürgerblute. Damals war Reichthum Sünde. Man suchte auf die Begü-
terten Verbrechen zu bringen und sie wurden hingerichtet.
Warum? der eine, weil er einen schönen Pallast besaße,
dieser: weil er einen prächtigen Garten, jener, weil er tausend Knechte hatte. Man kaufte Ankläger und reitzte sie
an, durch Verheissung des vierten Theils der geraubten Güter. Sie bekamen den Namen Quadruplatores, und wurden verächtlich. So wie auch heutiges Tages, so gar unter
gemeinen Leuten, der Ankläger bey gehegten peinlichen Hals-
gerichte weit verächtlicher ist, als der Verurtheilte. Es will
sich Niemand dazu brauchen lassen. Gewohnt mit edlen Muthe die Unschuld zu vertheidigen, schämt sich Cicero, daß er,
und zwar aus Noth, ein Ankläger werden mußte. In neu-
ern Zeiten hat, ich weiß nicht was für ein Mistrauen und
Rachbegierde die heilige Inquisition ersonnen, welche auch
hernach in weltliche Gerichte sich eingeflochten, gleichsam
als wäre sie für die Welt eine Wohlthat. Jeder heimlicher
Anklä-

Bewegungsgründe, wodurch man solche heimliche Anklage
zu rechtfertigen suchet? Etwa die öffentliche Ruhe und Aufrechthaltung der Regierungsform? Das wäre wahrhaftig
eine sonderbare Staatsverfassung, wo die Regierung, welche bereits mit der größten Gewalt umschanzet ist, sich
für jeden einzelnen Bürger fürchtet. Die Sicherheit des
Anklägers? Wie? sind die Gesetze nicht hinlänglich,
ihn zu vertheidigen, und giebt es Unterthanen, welche
dem Regenten an Gewalt überlegen sind? Die Nothwendigkeit, die Ehre des Angebers zu retten? Das
heißt so viel, die öffentliche Verläumbung wird gestraft,
und

Ankläger ist verdächtig. Insonderheit sollten Seelensorger
sich damit nicht abgeben, sie mögen es heimlich oder öffentlich unternehmen. Was soll man von einem Geistlichen
denken, der (zumal wenn etwa das Wort Blut mit in das
Spiel kommt) die Absolution versaget, bis nicht derjenige,
so das Verbrechen gebeichtet, höchst unnatürlicher Weise seine That der Obrigkeit entdecket und sich selbst angegeben
habe? Ist dieser Zwang, wenn man einen Missethäter so
arg mit heiligen Drohungen zusetzet, nicht eben so viel, als
bräche man selbst das heilige Siegel der Beichte? Wenn ich
einem Freunde, der ein Laye, etwas entdecke, um Trost
bey ihm zu finden; und er wird so treulos, es zu meinem
Verderben anzugeben, so ist er ein Abschaum des menschlichen Geschlechtes. Also braucht man nicht das päbstliche Recht,
sondern blos die Natur und das Gefühl der Rechtschaffenheit zu fragen, wenn man erweisen will, daß die Offenbarung aus der Beichte schädlich. Wölfe sind es, und keine
Hirten, die ihr böses Herz, ihre Schadenfreude durch Anklagen an den Tag legen, unter der nichtswürdigen Entschuldigung, weil man es ihnen nicht im Beichtstuhle, sondern auf der Studierstube entdecket habe. Schändlicher und
in den Augen eines Weltweisen abscheulicher Unterschied.
Wenn ein Advocat die Geheimnisse, welche sein Klient ihm
auf der Studierstube entdecket, dem Eggentheile verräth,
was ist er? Wenn ein Arzt heimliche Krankheiten ausplau-
dert

und die heimliche gebilliget und geschützt. Die Beschaffenheit des Verbrechens? Wenn gleichgultige, oder
wohl gar zum gemeinen Besten gereichende Thaten, als
Verbrechen angesehen werden sollen, so haben die Re-
gierungen vollkommen Recht, alles zu überschatten und
zu verhüllen. Die Klage und die darauf gefällten Urtheile können da nicht genugsam verheimlichet werden.
Kann es aber wohl wahre Verbrechen, das ist, Verletzungen geben, die nicht zugleich so beschaffen seyn sollten, daß allen Bürgern daran gelegen wäre, daß sie
vor die öffentliche Gerichte gezogen und zum Beyspiel
öffentlich bestraft werden? Die Umstände sind bisweilen so beschaffen, daß eine Nation ihrem völligen
Untergange zuzueilen glauben würde, wenn man einem
Unheile abhelfen wollte, welches die Mißbräuche der
gebrechlichen Verfassung dem politischen Körper einmal
einverleibt und zur andern Natur gemacht hat.   Hätte
ich

＊

*   dert, was ist er? Wenn ein Seelensorger sein Pfarrkind
das sich in Angst der Verfolgung unter seine Flügel verber=
gen und Trost suchen will, eben demjenigen Habichte verräth, der es verfolget, was ist er? Ich glaube nicht, daß
einer das Paradoxe so hoch treiben und fodern werde, der
Verbrecher solle sich selbst anzeigen. Zwar den Schaden zu
ersetzen, ist der Betrüger, wenn er zu bessern Mitteln kommt,
allerdings dem Betrogenen zustellen zu lassen in seinen Gewissen verbunden. Aber was die Strafe betrift, soll er seinen
Leib der Geisel, soll er seinen Hals dem Stricke darbieten?
Wer das verlangt, empört sich wider die Natur und ken=
net den Menschen nicht. Das ist genug gesagt. Selbst also
mich anzugeben bin ich nicht verbunden. Nun aber, da ich
meinen Nächsten als mich selbst lieben soll, so werde ich,
wenn ich mich zum Anklagen darbiethe, dem Christenthume
entgegen handeln. Wie? wenn ich nun gesehen hätte, daß
mein Nachbar einen Fasan getödtet, und könnte es nicht erweisen, so würde mein zärtliches Gewissen mir die Strafe
der Verläumdung zuziehen, und es geschähe mir Recht.

ich aber in einem öden Winkel des Erdkreises für einen
neu errichteten Staat Gesetze zu geben, so würden mir
die Hände zittern, die Wehklagen meiner ganzen Nach-
kommenschaft würden in meinen Ohren schallen, wenn
ich nur daran denken wollte, dergleichen Gewohnheit zu
autorisiren.   –

Der Herr von Montesquieu hat bereits angemerkt,
daß sich die öffentlichen Anklagen mehr für die Republicken, als für die Monarchien schicken, weil in der
Republikanischen Verfaßung das gemeine Wohl die
Hauptleidenschaft der Bürger, in der monarchischen aber
dieser Hang zum allgemeinen Besten in den Gemüthern
der Bürger überaus matt und kraftlos ist, weil nach
der Beschaffenheit dieser Verfaßung dieses mehr den
Herrn als die Unterthanen angehet. Daher ist eine
sehr löbliche Einrichtung, gewiße Leute zu bestellen,
welche die Uibertreter der Gesetze im Namen des ganzen Volkes anklagen. Allein, in jeglicher Staatsver-
faßung, sie sey republikanisch oder monarchisch, sollte
die jedem Verbrechen gedrohete Strafe auf den heimli-
chen Angeber und den Verläumder zurückfallen g).   –

§. XVI.

g) Der gemeine Mann, wenn er seinen Zorn nicht anders
auslaffen kann, trägt kein Bedenken, seines Feindes Haus
in Brand zu stecken; sollte er nicht viel leichter aus Haß
und giftiger Bosheit verläumden? Aber den gemeinen Mann
muß der Gesetzgeber hauptsächlich kennen lernen. Denn er,
und nicht der Vornehme, ist der Thon, welchen der peinliche Töpfer verarbeitet. Gerichtspersonen zu verpflichten,
daß sie alle Kleinigkeiten (damit dem Gerichtshalter die
Strafe nicht entwische) anzeigen sollen, ist meine Denkungsart nicht.

§. XVI.

Von der Marter.

Die Folter ist eine durch langen Gebrauch geheiligte
Grausamkeit, womit man den Angeschuldigten während
angestellten Processes belegt, entweder in der Absicht
von ihm ein Bekenntniß des Verbrechens zu erzwingen, oder die Widersprüche, darein er verfallen ist,
aufzuklären, oder seine Mitschuldigen zu entdecken,
oder sich von dem Hirngespinnste einer schwer zu begreifenden Unehrlichkeit zu reinigen, oder wohl gar Verbrechen, deren er sich schuldig gemacht haben könnte,
wenn er gleich derentwegen nicht angeklagt worden,
selbst gegen sich anzuzeigen.

Die grausame Ungerechtigkeit, welche hierinnen
obwaltet, und das Unzulängliche der Bewegungsgründe, durch welche man diesen schändlichen Gebrauch rechtfertigen will, läßt sich aus folgenden Betrachtungen erweisen.

Man kann einen Menschen nicht eher für einen
Verbrecher ansehen, als bis ihn der Richter als einen
solchen anerkannt, und die bürgerliche Gesellschaft kann
keinem seiner Mitglieder eher den öffentlichen Schutz
entziehen, als bis es ausgemacht und erwiesen, daß
er wider die Verträge gehandelt, Kraft deren man ihm
Schutz und Sicherheit muß angedeihen lassen. Worauf
gründet sich demnach das Recht einen Bürger zu strafen,
wenn man noch zweifelhaft ist, ob er schuldig oder unschuldig sey? Folgendes Dilemma ist nicht schwer zu
begreifen: Ein Verbrechen ist entweder gewiß oder ungewiß. Ist es gewiß, so verdienet es keine andere
Stra-

Strafe als die, welche die Gesetze heischen, folglich ist
die peinliche Frage unnöthig. Ist es aber ungewiß,
so darf man den Beklagten aus eben der Ursache nicht
auf die Folterbank bringen, weshalber man keinen Unschuldigen quälen soll, für einen solchen aber wird derjenige gehalten, dessen Verbrechen nicht erwiesen.

Hierzu kommt noch, daß die Marter ganz von einander getrennte und unähnliche Dinge mit einander vermenget, wenn man nämlich verlanget, daß ein Beklagter zugleich sein eigener Ankläger sey, und daß der
Schmerz ein Beweiß der Wahrheit werde, gleich als
wenn die Muskeln und Fibern eines Elenden der Thron
der Wahrheit wären. Gesunde und starke Bösewichter
finden in der Folter einen sicheren Hafen ihrer Reitung,
so wie die schwächliche Unschuld dadurch ihrer Verurtheilung entgegen gehet. Herrliche Wirkungen dieses
so gepriesenen Mittels zur Ausspähung der verborgenen
Wahrheit! Kanabalen mag es anständig seyn, von solchen Martern Gebrauch zu machen! Die sonst in mehr
als einer Betrachtung gegen ihre Knechte unbarmherzi-
ge Römer spareten doch nur die Folter für die Sklaven,
als welche unselige Schlachtopfer dieses hierinn un-
menschlichen Volkes seyn mußten.

Die politische Absicht bey Einführung der Strafen
ist keine andere, als andere Menschen abzuschrecken;
So müssen sie demnach öffentlich ausgeübet werden. Allein was kann man von den geheimen henkerischen Mitteln denken, welche in düstern Gewölben vollstrecket und
welche die Tyranney der Gewohnheit Unschuldigen sowohl als Schuldigen auferlegt? Ein erwiesenes Verbrechen darf freylich nicht unbestraft hingehen, aber un-
verantwortlich ist es, demjenigen, der ein Verbrechen
begangen haben soll, ängstlich auszuspähen, und ihn

Beccar. v. Verbr. u. Straf.   E   nach-

nachmals im tiefen Abgrunde der Finsterniß zu vergra-
ben. Bereits vollbrachte Thaten, denen nicht ﹥ ﹥ ﹤ ﹥
vorzubeugen ist, werden von der Gesellschaft aus keiner
andern Absicht bestraft, als um den giftigen Einfluß des
Verbrechens auf die andern Mitbürger zu verhindern,
und ihnen die gar zu leicht entstehende Hofnung, in
ähnlichen Fällen ungestraft zu sündigen, herzhaft zu benehmen. Ist es wahr, wie man zuverläßig annehmen
kann, daß die Anzahl der Menschen, die den Gesetzen
entweder aus Furcht oder aus Tugend gehorsamen,
weit grösser sey, als derjenigen, welche das Gesetz brechen und dem zuwider handeln, so sollte man um so
viel behutsamer und fürsichtiger mit der Folter zu Werke gehen; ie wahrscheinlicher es ist, daß, wenn sonst
die Umstände einander gleich sind, mehr unschuldig als
schuldig sey.

Ein offenbar lächerlicher Grund zur Vertheidigung
der Folter ist, wenn man spricht, man müsse dadurch
die Ehre des Beklagten retten und ihn von Unehre befreyen. Ein Mensch, den die Gesetze für unehrlich erkläret, soll seine Unschuld, wie er sie gerichtlich ausge-
sagt, mit der Verrenkung seiner Gebeine bestättigen!
Eine so barbarische Gewohnheit sollte man wahrhaftig im
achtzehenden Jahrhunderte nicht einmal traumen. Wie
läst sich wohl denken, daß der Schmerz, der etwas kör-
perliches ist, das Hirngespinste der Ehre aufhebe; ich
will sagen, daß der Schmerz, der nur eine Empfindung
ist, die Unehrlichkeit, welche in einem blos moralischen
Gedanken bestehet, auslöschen könne? Ist die Folter etwa ein Schmelztiegel, und die Unehrlichkeit ein Schla-
cken, den man von einem Körper, womit er vermischt
ist, scheiden will? Es ist schwer, den Ursprung dieses
lächerlichen Gesetzes zu entdecken, weil die bey einem
ganzen Volke obwaltenden Vorurtheile zu Wahrheiten
ausar-

ausarten, und so gar in Ehren gehalten werden. Da die Religion zu allen Zeiten und in allen Ländern einen ausgebreiteten Einfluß in die Gemüther der Menschen hat, so ist vielleicht möglich, daß solche die Grundlage abgegeben habe, wenn man sagt, daß die Folter Flecken der Unehrlichkeit tilge. Unser heiliger katholische Glaube hat ein Fegfeuer, und belehret uns, daß der menschlichen Schwachheit gewisse Flecken ankleben, welche den ewigen Zorn des höchsten Wesens nicht verdienen, sondern in jenem Leben durch dieses unbegreifliche Feuer gereiniget werden. Die Unehrlichkeit ist auch ein solcher Fleck, und weil der Schmerz und das Feuer die geistlichen Flecken wegnehmen, warum sollten die Martern und Verzuckungen der Folter nicht auch den bürgerlichen Flecken, das ist, die Unehrlichkeit tilgen? das Bekenntniß des Angeschuldigten, welches in einigen Gerichten, als ein zur Verurtheilung wesentliches Stück angesehen wird, hat meines Erachtens einen eben so theologischen Ursprung, und scheint mir nach dem Muster des geheimnißvollen Tribunals der Buße eingeführt zu seyn, wo das Bekenntniß der Sünde das Wesen des ganzen Sacraments ausmachet. So mißbraucheten die Menschen das Licht der Offenbarung, und machten davon in Zeiten der Finsterniß höchst lächerliche und ungegründete Anwendung. Die Unehrlichkeit ist weder durch Gesetze, noch durch die Vernunft bestimmt, sondern ein blosses Geschöpfe der Meynungen und des Wahns, und da die Folter an sich selbst schon demjenigen, der ihr Schlachtopfer wird, Schande zuwege bringet, so richtet man durch sie nichts anders aus, als daß man einen Menschen, den man ehrlich machen will, eben dadurch noch unehrlicher macht.

Drittens wird die Folter einem Angeklagten zuerkannt, um die Widersprüche, in welche er bey dem

Ver-

Verhör gefallen, aufzulösen und aus einander zu setzen;
gleichsam als wenn die Furcht, die Feyerlichkeit des Ge=
richts, die Majestät der gebiethenden Obrigkeit, die bey=
des den Unschuldigen wie den Schuldigen beängstigende
Unwissenheit von Ausgange des Processes, nicht die ver=
zagte und schüchterne Unschuld eben sowohl, als das
Verbrechen, welches sich zu verbergen suchet, zu Wider=
sprüchen verleiten müßten; gleichsam als wenn Wider=
sprüche, die den Menschen bey der ruhigsten Gemüths=
verfassung so sehr gewöhnlich sind, sich bey der Verwir=
rung und Unruhe der Seele, welche gänzlich in dem Ge=
danken, sich aus einer bevorstehenden Gefahr zu retten,
vertieft ist, nicht vervielfältigen müßen.

Ein noch fortdauerndes Denkmal jener barbarischen
Zeiten ist das schändliche Mittel, durch so genannte Ge=
richte Gottes die Wahrheit zu erforschen, dergleichen die
Feuer= und Wasserprobe, der ungewisse Ausgang des ge=
richtlichen Zweykampfes, waren (gleichsam als wenn die
Glieder der ewigen Kette, die ihren Ursprung aus Gott
hat, sich thörichter menschlicher Einrichtung halber, alle
Augenblicke verrücken und trennen könnte!) der einzige
Unterschied, der sich zwischen dem Beweise mit der Fol=
ter an einer, und dem gerichtlichen Duelle an der an=
dern Seite angeben läßt, ist, daß der Ausgang des letz=
tern von dem Willen des Beklagten abhänget, die Mar=
ter aber von einem Zwange und äusserlicher Gewalt.
Dieser Unterschied ist aber mehr scheinbar, als wirklich:
Der Beschuldigte hat mitten unter den Verzukungen und
der Ausspannung seiner Gliedmassen auf der Folterbank
eben so wenig Freyheit, die Wahrheit zu sagen, als er
vormals vermögend war, ohne Betrügerey die Wirkun=
gen des Feuers und Wassers zu hemmen h).

Ein=

h) Es ist nichts gewisser, als daß die Gerichte Gottes (so
   nannte man Feuer oder Wasser und andere dergleichen peinli=
   che

Eindrücke, so äusserliche Dinge auf unsere Sinne machen, bewegen unseren Willen nach Verhältniß der Stärke oder Schwäche dieses Eindrukes, also demselben angemessen. Es kann demnach die Macht des Schmerzens zu einem solchen Grade anwachsen, daß er die Seele des Gefolterten gänzlich übermeistert, und ihm keine andere Freyheit übrig läßt, als in dem gegenwärtigen Augenblicke den kürzesten Weg zu wählen, um der Qual ledig zu werden. Alsdann wird der Unschuldige ausrufen, er sey schuldig, weil er auf diesem Wege seinen Schmerzen zu entgehen suchet. So verschwindet demnach aller Unterschied zwischen Schuld und Unschuld durch eben dasjenige Mittel, wodurch man diese oder jene zu ergründen Vorhabens war.

Ich achte für überflüssig, eine allzu sehr einleuchtende Wahrheit durch Beyspiele einer unzähligen Menge von Unschuldigen, welche sich unter den Quaalen für schuldig ausgegeben, zu erzehlen. Jedes Volk, jedes Zeit-

E 3   alter

che Proben) der Marter Ursprung sind. Eben so gut, als sich die Martern vertheidigen lassen, eben so gut und weit nachdrücklicher will ich auch die Gerichte Gottes vertheidigen. Wenn jemand höchst verdächtig war, gleichwohl aber nur noch einige kleine Bedenklichkeiten zur völligen Ueberzeugung aus dem Wege zu räumen waren, alsdenn, und eher nicht, wurde der Zweykampf oder die Wandelung über die glühenden Pflugschaaren oder die Eintauchung des Armes in siedendes Wasser gerichtlich zuerkannt. Der Richter war ungewis; Gott sollte den Ausspruch thun. Späte genug erkannte man die Unvernunft dieses schändlichen Mittels die Wahrheit zu ergründen. Sehet da, Carpzops und Bartolus Söhne! eure höchste und beste Entschuldigung, weßhalber ihr die Marter für etwas Artiges haltet. Man schaffe die Feuer- und Wasserprobe ab, und erschnapte davon deren Aftergeburt, nehmlich die Folter, so daß man, anstatt einer abscheulichen Sache, eine noch weit abscheulichere eingeführet.

alter hat Beyspiele solcher traurigen Begebenheiten, welche die Vernunft und den Menschen demüthigen. Allein
noch stimmen schwache Gemüther der alten Leyer bey,
und ziehen keine Folgen weder aus den Begebenheiten,
die ihnen und aller Welt bekannt, noch aus den Grundsätzen, die sie gleichwohl als unumstößlich annehmen.
Ein jeder, der seine Gedanken nur etwas weiter, als
über die gemeinen Bedürfnisse seines Lebens erheben
kann, fühlet zuweilen einen sanften Zug der Natur,
welche ihm mit leiser und geheimer Stimme zuruffet;
aber die tyrannische Gewohnheit, die Erziehung als Be-
herrscherinn der menschlichen Seele, versperret ihnen den
Weg, und scheucht sie schreckend zurük.

Der Ausgang der Folter ist demnach eine Sache,
wobey es auf eine mechanische Berechnung der Kräfte
und auf die Leibesbeschaffenheit des auf die Leiter ge-
spanneten Menschen lediglich ankommt, dergestalt, daß
sich die ganze Entscheidung eher durch einen Meßkünstler
oder Arzt, als durch den Richter bewerkstelligen ließe.
Man könnte diese Aufgabe ohngefähr folgendermaßen aus-
drücken: Wenn die Stärke der Muskeln, und die
Empfindlichkeit der Fibern eines Unschuldigen bekannt, so ist der Grad des Schmerzens leichtlich zu
finden, welcher ihm das Bekenntnis eines nicht begangenen Verbrechens abnöthiget.

Die peinliche Frage soll zur Entdeckung der Wahrheit dienen. Allein ist es schon schwer, aus dem Er-
röthen, aus den Gebärden und der Physionomie eines
völlig ruhigen Menschen die Wahrheit zu finden, wie
wird es nicht unendlich schwerer seyn, sie von einem
Menschen herauszubringen, bey welchem die Zuckung des
Schmerzens alle die Kennzeichen verbrengen, wodurch
meistens die Menschen wider ihren Willen den Grund
der Wahrheit auf ihren Gesichte verbreiten.

Die-

Diese bisher abgehandelten Wahrheiten sind den
römischen Gesetzgebern nicht unbekannt gewesen, weil
man findet, daß sie die Folter einzig und allein den Sklaven, welche bloße Larven, und aller Persönlichkeit beraubet waren, zugedacht. Die Engländer, welche zu
unsern Zeiten Wissenschaften, blühende Handlung, und
vorzüglicher Reichthum zu Mustern der Macht, Tugend
und Tapferkeit machen, haben die Folter aus ihren vortreflichen und lobenswürdigen Gesetzen verbannet. In
Schweden ist sie abgeschaft, und einer der weisesten Monarchen in Deutschland hat in vollem Glanze unbegreif-
licher Siege hierinnen die Gründe der Vernunft erkannt, er, der (aller Seufzer der lieben Einfalt ungeachtet) die Philosophie auf den Thron erhoben und
als ein wohlthätiger Gesetzgeber seine Unterthanen in
diesem Stücke, und in Ansehung ihrer Abhängigkeit von
den Gesetzen, unter einander gleich gemacht. Diese
Gleichmäßigkeit ist das einzige Gut, welches die Menschen nach Beschaffenheit der itzigen Zeiten verlangen
können. Endlich haben auch die Kriegsgesetze die Folter
für unnöthig erachtet, obgleich die Kriegsheere größtentheils aus leichtsinnigen Leuten bestehen. Das ist wahrhaftig eine Erscheinung, welche den blinden Verehrern
hergebrachter Gewohnheiten seltsam vorkommen wird,
nämlich daß Menschen, Mordens gewohnt und die aus
Blutvergießen ein Handwerk machen, den Gesetzgebern
des friedfertigen Volkes Menschlichkeit lehren müssen.

Selbst die großmächtigen Gönner der Tortur haben
die Unzuläßigkeit dieses Scheusals genugsam empfunden.
Sie erklären das während der Folter abgelegte Bekenntnis für null und nichtig, wofern es nicht nach geendig-
ter Marter und außer dem Orte der Peinlichkeit nochmals bestättiget wird; ist nun der Angeklagte seiner
Aussage nachher nicht mehr geständig, so wird er von
neuen

neuen gemartert.. Einige Rechtsgelehrte gestatten diese
schändliche petitionem principii nur dreymal; andere
Rechtslehrer überlassen alles dem Ermessen des Richters.

Von zween Menschen, die gleich unschuldig, oder
gleich schuldig sind, wird der Starke und Muthige losgesprochen, der Schwache und Furchtsame aber, nach-
stehenden vortreflichen Schlusse zu Folge, verurtheilet.
Er klingt also: Ich, als Richter, muß nothwendig einen
Schuldigen unter euch Beyden finden: Du dort, den
Kraft und Stärke bewafnet, hast die Schmerzen über-
wunden, und deswegen spreche ich dich los: Du aber,
der du schwach und kraftlos bist, hast die Marter über
dich siegen lassen, und deswegen verdamme ich dich. Ich
sehe wohl ein, daß dein dir abgezwungenes Bekenntnis
keine Gültigkeit hat; allein wenn du dein Bekenntnis
nicht bestättigest, so werde ich dich von neuen martern
lassen.

So wird denn der Unschuldige in einen schlechtern
Zustand, als der Schuldige versetzt. Wenn man beyde
auf die Folter bringet, so vereiniget sich alles zum
Nachtheile des ersten; bekennet er ein nicht begangenes
Verbrechen, wird er verurtheilet; wird er unschuldig
erkläret, so hat er unverdient gelitten. Der wirkliche
Verbrecher hingegen hat grossen Vortheil; überstehet er
muthig die Marter, so wird er losgesprochen, und zur
Vergrößerung des Vortheils, hat er statt einer härtern,
eine gelindere Strafe oder gar keine zu gewarten. Sol-
cherzestalt kann es nicht fehlen, als daß der Unschuldige verliere, und der Strafbare gewinne.

Der Gesetzgeber, welcher die Marter verordnet
läßt sich gleichsam also verlauten: Menschen, widerstehet

het dem Schmerze, und ob euch schon die Natur eine
unauslöschliche Liebe zu eurer Erhaltung anerschaffen,
ob sie euch gleich ein unabänderliches Recht euch zu vertheidigen verliehen, so ermahne ich euch doch, eure Natur zu verändern, und gebiethe euch einen heldenmü-
thigen Haß gegen euch selbst zu tragen, indem ich hiermit gebiethe und befehle, daß ihr euch selbst anklaget
und dasjenige saget, was bereits nach halb überstandenen
Zerreissungen eurer Muskeln und Verrenkung eurer Gebeine euch geraden Weges in den Rachen des Todes stürzet.

Wenn die Folter aus dem Grunde einem Angeschuldigten zuerkannt wird, damit man entdecken möge,
ob der Angeschuldigte nicht ausser dem Verbrechen, dessen
er bereits überführet ist, etwa noch andere begangen
habe, so verfähret der Richter hierinnen gleichsam nach
folgenden Schlusse: Du bist schon eines Verbrechens
schuldig, also ist es wohl möglich, daß du noch hundert
begangen hast; da ich nun dieses so ziemlichermassen ver-
muthe, so will ich, um meinen Zweifel los zu werden,
meinen goldnen Probierstein der Wahrheit gegen dich gebrauchen; die Gesetze bringen dir die Folter mit, nicht
allein deswegen, weil du schuldig bist, sondern auch,
weil du noch schuldiger seyn kannst, und weil ich dich
gerne als einen vollkommenen Bösewicht zu haben wünsche, wie mein heiliges Amt es mit sich bringt.

Ein andrer angeblicher Grund der Folter ist ferner
auch dieser, daß man die Mitschuldigen und Genossen
eines Verbrechens entdecken könne. i). Wie wir aber

E 5 schon

---

i) Gerichtshalter und Amtleute sind öfters so sehr gelb-als
blutgierig, daß sie es schon für ein Verbrechen halten, wenn
einer des andern Verbrechen nicht anzeiget. Ich bin genöthiget

chon erwiesen haben, daß die Folter kein bequemes
Mittel zur Entdeckung der Wahrheit ist, wie soll sie die
Mitschuldigen vorfinden, da dieses auch eine von den
gesuchten Wahrheiten ist? Wird der Mensch, der sich
selbst anzuklagen gezwungen ist, nicht noch leichter andere
anklagen? Ist es über dem auch billig, daß man einen
Menschen um anderer Leute Verbrechen willen martere?
Wird man die Mitschuldigen nicht durch Abhörung der
Zeugen und des Verbrechers selbst, durch Untersuchung
der Beweise und des corporis delicti, kurz durch alle
die Wege, welche man zur Ueberzeugung eingeschlagen,
auf=

thiget, dieses für widernatürlich und abscheulich zu erklären.
Der Grund dieses Aberwitzes kann auch vielleicht schon auf
hohen Schulen geleget worden seyn, wo einige Professoren
annoch Menschenfresser. Weder Vernunft noch Natur be=
fiehlt des andern Verbrechen anzuzeigen, und soll man ia die
Kinder nicht dazu anhalten, weil das nichts anders ist, als
ihnen Untreue gegen Freunde einflösen, und ihr Herz zeitig
vergiften. Wenn ich schon weiß, daß Heinze in der Hun=
gersnoth Brod gestohlen, und Marthe einen Kindermord be=
gangen, so würde ich doch glauben, daß ich den Haß vieler
Redlichen verdienen würde, wenn ich, ohne Beruf, sie ins
Unglück bringen oder wohl gar meinem Freund verrathen woll=
te, es sey denn bey solchen Verbrechen, womit der Thäter
gleichsam ein Handwerk treibet, so daß, der Sicherheit hal=
ber, es besser ist, daß er eingesperret werde. Man verlan=
get, daß Menschen sich unter einander selbst zerfleischen sol=
len. Wahrhaftig diese Zumuthung würden so gar Wölfe und
Bäre verwerfen, weil kein Geschlecht das seinige frißt, und
selbst der Wolf, wenn er nicht hungrig ist, das Schaf in Ru=
he läßt. Das geschriebene Recht redet die Sprache der Ver=
nunft: Niemand spricht es, ist eine Missethat anzuzeigen
verbünden. L. 48. §. 1. ff. de furt. tot. tit. C. ut nemo
invitus agere vel accusare cog. C. C. C. art. 214. Spec.
Sax. lib. 2. art. 60. Und wie? Du willst dieses so gar durch
Peinigung erzwingen? Ein solches zu verlangen, heißt der
ganzen Natur den Krieg ankündigen.

auffinden und entdecken können? Die Mitschuldigen ent-
weichen gemeiniglich unmittelbar nach der Verhaftung
ihres Gesellschafters. Die Ungewißheit des sie bedrohen-
den Schiksals spricht ihnen augenblicklich das Urtheil
ihrer freywilligen Verbannung, und befreyet die Bürger von der Gefahr, neue Verletzungen von ihnen zu
erdulden, da indessen mit der Bestrafung des verhafteten Missethäters der Endzweck, andere Menschen durch
das Beyspiel abzuschrecken, erreichet wird.

§. XVII.

Von dem Fiscus k).

Es ist eine Zeit gewesen, wo alle Strafen in Geld-
bußen bestanden. Die Verbrechen der Bürger waren gleichsam Einkünfte und ein Erbtheil der Fürsten.
Die Kränkung der bürgerlichen Ruhe durch Anklagen ge-
hörte mit zu den Ausschweifungen der Reichen, und
diejenigen, welche die Sicherheit verschaffen sollten, sahen es zu ihrem Vortheile gerne, wenn sie gestöret wurde. Die Strafe war damals ein Gegenstand eines Processes zwischen dem Fiscus, der die Strafen zuerkannte,
und dem Schuldigen, der sie erlegte; folglich vielmehr
eine streitige Geldsache, als eine öffentliche Angelegenheit.
Der Fiscus behauptete damals andere Rechte, als diejenigen, welche ihm die Vertheidigung der öffentlichen
Ruhe

k) Man sieht es allen Gesetzen so gleich an Augen an, ob die
Schatzkammer dabey Gewinn oder Verlust erleide? Wenn dieses
ist, so kommen lauter Abweichungen von dem gewöhnlichen
Wege vor: übermässige Strafen, abgeschnittene Entschuldigungen. Wildprets Diebe schmiedete man lebendig auf einen
Hirsch, daß dieser durch Zaun und Hecken streichend den Elenden jämmerlich unter Hunger und Durst, in Stücken reissen
möchte. Öfters kann man seinem Nachbar weit ungestrafter
tausend Thaler entwenden, als dem Fiscus einen Haasen.

Ruhe gaben, und der Schuldige wurde mit andern
Strafen belegt, als wozu er sonst, wegen Nothwendigkeit des Beyspiels, hätte belegt werden sollen. Der
Richter war also vielmehr ein Sachwalter des Fiscus,
als daß er die Wahrheit hätte untersuchen sollen. Aus
Gefälligkeit gegen den Fürsten war er blos bedacht ihm
Gelder einzutreiben, als die Gesetze zu handhaben 1).
Wenn sich nach diesen System jemand für schuldig erkannte, so erklärte er sich zu gleicher Zeit für einen Schuldner des Fiscus; und also erreichte man hierdurch die
einzige Absicht, nehmlich, daß der Beklagte sich zu dieser Schuld bekennen möchte, und zwar mit einem für den
Fiscus vortheilhaften Bekenntnisse. Dies ist noch heutiges

1) Als Ludwig dem vierzehnten ein Proceß vorgetragen wurde,
den seine Kammer wider den Besitzer eines Hauses führte,
sagte er großmüthig: Der Besitzer hat Recht. Die königl.
Academie der Inschriften hielte für würdig, darauf eine Münze zu erdenken mit der Ueberschrift: FISCUS CAVSA
CADENS. Verlohnte sich das wohl der Müze? Haben wir
nicht ein deutliches Gesetz L. 10. ff. de jur. fisc. wo der
Rechtsgelehrte Modestinus sich also herausläßt: Non puto
delinquere eum, qui in dubiis quæstionibus contra fiscum
facile responderit. Als in auswürtigen Akten ein Advocat
sich auf eben dieses Gesetze berufte, wurde er von der Kammer
um 10 Thlr. bestrafet. Hilf Himmel! Was für Zeiten?
Hat nicht der Fürst blos durch sein Ansehen, durch die Furcht
und Gewalt Vortheile genug? Wenn ihr ein Gesetz findet,
welches allen Regeln der Billigkeit entgegen strebet, so könnet
ihr fast vermuthen, daß der Fiscus gerade zu, oder doch
wenigstens durch einen Umweg, Vortheil darunter finde. Alle
Rechtsgelehrte, wenn es auf die Gerechtsame des Fürsten
ankommt, sind Schmeichler, Anhänger des Hofes und Spei-
chellecker der Großen, wie Leyser in einer academischen Abhandlung durch tausend Beyspiele erhärtet. Sie wissen Farben
anzustreichen, daß man schwören sollte, daß die Plünderun-
gen, so der Fiscus unternimmt, eine dem Volke erwiesene
Wohlthat sey.

ges Tages die Absicht, worauf die ganze peinliche Rechts
gelahrheit abzielet, und der Mittelpunkt, um welchen
sich alle kriminal Proceduren drehen, weil die Folgerungen und Wirkungen, so aus einem angenommenen Satze
fliessen, oft noch sehr lange fortdauern, wenn gleich der
Grundsatz längst verworffen ist und aufgehöret hat. Es
wird der Schuldige, der sich weigert zu bekennen, wenn
er gleich durch unwiederlegliche Beweise überzeugt ist,
mit weit geringeren Strafen beleget, als er würde belegt worden seyn, wenn er bekannt hätte. Eben deswegen, weil er das Verbrechen, dessen er überzeugt ist,
leugnet, wird ihm auf der Folter ein Bekenntniß von
andern mit dem Hauptverbrechen in keinem Zusammen-
hange stehenden Vergehungen, abgenöthiget. Wenn
aber der Richter das Bekenntniß des Verbrechens her-
ausgebracht, so wird er Herr über den Körper des
Schuldigen; aus diesem Körper ziehet er durch methodi-
sche Manieren, gleichsam als aus einem erworbenen
Grund und Boden, alle nur mögliche Vortheile. Ist
nur das Corpus delicti vorhanden, so macht das Bekenntniß des Beklagten einen überzeugenden Beweis aus.
Schmerzen und Peinigungen müssen diesen Beweis bestättigen, und doch kommt man zu gleicher Zeit darinnen
überein, daß ein aussergerichtliches, geruhiges, und
nicht durch den Zwang des peinlichen Verfahrens erpre-
stes Bekenntniß, zur Verurtheilung nicht hinlänglich sey.

Man schließt bey Anstellung des Processes diejenigen
Untersuchungen und Beweise aus, wodurch die Sache
selbst ins Licht gestellet, und der Angeschuldigte entlassen
werden könnte, die aber den Ansprüchen des Fiscus
nachtheilig seyn würden. Nicht zur Linderung des Elendes, noch aus Mitleiden gegen die Schwäche der Menschlichkeit, verschonet man zuweilen die Beklagten mit der
Folter; sondern zur Behauptung vormaliger Rechte,

wel-

welche doch heut zu Tage, wegen veränderter Umstände, zu einem Undinge geworden.   Der Richter wird ein Feind des Beklagten, das ist, eines Unglücklichen, welchen in einem gräßlichen Gefängnisse mancherley Martern und die fürchterlichsten Schreckbilder der Zukunft plagen. Er sucht nicht die Wahrheit der Sache selbst, sondern er suchet das Verbrechen in der Person des Beschuldigten; er leget ihm Netze und arglistige Fallstricke, er schämt sich vor sich selbst, wenn es ihm nicht gelinget, den Gefangenen schuldig zu finden, und glaubet seiner Untrüglichkeit, welche sich immer die Menschen in allen Dingen beyzulegen belieben, zu nahe zu treten.   Die Anzeigen, welche zur gefänglichen Haft eines Bürgers hinlänglich sind, hängen von der Willkühr des Richters ab; wenn sich der Gefangene von seiner Anschuldigung rechtfertigen soll, legt man ihm die Akten nicht eher vor, bis er vorher für schuldig oder doch wenigstens fast für schuldig erkläret worden.   Nun dieses heißt, wie mich deucht, abscheulich verfahren, nicht aber vernünftige und menschliche Untersuchungen anstellen, und gleichwohl ist dieses Verfahren des peinlichen Gerichts, in diesem achtzehenden Jahrhunderte, wer sollte das glauben? bey den sich klug nennenden Europäern ganz was vortreffliches!

Wie man aber anders der Natur und Vernunft nach verfahren solle, ist unbekannt, obschon diese unpartheyische Untersuchungen und deren vernünftige Anstellung das Gebot des menschlichen Verstandes ist, welches so gar die Militärgesetze beobachten, und welches selbst der asiatische unbeschränkte Beherrscher über Tod und Leben, der Kalifen summarisch stranguliret, in Vorgängen, welche Privatpersonen betreffen, ausübet. Nur die europäischen Gerichtshöfe verstatten diesem löblichen Gebrauche keinen Eingang.   Seltsame in einander verflochtene Ungereimtheiten, welche unsere glücklichere

Nach-

Nachkommenſchaft zu glauben Mühe haben wird, und
deren Möglichkeit der Weltweiſe nur aus erkannter
Schwäche der menſchlichen Natur und der eiſernen Ge=
walt verjährter Irrthümer ſich begreiflich machen kann.

§. XVIII.

Von den Eyden.

Der Reinigungs Eyd widerſpricht allen natürlichen
Sinnen, die dem Menſchen angebohren ſind. Denn
dieſe heilige Handlung ſoll einen Wahrheit liebenden
Menſchen juſt zu der Zeit machen, da ihm am aller mei=
ſten daran gelegen, ein Lügner zu werden; als wenn
ſich der Menſch im Ernſte verpflichtet halten könnte,
etwas zu ſeinem Untergange beyzutragen; oder als wenn
die Religion in ihrer Wirkſamkeit nicht unterdrückt wür=
de, wenn der Eigennuß die Seele übermeiſtert. Die
Erfahrung lehret, daß man dieſes heilige Geſchenke des
Himmels, mehr als alle andere Dinge, misbrauche.
Was ſoll Böſewichter zur Ehrerbietung gegen dieſelbe
antreiben, wenn Leute, die ſich durch Einſicht und
Weisheit auszeichnen, ſie verunehren und verſchmähen?
Die Bewegungsgründe, welche zur eydlichen Beſtärkung
der Wahrheit aus der Religion genommen werden, und
welche die Furcht vor der Strafe oder wohl gar die
Liebe zum Leben überwiegen ſollen, ſind größtentheils
viel zu unwirkſam, weil ſie zu wenig in die Sinne
fallen und Gegenſtände vorſtellen, welche wegen allzu
groſſer Entfernung, und wegen der zu hoffenden Ver=
gebung der Sünden, gar leicht verſchwinden. Die
Angelegenheiten, welche das Heil der Seelen betreffen,
ſind von den Welthändeln weit unterſchieden, und wer=

den

ten nach ganz verschiedenen Gesetzen regieret. Warum
setzt man die Menschen der schrecklichen Gefahr und
Nothwendigkeit aus, sich entweder an Gott zu versün-
digen oder sein Verberben zu befördern? Das Gesetz,
welches in dergleichen Falle einen Eyd verordnet, läßt
dem Beklagten keine andere Wahl, als entweder ein böser Christ oder ein Märtyrer der Wahrheit zu seyn.
Der Eyd wird allmählig zu einer blossen Solennität,
und man vernichtet badurch die ganze Macht der Religion, welche doch noch bey den meisten Menschen der
einzige Bewegungsgrund der Redlichkeit ist, und gegen
die Anfälle von Natur böser, aber furchtsamer Gemüther vielleicht noch einige Bürgschaft leistet. Die gar
zu seltenen Beyspiele, daß ein Bösewicht durch den Eyd
zum Bekenntnisse der Wahrheit bewogen worden, machen uns von diesen Mitteln, die Wahrheit zu ergründen, einen gar schlechten Begriff, und ist also die Erfahrung von dessen Unzulänglichkeit ein sattsamer Zeuge. Die Vernunft spricht, daß alle Gesetze, die dem
natürlichen Gefühle der Menschlichkeit zuwider, nicht
nur eitel, sondern auch schäblich und nachtheilig sind.
Dergleichen Gesetze haben ein ähnliches Schicksal mit einem Damme, welcher dem Lauf eines Stromes gerade
entgegen stehet. Denn er wird entweder unmittelbar
von der Fluth so gleich überwältiget, oder doch wenigstens wegen einiger in seinem Innersten entstandenen
Löcher durchwühlet und durchgraben m).

§. XIX.

m) Für der schweren Strafe des Meyneydes pflegen sowohl Richter, als Geistliche, zu ermahnen. Bey dieser Ermahnung
versehen es öfters Beyde darinn, daß sie nichts als Versu-
chungen häufen, wie denn in vorigen Zeiten gar öfters die Geistlichen sich der tröstlichen Schlußformel bedienten: Nun
wenn du nicht gestehen willst, so schwöre und fahre hin zum
Teu-

§. XIX.

Von der geschwinden Ausübung
der Strafen.

Wenn eine Strafe auf ein begangenes Verbrechen ge=
schwind erfolget, so ist sie um so viel gerechter und
nützlicher. Gerechter, weil sie den Schuldigen die gräß=
lichen, obgleich fruchtlosen Martern der Ungewißheit
ersparet, welche durch die belebte Einbildung, und das
Gefühl seiner Schwäche um vieles vergrössert werden,
weil das lange Gefängniß selbst als eine Strafe anzuse=
hen, und daher nur in so ferne statt findet, als es die
Nothwendigkeit erfordert. Das Gefängniß ist nichts
anders, als ein Mittel, einen beklagten Bürger so lan=
ge aufzubewahren, bis er für schuldig erkannt worden,
und da dieser Verlust der Freyheit schon sehr kränkend
ist, so muß sie nur eine kurzmögliche Zeit dauern und
leib=

Teufel! Aber wie kann sich die Sanftmuth so entrüsten?
Das kömmt daher, weil sie sich es zur Ehre hält, iemanden
zum Bekenntnisse gezwungen zu haben, und sich schämet,
wenn die Ermahnungen nichts gefruchtet. Durch dergleichen
Verwünschungen, die einem Christen nicht geziemen, weiß
ich Fälle, daß, um die Quaal dieser Zuredungen nur loß zu
werden, einige Personen Thaten bekannt haben, so sie nicht
verbrochen. Sie wollten lieber eine kleine Strafe leiden,
als daß die Zuhörer, die ihren lieben Pfarrherren so donnern
höreten, denken sollten, man habe falsch geschworen. Ich ge=
be also diese Regel, daß sowohl Richter als Geistliche bey
dergleichen Anermahnungen den Angeschuldigten zwar eines
Theils seine Pflicht die zeitliche Strafe, so wie es ohn Ver=
letzung des Gewissens geschehen könne, abzuwenden, andern
Theils aber auch den Verlust der ewigen Wohls, wenn es
falsch schwöre, zu Gemüthe führen mögen.

leidlich seyn. Die möglichste Kürze des Gefängnisses ist
diejenige, welche zur Einrichtung des Processes erfodert
wird, und nachdem mehrere da sind, welche berechtiget
sind, eher als andere Mitgefangene, ihr Urtheil zu em-
pfangen. Die Härte des Gefängnisses darf sich auch
nicht weiter, als auf die Nothwendigkeit. erstrecken,
die Flucht der Verhafteten zu verhindern, oder in Ansehung der Zeit die Beweise des Verbrechens oder der
Unschuld herbey zu schaffen. Welcher grausamer Contrast, einen fühllosen Richter und einen beängstigten
Beklagten zu sehen? Einen kaltblütigen Amtmann in
dem Genusse seiner weichlichen Bequemlichkeit und in
seinen Freudenleben auf einer, und die Zähren ja den
ganzen trostlosen Zustand eines Eingekerkerten auf der
andern Seite? Uiberhaupt muß die Schwere der Strafe
den Folgen eines Verbrechens angemessen, aber so wenig, als möglich, für die Empfindung des Leidenden
schmerzlich seyn: Denn nur diejenige Gesellschaft kann
man rechtmäßig nennen, in welcher der unumstößliche
Grundsatz sichtbar ist, daß sich die Menschen in ihrem
Unterwerfungs Contracte nur so geringer Uibel, als
möglich, haben unterziehen wollen.

Die hurtige Vollziehung der Strafe ist deswegen
nützlicher, weil, je kürzer der Zeitraum ist, welchen
man zwischen der Missethat und ihrer Bestrafung ver-
fliessen läßt, die Verknüpfung dieser Begriffe Verbrechen und Strafe, in den menschlichen Gemüthern desto stärker und dauerhafter ist, so daß ersteres als die
Ursache, und das andere als eine unausbleibliche Folge
erkannt wird. Es ist erweislich, daß die Verbindung
der Begriffe das ganze Gebäude des menschlichen Verstandes zusammen füget, und daß ohne diese Vergleichung
und Verbindung sowohl Vergnügen als Schmerz un-
wirkende und todte Empfindungen seyn würden. Je

wei-

weiter sich die Menschen von den höchsten Grundsätzen
entfernen, das heißt, je geringer und niedriger die
Menschen sind, desto mehr werden sie in ihren Handlungen durch baldige und unmittelbar beysammen stehende Begriffe gerührt, und lassen die entferntern und
verwickeltern aus den Augen. Entlegene und verflochtene Begriffe äußern ihre Wirksamkeit nur bey erhabe-
nen Geistern, welche eine Fertigkeit erlanget, mit einem Adlerblick viel auf einmal zu durchschauen.

Daher ist es wohl gut, die Strafe so bald als möglich in Annäherung zu bringen, wenn man anders verlanget, daß die rohen und niedrgen Menschen Uibelthaten und die gewisse Strafe (bey ihrer verführerischen
Vorstellung, als blieben die Uibelthaten verschwiegen)
beysammen stehen sehen. Verzögerung der Strafe verursachet dagegen, daß diese beyden Gemälde immer mehr
von einander getrennet werden. Das bestrafte Verbrechen macht zwar immer Eindruck, aber es macht ihn
nicht sowohl als Strafe, sondern vielmehr als ein Schauspiel; weil die Vorstellung von der Abscheulichkeit des
Verbrechens, welche zur geschärften Empfindung der
Strafe vieles beyträgt, in den Gemüthern der Zuschauer
bereits gar vieles von ihrer Lebhaftigkeit verloren hat
m*).

F 2   Ein

---

m*) Die Beschleunigung der Untersuchung darf man in Deutschland den Gerichts-Herrschaften eben so sehr nicht einpredigen.
Beköstigung des Angeschuldigten, Wach- und Sitzgebühren
u. s. w. kosten Geld, und man hat eher Ursache sich über
Eilfertigkeit, als Verzögerung zu beklagen. Ich bin auch
von den Gründen des Verfassers nicht sattsam überzeugt,
wenigstens sind sie theologisch nicht richtig. Die Höllenstra-
fen werden zwar am jüngsten Gerichte öffentlich, aber nicht
baldigst nach begangenen Verbrechen vollzogen, zu einer Zeit,

da

Ein anderes Mittel, den nützlichen Zusammenhang zwischen dem Verbrechen und seiner Strafe, noch näher zu verknüpfen, ist, daß die Strafe der Natur des Verbrechens einigermaßen entspreche, und so viel möglich, einen Bezug auf dasselbe habe. Durch diese Gleichförmigkeit wird der Contrast, welchen der Antrieb zum Verbrechen und das Gegengewichte der darauf geordneten Strafe gegen einander machen sollen, ungemein verschönert.

§. XX.

Von Gewaltthätigkeiten.

Einige Verbrechen greifen die Person an, andere die Güter. Die ersteren müssen ohnfehlbar mit Leibesstrafen belegt werden. Weder der Mächtige noch der Reiche darf mit der Sicherheit des Schwächern und Armen sein Spiel treiben; sonst würden die Reichthümer, welche unter dem Schutze der Gesetze die Belohnung der Emsigkeit sind, die Menschen zu Wütrichen machen. So bald die Gesetze zugeben, daß der Mensch auf irgend eine Art aufhöre eine Person zu seyn, und anfange ein Eigenthum des Mächtigern zu werden, so bald verschwindet die Freyheit. Geschieht dieses, so wenden die Mächtigen alles an, die ihnen nachgelassenen Vorzüge zur Thätigkeit zu bringen, und die Schwächern völlig unter das Joch zu beugen. Dieses ist die geheime Kunst, welche die Menschen in Lastthiere verwandelt, und in der Hand

des

da die Reue zu spät ist, und niemand durch deren Vollstreckung mehr gebessert werden kann. Dieser Ursache halber, habe ich durch Stillschweigen mich seinen Folgerungen und Schlüssen nicht theilhaftig machen, sondern lieber von ihm abweichen wollen.

des Starken eine Kette, womit er die Handlungen der
Blöden und Schwachen fesselt.

Da habt ihr den Grund, warum in einigen Staaten, die den völligen Schein der Freyheit haben, doch
die ärgste Tyranney im Verborgenen herrschet, und sich
in einen Winkel der Staatsverfassung schleicht, welcher
der Vorsichtigkeit des Gesetzgebers anfangs entwischet
und unvermerkt zu einer Riesengröße angewachsen ist.
Der offenbaren Tyranney wissen die Menschen immer
einen genugsamen Damm vorzubauen; aber öfters sehen sie den unsichtbaren Wurm nicht, der selbigen durch-
löchert, und ehe man es sich versiehet, der Uiberschwemmung einen Weg öfnet, dem man nicht widerstehen kann,
weil niemand anfangs die kleine Zernagung bemerket.

§. XXI.

Von den Strafen der Adelichen.

Wie werden nun die Strafen derer vom Adel beschaffen seyn? Die Vorrechte des Adels machen einen grossen Theil der Gesetze aller Völker aus. Ich will mich
hier nicht auf die Untersuchung einlassen, wie weit
der verderbliche Unterschied zwischen den Adel und Bür-
derstande in einem freyen Statte nützlich, oder in einem monarchischen nothwendig ist? ob es wahr sey,
daß der Adel gleichsam eine mittlere Macht vorstelle,
welchen die zwo äußersten Punkte begränzen? ob er
geschickt sey, sowohl den gemeinen Mann im Zaum zu
halten, als den Regenten Schranken zu setzen? ob er
nicht vielmehr eine Gesellschaft, die ihr selbst eigner
und anderer Sklave zugleich ist? ob der Adel nicht vielmehr verursache, daß der ganze Umtrieb des Fleißes, der

Hoff-

Hoffnung, des Glückes in einen sehr engen Bezirk eingeschlossen und gehemmet werde, worinnen er jenen kleinen fruchtbaren und anmuthsvollen Inseln gleichet, die zuweilen mitten unter den unermeßlichen
Sandwüsten Arabiens hervorstechen? ob nicht, wenn es
ja wahr ist, daß die Ungleichheit unvermeidlich, oder
wohl gar nützlich in der Gesellschaft ist, eben so natürlich seyn würde, wenn sie vielmehr unter einzeln Personen, als ganzen Geschlechtern wäre? ob es besser,
wenn sie nicht bey einem Theile des Staats sich ver-
weilete, sondern vielmehr beständig entstünde, und wieder vergienge? Mit diesen Fragen sey es wie es wolle,
nur so viel behaupte ich zuversichtlich, daß eben die
Strafen, womit der geringste Bürger beleget wird, eben
so gut dem höchsten Range zukommen. Jeglicher Unterschied, er bestehe in der Ehre, oder im Reichthume, wenn er rechtmäßig seyn soll, setzt eine vorgängige Gleichheit unter den Bürgern voraus, und gründet sich auf die Gesetze, welche alle Unterthanen von
sich in gleicher Abhängigkeit betrachten n).

Man

n) Wer bey Hofe oder in einer ansehnlichen Stadt Mahlzeiten
giebt, ein Haus machet und gesellschaftlich ist, heißt ein
schätzbarer Mann, der sich zu unterscheiden und zu leben
weis. Ich lobe es. Wie aber auf dem Lande? Der arme
Bauer, der nichts als geben soll, der Landmann, welcher
beynahe die Luft bezahlen muß, die er einathmet und nichts
als eine Maschine ist, aus der man Geld spinnet, wie wenn
er gesellschaftlich lebet? Der Edelmann und Gerichtshalter
verfolgen ihn. Alle Freuden, alle Ergötzlichkeiten des Lebens sind ihm untersaget; er ist die seufzende Creatur. Seine
Rockenstube, was ist sie anders als eine Assemblee? Was ist
der Unterschied? Der Papinian des Dorfes wird sagen, sind
denn die Bauern Menschen? Ich antworte, sie sind so gar
Mitglieder der allgemeinen Gesellschaft und deren größter Theil.
Das kann der Erzbischoff des Dorfes nicht verdauen. In
der, Schenke, seufzet er, und zwar am Sonntage Musik!
Ho, meynet er wenn es noch allenfalls der Edelmann thäte.

Man muß annehmen, daß die Menschen damals, als sie auf ihre natürliche Freyheit Verzicht thaten, gesagt haben: Wer am geschicktesten und emsigsten seyn wird, soll die größte Ehre geniessen, und sein Ruhm soll in seinen Nachkommen hervorleuchten; aber wer glücklicher und geehrter als seine Mitbürger seyn wird, mag zwar seine Hoffnungen erweitern; allein er fürchte nicht minder als andere, diejenigen Verträge, und erfülle die Bedingungen, unter welchen wir ihn über andere erhoben. Dergleichen Schlüsse sind freylich auf keinem allgemeinen Reichstag des menschlichen Geschlechtes abgefaßt worden; allein sie haben nichts desto weniger ihr Daseyn in dem unabänderlichen Wesen der Dinge. Sie heben die Vortheile nicht auf, die man sich aus der Einführung des Adels zu ziehen verspricht, und beugen den Unbequemlichkeiten vor, die eine Folge davon seyn können. Sie machen die Gesetze verehrungswürdig, indem sie alle Hoffnung zu einen ungestraften Frevel abschneiden.

Wollte mir hier jemand einwenden, daß, wenn man eben dieselbe Strafe dem Adelichen, wie dem gemeinen Manne, auferlegte, sie in Rücksicht auf den Unterschied der Erziehung und der Schande, welche dadurch einem vornehmen Geschlechte widerfährt, nicht einerley, sondern weit schwerer wäre; so antworte ich: Nicht die Empfindlichkeit eines Schuldigens, sondern der Grad des Schadens, welcher der Gesellschaft zuwächst, ist der einzige und ächte Maßstab der Strafen. Nun aber steigt der Grad des Schadens desto mehr, je vornehmer der Schuldige ist. Die vorgeschützte Ungleichheit der Strafe hat nur einen äusserlichen Schein. Die Schande einer unschuldigen Familie kann durch öffentliche Bezeigungen des Wohlwollens von den Regenten leicht weggenommen werden.

§. XXII.

§. XXII.

Vom Diebſtahle.

Die Diebſtähle, welche ohne Gewaltthätigkeit begangen werden, ſollten mit Geldbuße belegt werden.
Wer ſich mit fremden Gütern hat bereichern wollen,
verdient, daß er die ſeinigen verliere. Da aber dieſes
Verbrechen gemeiniglich aus Elend und Verzweiflung entſtehet, und nur von den Unglückſeeligen begangen wird,
denen die Mächtigen, es iſt ſchrecklich zu ſagen, nichts
weiter als das nackte Daſeyn übrig gelaſſen; da, ſage
ich, Geldſtrafen die Diebſtähle ſelbſt vermehren würden,
und man oftmals einer unſchuldigen Familie das fernere
Brod nehmen und es Böſewichtern geben würde, ſo
wird es beſſer und nützlicher ſeyn, den Dieb in eine
Knechtſchaft herab zu ſtoſſen, aber eine gerechte Knechtſchaft, nehmlich diejenige, welche die bürgerliche Geſellſchaft zur unumſchränkten Beherrſcherin über die Perſon und Arbeit eines ſolchen Diebes macht, damit er
durch dieſe Abhängigkeit den ungerechten Despotiſmus,
den er ſich über fremde Güter angemaſſet, und die daher verurſachte Verletzung des geſellſchaftlichen Vertrages, verſöhne und wieder gut mache.

Iſt der Diebſtahl mit Gewaltthätigkeit verknüpfet,
ſo müſſen zur Strafe der Sklaverey Leibesſtrafen hinzu-
kommen o). Viele Schriftſteller haben ſchon gezeiget,

daß

o) Nein, auf den Diebſtahl, der mit Gewalt verknüpft, muß
Todesſtrafe ſtehen, wenn auch noch niemand getödtet worden
wäre. Denn wer mit Gewehr zum Stehlen eingehet, hat die
Abſicht denjenigen, der ſich ihm widerſetzet, zu verwunden
und folglich zu tödten. Von ihm hat alſo das gemeine Weſen das Aeuſerſte zu beſorgen. Hier muß die ganze Gegend

auf-

daß offenbare Ungelegenheiten daraus entstehen, wenn
man keinen Unterschied zwischen der Bestrafung heimlicher Diebstähle, und solcher, die mit Gewaltthätigkeit
verübet werden, macht, und auch erstere mit dem Stran-
ge strafet, also eine geringe Geldsumme dem Leben des
Menschen auf eine ungeräumte Art gleichschätzet. Dies
sind Dinge von ganz ungleicher Natur, und es ist in der
Staatskunst eben so, wie in der Mathematick, ausgemacht, daß zwischen ungleichartigen Grössen ein Unterschied ist, der bis ins Unendliche fortgehet. Alles dieses hat man lange vor mir gesagt; allein es ist nicht
überflüssig, das was des öftern Sagens ungeachtet, immer fruchtlos und ungenutzt geblieben, zu wiederholten-
malen einzuschärfen. Die politischen Maschinen des
Staats behalten länger als andere, die ihnen einmal
mitgetheilte Bewegung, daher sie schwerer und langsa-
mer von ihrem Lauf ab und zu einer neuen Bewegung zu
bringen sind.

§. XXIII.
Von der Strafe der Ehrlosigkeit.

Die Ehre ist der gerechte Antheil der Achtung, welche ein jeder Bürger von seinen Mitbürgern zu for-
dern befugt ist. Die Verletzung dieser Ehre, und die
einer Person hierinnen zugefügten Beleidigungen, müssen
mit der Unehrlichkeit bestrafet werden. Die gesetzmässi-
ge Entziehung dieser Ehre ist ein Zeichen des öfentlichen
Misfallens, welches einen Bürger der Achtung und des

Ver-

aufgeboten werden, als wenn ein Wolf sich hätte blicken
lassen. Es lauft nich' nur einer oder der andere, sondern die
ganze Gesellschaft Gefahr, daß viele auf solche Art ermordet
werden könnten. Der Räuber verliert mit Recht das Leben,
das er andern nehmen wollte.

Vertrauens, welche die Gesellschaft für ihn hegte, beraubet und ihn von der Brüderschaft ausschliesset, welche aus der Geselligkeit entstehet. Doch hängt die Unehrlichkeit nicht allemall von Gesetzen ab p). Wenn aber
das

p) Wahn ist öfters die Quelle der Ehrlosigkeit. In einem Lande wird etwas für rechtschaffen gehalten, was in dem andern schändlich. Eben so werden auch Meynungen von der Zeit verändert. Eine unglückliche Nothwendigkeit aber ist, daß öfters physikalische Dinge, oder andere, die man nicht selbst verursachet, die Ehre vermindern: als wenn jemanden den andern, daß er einfältig sey, daß er krumme Beine, daß sein Vater sich erschossen habe, vorwirft. Wie weit die Einfalt der Handwerks Innungen in dieser Thorheit gegangen, ist traurig zu erwehnen. Die einzige aber wollte ich, daß ihnen geblieben wäre, daß Diebe, Betrüger und solche, die wahre Verbrechen, in dem Verstande, wie wir dieses Wort seithero gebrauchet haben, verübet, aus ihren Innungen noch jetzt ausgeschlossen bleiben müsten. Der Diebstahl ist eines der schändlichsten Verbrechen, weil er sehr gemein, heimlich und, welches das meiste, unschuldige Leute in Verdacht bringet. Er würde noch viel löblicher seyn, wenn nicht jedweder Mensch, auch selbst der gemeine Mann, für dessen Schändlichkeit einen natürlichen Abscheu trüge. Strafen thun das lange nicht, was hier die Schande bewirket, weil ein Dieb zu heissen schimpflicher, als alles übrige geachtet wird. Das Gesinde ist hier sehr vorsichtig, da auch die niedrigste Magd an dem Gelde, das sie bey dem Auskehren findet, sich nicht vergreiffet, sondern es sorgfältig übergiebt, weil sie weiß, daß alles künftige Glück davon abhängt, und niemand eine Diebin hernach weiter in Dienste nimmt. Es wäre sehr gut, wenn diese schon natürliche Schande durch gesetzliche Ehrlosigkeit noch mehr verstärket würde, und wollte ich wünschen, daß in dem Reichsschlusse wieder: Misbräuche der Handwerker, wo es heißt: daß Meister, die wegen eines Verbrechens ihre Strafe ausgestanden oder Begnadigung erhalten, allenfalls nach erlangter Restitutione Famae wiederum in die Handwerke aufgenommen werden sollen, wenigstens der Diebstahl aus-

das Gesetz eine Strafe der Unehrlichkeit bestimmt, so
muß es eben diejenige seyn, welche aus der allgemeinen,
oder der besondern Sittenlehre dieses oder jenen Volks
und aus dem besondern Zusammenhang der Rechte flies-
set, die von einem Volke angenommen sind, und wornach sich die Meynungen des Pöbels richten. Ist aber
diese Uibereinstimmung der Gesetze, so die Ehrlosigkeit
als eine Strafe verordnen, mit der allgemeinen Sittenlehre nicht vorhanden, sondern unterschieden; so verlieret das Gesetz entweder die öffentliche Hochachtung, oder
die angenommenen Begriffe von Tugend und Laster verändern sich nach und nach in den Gemüthern alles Zu-
ruffens der Weltweisen ungeachtet, weil man der Macht
des Beyspiels nicht wiederstehen kann q). Wenn man
der

ausgenommen seyn möchte, weil es mir vorkommt, als möchte
sonst das natürliche Gefühl der Schande stumpfer werden, das
bey den Handwerksleuten um so viel mehr nöthig, weil man
öfters Mäurer, Tischler und andere, allein auf seiner Stube
zu lassen genöthiget ist. Wenn aber ein gewisser Gelehrter
meynet, daß aus gleichen Grunde Hurenkinder nicht aufgenommen werden sollten, sondern es auch hier der Reichsschluß
bey dem alten Unwesen hätte lassen sollen, so ist solches ein
ungesunder Gedanke, den man eher von einem züchtigem
Dorfschulmeister, als einem Manne von Verstande erwartend
war. Die Handwerker selbst haben, weit klüger, Sünde
und Verbrechen zu unterscheiden gewußt, indem selbst zur
Zeit des alten Unwesens, niemand eines fleischlichen Verbrechens halber aus der Zunft gestossen worden; sondern wenn
es bey einigen Handwerkern hoch kam, so mußte der Sünder
zur Ergötzlichkeit etwa eine Tonne Bier Preis geben.

q) Wenn ich Quecksilber mit Bley schwängerte, so entstehet
daraus ein drittes Ding, das weder Quecksilber noch Bley
ist. Eines verdirbt das andere und wird zur schmierigen Sal-
be, aus der ich weder Kugeln giessen, noch Wettergläser machen kann. Alle Zwitter sind Abweichungen der Natur und
dem-

der Republik nicht schädliche Handlungen, welche die
Vernunft gleichgültig nennet, für unehrlich erkläret, so
entstehet daraus die Unordnung, daß solche Handlungen,
die des gemeinen Nutzens halber für unehrlich gehalten
werden sollten, in kurzen dafür erkennet zu werden auf-
hören r).

Mit der Ehrlosigkeit muß man weder zu häufig um
sich werfen, noch damit viele Personen auf ein mal bestrafen: Ersteres soll nicht geschehen, weil, da die Ehre
und Schande eine blosse Meynung ist, die man von einem
Menschen heget, nicht etwa der zu häufige Gebrauch die
Meynung selbst schwächet; letzteres auch nicht, weil
wenn alle oder doch ein grosser Haufe unehrlich wird
sich die Ehrlosigkeit zuletzt so gar in Ehre verwandelt.

Man hüte sich wohl, die Schwärmerey mit körperlichen und schmerzhaften Strafen zu belegen; denn
da sich diese Thorheit auf Stolz gründet, so würde sie
recht mit Fleiß nach solchen Schmerzen trachten und ihn
für Ruhm ansehen, folglich selbst in Martern Nahrung
finden. Für Schwärmerey schickt sich nichts bessers,
als ihr mit Verachtung zu begegnen und sie lächerlich zu
machen; solchergestalt wird ihr Stolz durch den Stolz
der Zuschauer gedemüthiget. Die Vernunft und die
Wahr-

demnach Misgeburthen. Folglich sollte die allgemeine Sittenlehre von der besondern dieser oder jener Nation nicht getrennet oder aus beyden ein unseliges Menschel geworden seyn.

r) Wenn jemand ohne vorgängige Erlegung der Dispensations-
Gelder diejenige liebet, mit welcher er Geschwister Kind ist,
so wird ihm eben das Zuchthaus zuerkannt, wie dem Diebe,
wie demjenigen, der falsche Wechsel geschmiedet und dadurch
Leute an Bettelstab gebracht, wie demjenigen, der seinen Vater vergiften wollen, aber es nicht vollbracht. Ist das nützlich?

Wahrheit selbst muß alle Mühe zu ihrer Vertheidigung anwenden, wenn sie die Menge und Mehrheit wider sich hat, und auch der thörichte Irrthum Gelegenheit findet, sich der Spötterey gegen sie zu bedienen. Wenn auf diese Weise ein kluger Gesetzgeber Waffen wiederum Waffen von gleicher Art entgegen setzet, und Meynungen mit Meynungen bekrieget, so wird die Bewunderung, womit der Pöbel die Enthusiasten anstaunet, verschwinden. Außer dem ist es sehr schwer, dieser Thoren Wahn zu bemerken, weil er allemal mit einigen Wahrheiten vermischet ist, und sich dahinter verhüllet s).

Nur durch dieses Mittel kann man verhindern, daß das unabänderliche Wesen der Dinge nicht mit Meynungen vermenget, die Natur in ihnen nicht gehemmet, und deren leichte Vorschriften nicht vereitelt und umgestoßen werden. Die Nachahmung der Natur ist nicht allein bey Künsten und Wissenschaften, welche auf Geschmack beruhen, der Weg zu Meisterstücken und zur Vollkommenheit, sondern auch die Staatskunst und gesetzgebende Klugheit, nämlich die wahre und dauerhafte, ist ihren Regeln unterworfen. Denn was in der Natur und Wesen der Dinge gegründet, bleibet unveränderlich; das widernatürliche aber dauert nur so lange, als gewisse Umstände es nothwendig machen.

§. XXIV.

s) Bey der Enthusiasterey und mißverstandenen Religion, hält keine Strafe, keine Folter das Gegengewichte. Die Anhänger eines solchen Phantasten machen ihn zum Märtyrer, und aus seinem Blute pflegen neue Märtyrer zu wachsen. Michaelis Vorrede zum 6ten Theile des Mosaischen Rechts.

§. XXIV.

Vom Müßiggange und Landes=
verweiſung.

Wer die öffentliche Ruhe ſtöhret, wer den Geſetzen
nicht gehorſamet, welches die Bedingungen ſind,
vermöge welcher ſich die Menſchen wechſelſeitig dulden
und ſchützen, der iſt werth aus der Geſellſchaft ausge=
ſtoſſen, das iſt, verbannet zu werden. Aus dieſem
Grunde duldet eine weiſe Staatsverfaſſung im Schooße
der Arbeit und Einigkeit geſunde und ſtarke Bettler und
andere Tagediebe nicht, deren Müßiggang unverſtändige
Sittenlehrer mit demjenigen Müßiggange vermengen,
der ſich mit dem Genuſſe ſeiner durch Fleiß erworbenen
Reichthümer beſchäftiget; ein Müßiggang, der deſto
nothwendiger und nützlicher, je ausgebreiteter die Ge=
ſellſchaft wird. Ich nenne auch denjenigen Müßiggang
unerlaubt, welcher zum gemeinen Beſten weder mit
Arbeit, noch mit unerworbenen Reichthume etwas bey=
trägt, welcher nur immer unter dem Scheine des Ar=
muths und der ſchmuzigen Kleidung erwirbt, aber nie
verlieret; welchen der Pöbel mit dummer Verwunde=
rung verehret und der Weiſe mit zornigen Mitleiden be=
trachtet, weil er dieſem Müßiggange Weſen aufopfern
ſtehet, die der Anſpornung zu edlen Thaten beraubt,
und der völligen Gewalt unächter Leidenſchaften und
der Macht irriger Meynungen überliefert werden e).

Wer die Früchte der Tugenden ſeiner reichen Vor=
fahren genießet; wer gegen ſeine unſchuldige Vergnü=
gungen der arbeitenden Armuth Brod und Daſeyn ver=
kauft; der Armuth, welche, anſtatt einen ungewiſſen
und blutigen Krieg mit dem mächtigen Reichthume zu

füh-

e) Dieſer ganze §. geht den Proteſtanten nichts an.

führen, die friedsame und ehrliche Waffen des Fleißes anwendet; ein solcher Müßiggang ist kein verbotener Müßiggang. Nicht kurzsichtigen Sittenlehrern, sondern erleuchteten Gesetzgebern gebühret es, den strafbaren Müßiggang von jenem zu unterscheiden.

Diejenigen, welche sich eines schweren Verbrechens schuldig gemacht, und grosse Wahrscheinlichkeit, obgleich keine völlige Gewißheit, daß sie gesündiget, wider sich haben, scheinen die Verbannung zu verdienen. Soll diese Strafe erfolgen, so muß kein bloß willkührliches Verfahren, sondern eine, so viel möglich, genau bestimmte Verordnung vorhanden seyn, zu Folge deren die Verbannung demjenigen zu erkannt wird, welcher die Gesellschaft dahin gebracht hat, sich entweder beständig für ihn zu fürchten. oder ihn hinwiederum zu beleidigen. Hierbey muß man aber einem Angeschuldigten das geheiligte Recht nicht verweigern, daß er seine Unschuld jederzeit erweisen und an Tag legen dürfe: Gegen einen Eingebohrnen des Landes sind stärkere Beweise zur Verurtheilung nöthig, als gegen einen Fremden; so ist auch schärfer gegen einen, der zum erstenmale, und einen andern, der zu verschiedenenmalen bereits beschuldiget worden, zu verfahren.

§. XXV.

Von Einziehung der Güter.

Aber soll denn derjenige seine Güter verlieren, welcher verbannet, und aus der Gesellschaft, wovon er ein Mitglied war, ausgeschlossen worden? Diese Frage kann unter verschiedenen Gesichtspunkten betrachtet werden. Der Verlust der Güter ist ärger, als die Verbannung. Wenn dannenhero die Strafen den Ver-

chen angemessen seyn sollen, so muß es verschiedene Fälle geben, da entweder der völlige Verlust aller Güter,
oder eines Theils derselben erfolget, und drittens, wo
diese Beraubung gar nicht statt findet.   Der Schuldige
kann nur alsdenn alle seine Güter verlieren, wenn nach
dem Gesetze alle Bande zwischen ihm und der Gesellschaft
durch seine Mißhandlung gänzlich zerrissen worden; alsdenn stirbt der Bürger, und der Mensch bleibt übrig,
woraus in Rücksicht auf den Staat eben die Wirkung
entstehet, wie die, welche der natürliche Tod mit sich
bringet.   Es hat daher das Ansehen, daß die genom-
mene Güter vielmehr den rechtmäßigen Erbnehmern,
als den Fürsten anheim fallen sollten, weil der Tod und
dergleichen Verbannung für einerley zu achten; allein ich
getraue mir nicht, um dieser Spitzfindigkeit willen die
Einziehung der Güter für Unrecht zu sprechen.   Einige
haben behaupten wollen, man könne sie als ein Mittel betrachten, wodurch alle etwa zu besorgende Rache und gewaltthätige Eingriffe der Bestraften vorgebeuget und ihnen ein Zaum angeleget werde; allein man
hat bey dieser Meynung nicht überleget, daß die Strafen, wenn sie auch schon etwas Gutes wirken, nicht
bloß deßwegen gerecht zu nennen, indem sie, um gerecht zu seyn, auch zugleich nothwendig seyn müssen,
und eine Ungerechtigkeit, wenn sie auch den größten
Nutzen brächte, doch von einem Gesetzgeber nicht gedul-
det werden darf.   Setzet nur solche Lehren, so werdet
ihr der Tyranney den Thron befestigen, die in beständiger Wachsamkeit alles Vortheilhafte ergreift: der Tyranney sage ich, die unter dem schmeichelnden Scheine eines
kurz dauernden Gutes, dauerhafte Grundsätze des Ver-
derbens einführet, und die Bürger zwinget, hernach
ihr Leben in Thränen hinzubringen, um einige Grosse
glücklich zu machen.   So ist diese Einziehung der Güter Ursache, warum man die Ankläger besoldete und

Ver-

Werthumder in Ehren hielte.   Wo diese Confiscation in
Uibung, muß der Schwache immer denken, es sey auf
seinen Kopf ein Preis gesetzt; sie verursachet, daß der
Unschuldige die Strafe eines Bösewichts leidet, und in
die traurige Notowendigkeit geräth, aus Verzweiflung
und Dürftigkeit Verbrechen zu begehen.   Welch trauri-
ges Schicksal, eine Familie geschändet und zum äußersten Elende verdammet zu sehen, bloß deßwegen, weil
ihr Haupt ein Verbrechen begangen, an dessen Verhü-
tung sie, die von den Gesetzen selbst verordnete Unterwürfigkeit verhindern mußte, wenn sie auch hinlängliche Mittel und Macht darzu gehabt hätte.

§. XXVI.
Vom Familiengeiste u).

Diese unseligen und doch autorisirten Ungerechtigkeiten
sind von den erleuchtesten Männern gut geheissen, und
in ganz freyen Staaten in Ausübung gebracht worden,
weil man die Gesellschaft vielmehr als eine Vereinigung
von Familien, als eine Verknüpfung einzelner Personen
angesehen.   Man nehme an, eine Nation bestehe aus
hundert tausend Menschen, oder zwanzig tausend Familien, und jede derselben aus fünf Personen, das Haupt
mit eingerechnet.   Geschieht die Vereinigung in Familien,

u) Dieser §. hätte füglich wegbleiben können, und kann der Leser solchen auf meine Gefahr gänzlich überschlagen. Durch
Weitschweifigkeiten, die man bey einem so scharf denkenden
Kopfe nicht gewohnt, werden Dinge vorgetragen, die mir
noch dazu falsch scheinen. Man muß allerdings philosophiren
sagten die Alten, aber nicht zu viel!

lien, so sind zwanzig tausend Bürger und achtzig tausend
Sklaven da.   Geschieht sie nach einzelnen Personen, so
hat man hundert tausend Bürger und keinen einzigen
Sklaven.   Im ersten Falle wird eine Republick vorhanden seyn, die aus zwanzig tausend kleinen Monarchien
bestehet, wovon dem Haupte der Familie die Rezent-
schaft gebühret; im zweyten Falle wird der republikani-
sche Geist nicht nur auf den öffentlichen Plätzen und in
den Versammlungen der Nation, sondern auch in den
privat Mauren, als dem Wohnplatze des größten Theils
der Glückseligkeit oder des Elendes der Menschen, aus
freyer Brust athmen.   Da die Gesetze und Sitten allezeit eine Wirkung der eingewurzelten Gesinnungen sind,
so schleicht sich bey der Vereinigung in Familien ein mo-
narchischer Geist nach und nach in die Republicken selbst,
dessen Aeusserungen nichts anders widerstehet, als das
einander entgegengesetzte Interesse eines jeglichen Fami-
lienhauptes, nicht aber die lebhafte und allgemein ver-
breitete Empfindung der Freyheit und Gleichheit.   Der
Familiengeist vertieft sich in Kleinigkeiten und in genaue
Zergliederung, aber der allgemein regierende patriotische
Geist ergreifet allgemeine Grundsätze, blicket auf die Begebenheiten selbst, und weiß gemeinnützige Regeln daraus zu ziehen, die der größten Menge zuträglich sind.
Bey einer in Familien vertheilten Gesellschaft bleiben
die Kinder unter der Gewalt des Oberhauptes, so lange er
lebet, und müssen erst von seinem Tode eine Existenz erhalten, welche allein von der Vorschrift der Gesetze abhänget.
Da sie in der Blüthe der Jahre, wo ihre Lebhaftigkeit noch
nicht von der Furcht der Erfahrung, die man Mäßi-
gung nennet, gehemmet wird, sind sie zum Nachgeben
und Zittern gewöhnt worden.   Wie sollen sie nun in
einem fortgeschrittenen und trägen Alter, wo die Ab-
nahme der Kräfte, die Menschen von muthigen Unter-
nehmungen abschrecket, und wo sie die Hofnung aufge-

ben,

ben; die Früchte ihrer Bemühungen einzusammeln, die
Hindernisse zu überwinden vermögen, welche das Laster
unaufhörlich der Glückseligkeit und Tugend entgegen
setzet?

In Republicken, wo einem jedweden das Bürger-
recht zustehet, ist die Familie keine Vereinigung, die
sich auf eine gezwungene Unterwerfung gründet, sondern
eine Verknüpfung der Glieder durch einen Vergleich; haben die Kinder das Alter erreichet, wo sie die Bedürfnisse der Natur, das ist, die Schwäche, die nöthige
Erziehung und nothwendigen Schutz überstiegen; so
werden sie zwar von aller Abhängigkeit frey, und
werden freywillige Mitglieder der Gesellschaft, bleiben
aber dem Oberhäupte der Familie unterworfen; um die
hieraus zu erwartenden Vortheile zu geniessen, eben so,
wie sich der freye Mensch zu dieser Anhängigkeit an die
grosse Gesellschaft füget.

In Republicken, die von Familien zusammen gesetzt sind, stehen die Jünglinge, das ist, der grösste und
nützlichste Theil der Nation, unter väterlicher Gewalt:
In Republicken aber, die aus einzeln Menschen bestehen, finden keine durch Gesetze verordnete Banden statt,
ausgenommen diejenigen, welche die geheiligten und unverletzlichen Empfindungen der Natur geschaffen; diejenigen Empfindungen, welche die Eltern mit den Kindern zusammen fügen, und sie antreiben, sich gegensei-
tige Hülfe in ihren Bedürfnissen zu leisten, und sich aus
Dankbarkeit für empfangene Wohlthaten zur Unterwürfigkeit zu bequemen; eine Gesinnung, welche von der
Bosheit des menschlichen Herzens noch lange nicht so
entfaltet, als sie durch eine übel verstandene Unterwerfung, welche die Gesetze heischen, verdorben worden.

Die

Die Widerwärtigkeit der Familiengesetze mit den
Grundgesetzen der politischen Staaten, ist eine reiche
Quelle, woraus viele andere Widersprüche zwischen der
öffentlichen und privat Moral entspringen, und veranlassen einen beständigen Streit in dem Gemüthe eines
jeglichen Menschens. Die privat Moral flößet Unterwerfung und Furcht ein; die öffentliche Muth und Freyheit: Jene lehret, die Wohlthätigkeit auf eine kleine
Anzahl von Personen einzuschränken, ohne daß d.m Men-
chen die freye Wahl gelassen sey, wem er seine Wohlthaten will angedeyhen lassen; diese hingegen erstrecket
sich auf alle Classen der Menschen, und gestattet eine
gleiche Theilnehmung; jene gebietet, beständig einem Götzen zu opfern, welcher sich das Familienwohl nennet;
ein Wohl, das öfters keinem einzigen von den Gliedern
der Familie zum Besten gedeyhet; diese lehret, seiner
eigenen Wohlfahrt nachzueilen, so weit es ohne Verletzung der Gesetze geschehen kann, oder sie ermuntert
den Bürger, ein Schlachtopfer seines Vaterlandes einer
Belohnung wegen zu werden, womit er seine Handlung
in fanatischem Geiste voraus bekrönet sieht. Diese Con-
traste sind schuld, daß die Menschen Bedenken tragen,
der Tugend anzuhängen, weil sie dieselbe in einer solchen verwirrenden Düsterheit, und in einer so grossen
Entfernung erblicken, wo sowohl die physischen als moralischen Gegenstände, wie ein blasser und fast unmerkli-
cher Schatten erscheinen. Wie oft muß nicht der Mensch
erstaunen, wenn er bey Erwägung seiner vergangenen
Handlungen merket, daß er in seinen Thaten unredlich
gewesen!

Je ausgebreiteter die Gesellschaft wird, ein desto
kleinerer Theil des Ganzen wird ein jegliches Mitglied,
und in eben dem Maaße vermindert sich der patriotische
Eifer für das gemeine Wohl, wofern die Gesetze nicht
da-

darauf bedacht sind, dieses Gefühl stärker und geschärf-
ter zu machen. Die politischen Gesellschaften haben, wie
die menschlichen Körper, ihre beschriebene Gränzen,
wachsen sie über diese hinaus, so entstehet aus diesem
hinaus ragenden Wachsthume eine völlige Zerrüttung
in ihrer ganzen Oekonomie. Die Grösse eines Staates
muß, wie es scheinet, in einem umgekehrten Verhältnisse mit dem Grade der Empfindung und der Activität
der einzeln Personen, welche den Staat ausmachen,
stehen; denn, wenn diese Empfindung, diese Activität
nach gleichen Maaße der Bevölkerung zunimmt; so würden die Gesetze, welche zur Vorbeugung der Verbrechen
dienen, selbst in dem Guten, das sie hervorgebracht,
grössere Hindernisse finden, weil dergleichen Menschen
schwer zu leiten und in Zaum zu halten seyn würden.
Eine allzu weitläuftige Republik kann dem Despotismus
nicht ausweichen, woferne sie nicht Untertheilungen
annimmt, und gleichsam in eine gewisse Anzahl confö-
derirter Republiken zerstücket wird. Aber wie fängt
man es an, um es dahin zu bringen? Hierzu würde
ein despotischer Dictator erfordert, welcher eben so viel
Muth als Sylla, und eben so viel Genie zu bauen hätte, als dieser Römer hatte, niederzureißen. Wäre dergleichen Mensch ehrbegierig, so würden alle Jahrhunderte die Ehrenkrone auf sein Haupt setzen; wäre er
ein Philosoph, so würden ihn die Seegenswünsche seiner Mitbürger vor dem Verluste seines Ansehens ent-
schädigen; nur dürfte er gegen die Undankbaren, die ihre Freyheit mißbrauchten, nicht gleichgültig seyn.

Je mehr die Empfindungen, die uns mit dem politischen Körper vereinigen, stumpf werden, je geschärf-
ter werden diejenigen, die uns an die Gegenstände knü-
pfen, welche uns zunächst stehen. Unter einer despotischen Regierung sind die Freundschaftsbanden fester und

G 3 dau-

dauerhafter und die immer sehr mittelmäſſigen Familien-
tugenden sind die gemeinsten, ja fast die einzigen. Hieraus kann man abnehmen, wie klein und eingeschränkt
die Einsichten der meisten Gesetzgeber gewesen.

<h1 style="text-align:center">§. XXVII.</h1>

<h1 style="text-align:center">Von der Gelindigkeit der Strafen.</h1>

Meine Einbildungskraft hat mich hingerissen und zu
weit aus der Laufbahne des zu erweisenden Satzes hinaus gebracht, zu welcher und deren Erleuterung ich
mit verdoppelten Schritten zurückeilen muß. Nicht
die Grausamkeit der Strafen, sondern ihre Unfehlbar-
keit, und folglich die Wirksamkeit und unerbittliche
Standhaftigkeit des Richters, welche nur alsdenn eine
nützliche Tugend seyn kann, wenn eine sanfte Gesetzgebung die Wegweiserinn ist. Diese ist der stärkste Zaum,
der den Verbrechen angeleget werden kann v). Die
Ge-

---

v) Es verräth Mangel an Einsicht, wenn man durch nichts, als
Erhöhung der Strafe das Uebel zu dämpfen suchet. Ein Dieb
weis, daß er gehänget wird, aber er trauet seinem Verstande, daß er sich nicht werde ertappen lassen, und ohne diesen
Umstand hängt man niemanden. Demienigen, der einen Dieb
will hängen sehen, rath ich wohlmeynend, die Taschen zuzuknöp-
fen und die Uhr im Hause zu lassen. Denn es wird unter
dem Galgen gestohlen, welches nicht möglich wäre, wenn
die Härte und sichtbare Strafe etwas abzuhalten im Stande
wäre. Wahrhaftig, wenn in Erhöhung der Strafe die
Kunst der Regierung bestünde, so könnte iedem Dorfschul-
zen das Ruder anvertrauet werden. Ich will, was ich hierbey denke, recht offenherzig durch folgendes Beyspiel erläu-
tern. Einer, der nicht reiten kann und doch reiten will, bekommt ein feuriges Pferd. Er schlägt es fast zu Tode. Aber
je mehr er den Knüttel brauchet, iemehr gehet es hinterwärts.
Der

Gewißheit einer obgleich gemäßigten Strafe, macht allemal mehr Eindruck, als die Furcht für einer geschärfte-
ren, wenn sie die Hoffnung eines Schlupfwinkels vor
sich hat, weil die Uibel, sie mögen noch so geringe
seyn, die menschlichen Gemüther in Schrecken setzen, so
bald sie gewis sind, und weil die Hoffnung, (dieses
himmlische Geschenk, welches oft unsere ganze Glückseligkeit hiernieden ausmacht) uns die größern Uibel in
einer Entfernung vorstellet. Je größer die Strafe ist,
welcher der Uibeltäter entgegen gehet, desto mehr
waget er seiner Bestrafung zu entfliehen. Ja die Grausamkeit der Strafe giebt so gar Anlas, mehrere und
wichtigere Verbrechen zu begehen w), weil man wegen eines einzigen oft eben so viel Strafe, als wegen
vieler zu gewarten hat. In denen Ländern und in
dem Zeitalter, wo die grausamsten Strafen gewöhnlich
waren, sind immer die blutigsten und unmenschlichsten

G 4 Tha-

Der andere, welcher die Kunst verstehet, wie man die Pferde regieren soll und ihre Unarten kennet, stehet dabey. Du bist
ein einfältiger Mann, saget er zu dem Reuter, und verbindet
dem Pferde die Augen. Nun geht es wie ein Lamm ohne
Prügel und Sporen. Eben so viel kommt darauf an, daß
ein Regent sein Fuhrwerk verstehe und den Ursprung des Uibels wisse. Denn eher wird er ihm nicht abhelfen. Was soll man
wohl also von fürstlichen Räthen oder Rechtsgelehrten denken,
die, wenn das Gesetz dem Verbrecher nicht steuret, weiter
nichts zu sagen wissen, als: Schlaget heftiger! Nehmt
den Knüttel! Immer derber! Dieses ist allenfalls die Philosophie eines Mannes, der Holz zu Markte führet.

w) Um der Strafe der Schwängerung zu entgehen, vermische-
ten sich die Hirten mit dem Viehe. Ich sage die Strafe
der Schwängerung. Denn diese wird, wenn ich so sagen soll,
und nicht die Hurerey, bestrafet. Leichtfertige Dirnen,
die durch Künste die Zeugung hindern, geben im Kranze,
die aber, so dem Landesherren einen jungen Soldaten ver-
schafften, mußten Kirchenbuße thun.

Thaten verübet worden, weil eben derselbe Geist der
Wildheit, welcher dem Gesetzgeber bey Aufzeichnung
der Gesetze in die Hand führete, den Todschläger und
Meuchelmörder gleichermassen belebte. Von dem Throne stürzte der Geist der Grausamkeit eiserne Gesetze
auf verruchte und abgehärtete Sklaven-Seelen, welche
gehorchen mußten; diese wurden wiederum in der dunkeln Verborgenheit angespornet, die Tyrannen aufzu-
opfern, um andere von neuen an die Stelle der Er-
würgten zu setzen.

In dem Maaße, wie die Strafen grausamer werden,
verhärten sich auch die Seelen, welche sich (gleich denen
flüßigen Materien mit den Gegenständen, die sie umgeben)
mit der Grausamkeit der Gesetze ins Gleichgewichte setzen, und die immer lebhafte Gewalt der Leidenschaften
bringt es dahin, daß in einer Zeit von hundert Jahren
das Rad nicht mehreres Schrecken verursachet, als ehedem ein leibliches Gefängniß.

Es ist schon genug, um eine Strafe in ihrer Wirksamkeit zu erhalten, daß das aus der Strafe entstandene
Uibel den Vortheil übertreffe, welcher das Verbrechen
mit sich bringet, wenn man auch den Uiberschuß des
Bösen über das Gute, die Gewißheit der Strafe und
den Verlust der Vortheile, welche das Verbrechen würde
verschaft haben, mit in Rechnung bringen wollte. Alles,
was diese Gränzen überschreitet, ist überflüßig und eben
deswegen tyrannisch x).

Die

x) So helfen denn, wegen der ziemlichen Hoffnung, daß man
nicht entdecket werden könne, die Todesstrafen wenig. Wenn
ich in eine Lotterie lege, habe ich die elende Hoffnung, daß,
wenn ich zehenmal verloren, ich doch einmal etwas gewinnen
werde. Und doch wagen es viele. Hingegen der Dieb, und
mit ihm jeder Verbrecher legt in einen unendlich mehr vor-
theil-

Die Menschen richten sich in ihrem Leben nach den oftmals wiederholten Wirkungen des Uibels, welches sie kennen; nicht aber nach Wirkungen dessen, so ihnen unbekannt
ist. Man stelle sich zwey Völker vor, bey einen derer die
größte Strafe eine immerwährende Knechtschaft, und bey
den andern das Rad sey. Ich behaupte, daß diese beyden Strafen bey dem einen Volke eben so großes Schrecken, wie bey dem andern, erwecken wird, und wenn
sich hernach von Ungefähr eine besonders wichtige Ursache hervor thun sollte, um die schärfere Strafe des mit
Grausamkeit regierten Volkes zu vergrößern, so müßte
man bis zu den höchsten Quaalen hinaufsteigen und das
Rad mit langsameren und ausgesuchtern Martern bereichern! Eine Verrichtung, welche selbst bey versteinerten
Henkern Empfindsamkeit erregen würde.

Aus der Grausamkeit der Strafen entstehen noch
zwo andere unglückliche Folgen, welche dem Endzwecke
der Strafen, welcher ist, den Verbrechen vorzubeugen,
gerade entgegen stehen. Die erste ist, daß das wesentliche Verhältniß zwischen dem Verbrechen und der Strafe nicht leicht bestimmet werden kann; denn obgleich eine
sinnreiche Grausamkeit eine ungeheure Manchfaltigkeit
der Strafen für alle Gattungen von Verbrechen erdacht
hat, so würde man doch jenseits dieses äußersten Punc-
tes keine Strafen mehr finden, um noch größere Missethaten damit zu vergelten. Wäre man einmal zu diesen
äußersten Gränzen aufgestiegen, so würde es unmöglich

G 5 seyn,

* theilhaften Glückstopf, wo er wegen Verborgenheit seiner That,
zehenmal gewinnet, ehe er einmal durch die Strafe verlieret.
Also schrecken Strafen gar nicht? Vielleicht einige, nämlich
furchtsame Gemüther, die ohne dies nicht stehlen, und keine
Monarchen vom Throne stürzen. Diese geringe Anzahl gegen
die Menge der Wagehälse, wie hoch ist sie zu rechnen?

seyn, für schädlichere und grausamere Verbrechen eine er-
höhtere und dem Maaße des Verbrechens zukomm... ...
Strafe zu erfinden, welche er ... wäre, b... ...
zubeugen. Die andere Folge ist, daß aus der G......
keit der Strafen eine Art der Ungestraftheit e... ...
Die Stärke der menschlichen Natur ist in A......... ...
Guten, wie des Bösen, in gewissen Schranken ... ...
schlossen. Ein Schauspiel, welches für die ......
keit allzu auffallend und entsetzlich ist, kann ... ...
ders, als für eine vorübergehende Wuth, aber ... ...
mehr für eine be...hende und dauerhafte Einrichtung
(dergleichen die Gesetze seyn sollen) angesehen werden.
Kein die Schranken überschreitendes Gesetze ist von langer Dauer y).

Wer sollte nicht bey solchen Mordgeschichten vor
Schrecken schaudern, wenn er findet, daß Männer, die
sich den Namen der Weisen und Sanftmüthigen beigele-
get, die Erfinder und Vollzieher der schrecklichsten Martern gewesen? Wessen Innerstes wird nicht auf das em-
pfindlichste gerühret, wenn er Schaaren Unglückseliger
erbli-

y) Weil die Gesetze, so die Zauberey mit Feuer strafen, noch
nicht aufgehoben, so müssen öfters die Urtheilsprecher sich
künstlich drehen und wenden, daß sie durch Zuerkennung
solcher Strafe nicht lächerlich werden. Also bey allen
andern übertriebenen Strafen suchen Richter und Urtheils-
sprecher, wenn sie nicht von aller menschlichen Vernunft
entfernet, so viel Winkel, Mittel und Auswege, um die
Härte des Gesetzes zu umschiffen, daß gar nicht zu verwundern, wenn allzu hart verpönte Verbrechen öfters
weniger bestraft werden, als solche, wo die Strafe dem
Verbrechen nach Weisheit angemessen. Denn das Mitleiden ersinnet auf mancherley Weise allerley erzwungene
Distinctionen, macht Zeugen verwerflich, die nicht verwerflich wären, und suchet, mit einem Worte, dem Angeschuldigten zu helfen.

erblicket, welche von einem Elende, daß die Gesetze
selbst theils veranlasset, theils gebildet, weil sie der
Grossen schonen und nur den gemeinen Haufen mißhan-
deln, sich in den ersten Stand der Natur zurück zu setzen, aus Verzweiflung gezwungen werden, um sich de-
nenjenigen Uibeln zu entziehen, die den grossen Haufen
der Kleinen schädlich und nur wenigen vortheilhaft sind?
O ihr Unglückliche, die ihr um unmöglicher, blos von
Aberglauben und Unwissenheit erdachter Verbrechen willen, oder wohl gar blos deswegen, weil ihr euren eigenen Grundsätzen getreu gewesen, angeklaget und zu
teuflischen Quaalen verdammet worden! Wer sollte
nicht erschrecken, daß ganz unnöthige Martern von Leuten mit angesehen werden könnten, denen die Natur
ebenfalls menschliche Empfindungen, und gleiche Leidenschaften gegeben? Aber es geschiehet. Unter vielen
Vorbereitungen wurden bey langsamen Quaalen Rechtschaffene, die nichts verbrochen und niemanden beleidiget
hatten, zur Augenweide eines fanatischen Pöbels zer-
fleischet. z)

§. XXVIII.
Von der Todesstrafe.

Diese unnütze Verschwendung der Strafen, wodurch
die Menschen gleichwohl niemals gebessert worden,
noch das geringste gewonnen, hat mich veranlasset, die

Un-

z) Es hat Richter gegeben, die mit Vergnügen Blut
laufen sahen. Ein solcher war ehedem in Rom, der
Scopulus accusatorum genennet wurde. Dergleichen
war Jefrey in England, auch war in Frankreich ein
Präsident, welchem man den Namen Kopfweg beyleg-
te. Alle diese hatte die Natur nicht zu Obrigkeiten,
sondern zu Henkern erschaffen. Franz. Commentar.

Untersuchung anzustellen, ob die Todesstrafe in einem
wohl organisirten Staate in der That einen Nutzen habe,
und ob sie auch gerecht sey? Worauf gründet sich denn
das Recht, welches sich die Menschen anmaßen, ihres
gleichen zu würgen? Gewiß nicht auf das Recht, woraus die oberste Gewalt und die Gesetze entspringen. Die
Gesetze sind der Betrag der kleinsten Antheile von Freyheit, so jeder einzelner Mensch den andern aufgeopfert:
Sie stellen den allgemeinen Willen vor, und sind der
Mittelpunct der gesammleten besondern Willen aller einzeln Mitglieder. Ist aber wohl ein einziger Mensch zu
denken, der andern Menschen das Recht einräumen werde, ihm das Leben zu nehmen? Kann denn in dem geringsten Theile der Aufopferung der Freyheit, welche
ein jeder, um ruhig zu leben, hingegeben, die allergröß-
te Aufopferung des größten Gutes, nehmlich das Leben,
mit begriffen seyn? Nein, das kann ich mir nicht vorstellen! Gesetzt aber, es wäre dem also, wie verträgt
sich denn dieser Grundsatz mit einem andern so gar fest
geglaubten: daß der Mensch kein Recht habe sich selbst
zu tödten, oder daß es ein anderer thue, zu veranstal-
ten, welches er doch haben muß, wenn er es andern,
oder der ganzen Gesellschaft, abtreten sollte? Demnach
ist die Lebensstrafe allenfalls Gewalt aber kein Recht,
und kann auch, wie ich erwiesen habe, keines seyn;
sondern sie ist ein Krieg, welchen das ganze Volk mit einen einzeln Bürger führet, dessen Vertilgung es für
nützlich oder nothwendig hält. Wenn ich aber erweise,
daß die Hinrichtung eines Bürgers weder nützlich noch
nothwendig sey, so werde ich den Triumpf zum Besten der
Menschlichkeit davon tragen.

Nur zwo Ursachen können den Tod eines Bürgers
rechtfertigen. Die erste ist, wenn er ungeachtet der
Aufopferung seiner Freyheit, immer noch so viel Zusam-
men-

menhang mit Feinden oder auch andern Mitgliedern hat,
und so viel Gewalt behält, daß auch die Sicherheit des
Volkes dabey Gefahr laufe, besonders aber die Fortdau-
er seines Daseyns eine gefährliche Abänderung in der
einmal festgesetzten Regierungsform veranlassen könnte.
Nur alsdenn scheinet der Tod eines Bürgers nothwendig, wenn damit die Wiedererlangung, oder der Verlust
der Freyheit eines Volkes verknüpft ist; oder wenn zur
Zeit der Anarchie Unordnungen die Stelle der Gesetze
vertreten; allein unter der ruhigen Herrschaft der Gesetze, in einer Regimentsform, welche die vereinigten
Wünsche des Volkes segnen; in einem Staate, der von
aussen wohl verwahret, und von innen durch Macht
und Meynungen, welche noch mehr als Gewalt sind,
beschützt wird; wo der oberste Beherscher allein den
Scepter führet; wo Reichthümer zwar Vergnügungen,
aber kein Ansehen erkaufen können; da sehe ich keine
Nothwendigkeit, das Daseyn eines Bürgers zu vernich-
ten, ausgenommen, wenn sein Tod das wahre und einzige Mittel wäre, andere von Verbrechen abzuhalten;
und dieses ist der zweyte Fall, wo man die Todesstrafe
für gerecht und nothwendig halten kann.

Sollte uns aber, was das letztere betrifft, so vieler Menschen Alter nicht sattsam beweisen, daß die Todesstrafe entschlossenen Leuten nie hinderlich gewesen,
der Gesellschaft zu schaden; sollte das Beyspiel der Römer, und die zwanzigjährige Regierung der Kayserinn
Elisabeth nicht die gegentheilige Meynung widerlegen,
welche den Tätern der Völker ein so glänzendes Beyspiel
gegeben a); ein Beyspiel, welches den Werth vieler mit
Blu-

a) Ich weis, nicht, wie die Grossen der Erden auf den Land-
straßen, die sie selbst befahren, die Schmerzen des Galgen,
des Rades und der zerfleischten Gerippe ansehen können.
Wabe-

Blute der Landeskinder erkauften Siege weit übertrift.
Solten nicht wenigstens diese Beyspiele, denen sonst die
Menschen das gröste Gewicht und Ansehen beylegen,
weil den meisten die Sprache der Vernunft unkenntlich
und gar verdächtig ist, zu ihrer Uiberzeugung, daß die
Todesstrafe überflüßig, nicht hinlänglich seyn, so dürf-
ten sie nur die menschliche Natur darum befragen, und
sie wird antworten, daß die Wahrheit, welche ich hier
behaupte, auf festen Grunde ruhet.

Die

Wahrlich ein schöner Putz eines Landes! Eine prächtige
Zierde der Straße, auf deren bessere Pracht und Verschö-
nerung die Römer so ungeheure Summen verwendeten, sie
mit Bildsäulen von Erze und Marmor zierten, mit Bau-
men besetzten. Wir putzen unsere Straßen mit Galgen und
Rade. Schreckliche Denkmäler vormaliger Barbarey der
Wenden und der Gothen. Ich würde so alle an einem
Tage wegbrechen und dafür Linden und Eichen setzen lassen;
unter welchen ein gelehrter Tityrus dereinsten singen könnte:

Magnus ab integro feclorum nafcitur ordo:

Jam redit et Virgo, redeunt Saturnia regna.

Müßten ja die Missethäter von Vögeln gefressen werden,
nun, so stelle man doch wenigstens diese Mahlzeiten etwas
ins Dunkele. Aber die Blutrichter der vorigen Zeiten haben
sie ans Helle gebracht, um mit der ihnen verliehenen Macht,
einen die Menschheit entehrenden Prunt zu treiben: Gleichwohl aber, sprichst du, schrecken sie doch ab, und sind vor-
trefliche Popanze. Dieser Einfalt des kindischen Alters muß
ich lachen. Der arme Mann hat zu der Zeit, da er den
Galgen vorbey wandelt, noch nicht eben den Willen zu stehlen, und wenn er den Willen zu stehlen hat, so gehet er
nicht just vor dem Galgen vorbey. Und wenn dem auch so
wäre, so merke man doch, was ich so vielmals erlebet und
aus Acten erweislich machen kann, daß so gar bey der Execution, wenn der Dieb gehangen wird, selbst unter dem Galgen
gestohlen wird.

Die Strafe macht nicht durch ihre Heftigkeit, sondern durch ihre Dauer, den stärksten Eindruck auf die
menschlichen Gemüther, weil unsere Sinne leichter und
anhaltender von wiederholten Eindrücken gerühret werden, als durch starke, aber schnell vorübergehende,
Bewegungen. Die Herrschaft der Gewohnheit erstreckt
sich überhaupt auf ein jedes sinnliches Wesen, und eben
so wie der Mensch sich gewöhnet hat zum Reden, zum
Gehen und zur Erwerbung seiner Bedürfnisse, eben so
werden auch die moralischen Begriffe nicht anders, als
durch oft wiederholte Empfindungen, in das Gemüthe
eingepräget. Der stärkste Zaum, den man also dem
Verbrechen anlegen kann, ist nicht das schreckende aber
übergängige Schauspiel des Todes, sondern die lebens-
wierige Beraubung der Freyheit eines Menschen, welcher gleichsam in ein Lastthier verwandelt, durch seine
ermüdende Arbeit die von ihm verletzte Gesellschaft ent-
schädiget, und ein langwieriges Beyspiel der Plage seinen
Mitbürgern abgiebt. Die sehr oft durch solchen Anblick
veranlassete, und eben deswegen sehr kräftig wirkende
Rücksicht des Zuschauers in sich selbst, das ist, der immer vor den Augen der Seele schwebende Gedanke:
Mir selbst wird dieses so lange und jämmerliche Elend
widerfahren, wenn ich ähnliche Mishandlungen begehe, ist weit eindringender, als die Vorstellung des
Todes, welchen die Menschen in einer gar zu dunkeln
Entfernung sehen.

Die Todesstrafe bewirket doch mit allen ihren ge-
waltsamen Schrecken nicht, daß man das Andenken der
Hingerichteten nicht gar bald vergesse. Allgemeine Regel: Heftige Eindrücke überäschen und rühren, sind
aber von kurzer Dauer. Sie dienen demnach zu nichts
anderem, als solche Staatsveränderungen hervorzu-
bringen, welche auf kurze Zeit dem gemeinen Mann zu

einen weichlichen Perstaner oder harten Lacädemonier machen. Allein in einem ruhigen und bereits befesti.ten Staate müssen die Eindrucke mehr häufig, als stark seyn.

Die Todesstrafe ist für den grösten Theil der Zuschauer weiter nichts, als ein blutiger Anzug, ein Menschenopfer, ein Schauspiel für Müßige und für Etliche die Veranlassung eines mit Unwillen vermischten Mitleidens. Diese beyden Leidenschaften beschäftigen den Zuschauer weit mehr, als daß sie ihnen das heilsame Schrecken einjagen sollten, welches die Gesetze durch Lebensstrafe zu bewirken suchen. Man denket nicht mehr daran, was der Missethäter gethan, sondern wie er jetzo leidet.

Bey einer gemäßigten aber immerfort daurenden Strafe, sind der Abscheu und die Furcht die einzigen Regungen. Es scheinet, daß die Härte der Strafe weiter nichts, als Mitleiden errege, welches zu der Zeit alle andere Regungen in dem Gemüthe der Zuschauer, (für welche doch die Todesstrafe mehr, als für den Verbrecher ersonnen), überwieget. Es ist wie in einem Schauspiele. Der Rachgierige sieht die Schändlichkeit der Tyranney mit einiger Rührung an, und der Geiz lachet selbst über den vorgestellten Geizhals. Aber was ist es? Der Geizige kehret zu seinen Geldkasten zurück, und der Grausame fähret fort Waysen und Witwen Thränen auszupressen.

Nur diejenige Strafe ist gerecht, welche einen solchen Grad der Schärfe hat, als hinlänglich ist, die Menschen von Verbrechen abzuhalten. Nun behaupte ich, daß es keinen Menschen giebt, welcher nach einiger Überlegung noch in Zweifel stehen könne, ob er seine gänzliche Freyheit auf immer verlieren, oder ein Ver-

hre+

brechen begehen wolle, welches ihm noch ſo groſſe und
beträchtliche Vortheile hoffen läſt. Folglich hat die
Strafe, welche eine immerwährende Knechtſchaft an die
Stelle des Todes ſetzet, zureichende Schärfe, auch das
frechſte und entſchloſſenſte Gemüthe von Miſſethaten abzuhalten. Ja ich behaupte, daß dieſe Abſicht noch ſiche-
rer damit erreicht wird. Sehr viele Menſchen ſehen
den Tod mit ſtillen und ruhigen Blicke entgegen; einige
aus ſchwärmeriſcher Begeiſterung, andere aus Eitelkeit,
welche den Menſchen faſt immer bis jenſeit des Grabes
begleitet; noch andere eilen zu ihrer Auflöſung aus äuſ-
ſerſter Verzweifelung, um ihrem Elende und Quaalen ein
Ende zu machen. Allein Begeiſterung und Eitelkeit
verlaſſen den Verbrecher, wenn er weiß, daß Ketten
und Banden zeitlebens dauren. In einen eiſernen Käfig
eingezingelt vergeht es ihnen ihr unterjochtes Haupt
empor zu heben, und die Verzweiflung endiget nicht das
Leiden, ſondern fängt erſt recht an. Unſere Seele
widerſtehet den heftigen, aber bald vorübergehenden
Schmerzen weit leichter, als den daurenden und immerwährenden Kümmerniſſen; weil im erſten Falle unſere
Seele ſich gleichſam auf einen Augenblick zuſammen-
nimmt, und den Schmerzen Trotz zu bieten; im zweyten Falle aber ihre elaſtiſche Kraft nicht hinreichend iſt,
langen, und wiederholten Schmerzen Widerſtand zu
leiſten.

Bey der Todesſtrafe ſetzt jegliche Vollſtreckung ein
neu begangenes Verbrechen voraus; da hingegen die
Strafe der fortdaurenden Knechtſchaft für ein einziges
Verbrechen ſehr viele und immer erſcheinende Beyſpiele
giebt. Wenn es zur Behauptung des Anſehens der
Geſetze wichtig iſt, den Menſchen öftere Beyſpiele von
der Gewalt der Geſetze vor Augen zu legen; ſo müſſen
die Todesſtrafen immer ſehr nahe auf einander folgen,

Beccar. v. Verbr. u. Straf.　　H　　denn

denn sonst werden sie vergessen. Man muß daher häufige Verbrechen wünschen, wenn diese Strafe nützlich seyn
soll; das ist eben so viel gefordert, als sie solle zugleich
nützlich und auch zugleich unnützlich seyn.

Man wird mir einwenden, eine ewige Sklaverey
sey eben so schmerzhaft, und folglich eben so grausam,
als der Tod. Ich gebe dieses zu, und behaupte so gar,
daß, wenn man alle unglückliche Wirkungen der Knechtschaft zusammen rechnet, sie vielleicht noch schlimmer
als der Tod ist, deswegen, weil sich jene auf die ganze
Lebenszeit des Menschen erstrecket; dieser aber seine
Macht nur auf einen Augenblick äussert und verübet.
Die Strafe der Sklaverey hat den Vortheil, daß sie
dem, der sie siehet, weit schrecklicher vorkommt, als sie
den Leidenden wirklich schmerzet; ersterer betrachtet die
ganze Summe der unglücklichen Augenblicke, und letzterer
kann wegen der Unseeligkeit der gegenwärtigen Augenblicke an die zukünftigen nicht denken. Alle Uibel werden durch die Stärke der Einbildung vergrössert und ein
Leidender findet Linderungsmittel und Trostgründe,
welche die Zuschauer weder einsehen noch glauben können,
weil sie der stumpfen und abgehärteten Seele des Leidenden
eben dieselbe Empfindlichkeit zutrauen, die sie selbst haben.

Die Kunst, sein eigenes Herz zu erforschen, ist
freylich sehr schwer, und man lernet sie durch Lehren
und gute Erziehung; allein wenn gleich Bösewichter von
ihren Grundsätzen keine gelehrte Rechenschaft ablegen
können, so denken sie im Grunde doch eben so, wie
der Moralist. Demnach wird ein Räuber oder Mörder,
dem kein ander Gegengewicht zur Vollziehung der Missethaten, als der Galgen und das Rad, entgegen stehet,
ohngefähr folgende Betrachtung bey sich anstellen und
also schliessen: „Wie kann ich wohl die Gesetze verehren

„ ren, die mich in einen so weiten Abstand von einem
„ Reichen setzen? Er schlägt mir eine geringe Beysteuer
„ ab, um welche ich ihn bitte, und verweist mich zur
„ Arbeit, von welcher er selber nichts weiß. Wer hat
„ diese Gesetze gegeben? Mächtige und Reiche, die
„ nie einen Fuß in die Hütte des Armen gesetzet,
„ niemals gesehen haben, wie er ein Stück verschim-
„ meltes Brod unter seine hungrigen Kinder und ihre
„ bedrängte Mutter austheilet. Lasset uns diese Ban-
„ den zerreissen, welche den größten Theil der Menschen
„ fesseln, fühllose Tyrannen aber in den Schooß des
„ Uiberflusses versetzen. Lasset uns diese Ungerechtig-
„ keit in innersten Grunde ihres Aufenthaltes angreif-
„ fen. Ich will mich in den Stand meiner natürlichen
„ Unabhängigkeit zurücksetzen; dort will ich frey und
„ von den Früchten meiner Herzhaftigkeit, und meines
„ Fleißes leben, wenn es auch nur auf kurze Zeit seyn
„ sollte. Der Tag des Schmerzens und der Reue
„ wird vielleicht kommen, aber diese Zeit wird von kur-
„ zer Dauer seyn, und eine Freyheit und Vergnügung
„ vieler Jahre werden mir doch die Kümmernisse und
„ die Angst eines einzigen Tages überstehen helfen. Als
„ König und Anführer einiger, die mir an Entschlossen-
„ heit gleichen, will ich das blinde Glück zurechtweisen,
„ und diese Tyrannen sollen bey dem Anblicke desjeni-
„ gen erblassen und zittern, welchen sie aus Uibermuthe
„ und Stolze nicht einmal so gut als ihre Pferde und
„ Hunde geachtet.“ An die Kette dieser Schlüsse hänget der Bösewicht noch die Religion, welche er mißbrau-
chet und die ihm, weil er den rechten Glauben hat,
die Hoffnung einer ewigen Glückseeligkeit zusichert, wodurch das Schreckliche des Todtengerüstes vollends verschwindet.

Wes

Wer aber siehet, daß er eine lange Reihe von Jahren, oder wohl gar seine ganze Lebenszeit als Galee-ren Sklave, oder auf dem Festungsbaue oder sonst der-gleichen Knechtschaft zubringen soll, und zwar im Ange-sicht seiner Mitbürger, mit denen er als ein freyer Mensch in Gesellschaft gelebet, nun aber von eben den Gesetzen, deren Schutz er genossen, zur Sklaverey ver-dammet würde; der stellet einen Vergleich aller dieser Uibel mit dem ungewissen Ausgange seiner Verbrechen, und mit der kurzen Dauer des Genusses der Früchte an, die er aus seiner Missethat ziehen könnte. Das immer-während Beyspiel derer, die wirkliche Opfer ihres Leichtsinnes geworden, macht auf ihn einen viel stärkern Eindruck, als der Anblick einer gar selten vorfallenden Todesstrafe, welche mehr zu seiner Verhärtung, als zur Vermeidung des Bösen dienet.

Die Todesstrafe ist ferner auch nicht nützlich, weil sie der Gesellschaft ein Beyspiel der Grausamkeit giebt. Wenn unvermeidliche Kriege Menschenblut zu vergießen gelehret haben, so sollten die Gesetze, welche Sanftmuth und Menschlichkeit einzuflößen trachten, die Beyspiele der Grausamkeit nicht noch mehr vervielfältigen; Bey-spiele, welche desto betrübter sind, weil der gesetzmäßige Tod mit Zurüstungen und vielen Gepränge vollzogen wird.

Es scheint mir ungeräumt, daß die Gesetze, welche die Herolde des Willens eines ganzen Volkes sind, den Menschenmord, als das größte Verbrechen bestrafen, selbst Menschenmord begehen, und so gar einen öffentli-chen Todschlag anbefehlen, um die Bürger von Blutver-gießen abzuhalten. Welches sind wohl wahre und nütz-liche Gesetze? Diejenigen, welche solche Verträge und Bedingungen enthalten, welche alle Mitglieder der Ge-

sell-

sellschaft zusammen, oder jeder für sich vorschlagen würde
und gehalten wissen möchte; diejenigen, wo das privat
Interesse, dem man nur gar zu gerne Gehör giebt, entweder ganz schweiget, oder mit dem allgemeinen Interesse in Verbindung stehet. Welches sind wohl die natür-
lichsten Gedanken der Menschen über die Todesstrafen?
Gar leicht lassen sich diese aus dem Widerwillen und der
Verachtung abnehmen, womit jeder Mensch den Henker
ansiehet, der doch ein unschuldiger Vollzieher des öffentlichen Willens, ein guter Bürger, der zum gemeinen
Besten das seinige beyträgt, welcher das nothwendige
Werkzeug der innerlichen Sicherheit zur Zeit des Friedens ist, so wie der streitbare Soldat sie wider die äu-
ßere Gewalt vertheidiget. Woher entspringet wohl dieser Widerspruch, und warum kann der Mensch diese
schaudervolle Empfindung, aller vernünftigen Vorstellungen ungeachtet, auf keine Weise ertragen? Weil die
Menschen in den geheimen Falten ihres Herzens, das
ist, in demjenigen Theile ihres Wesens, wo die ursprüngliche Gestalt der alten Natur sich noch mehr, als
irgend anders wo, zu erhalten sucht, von je her geglaubt
haben, daß ihr Leben in keines einzigen Menschen Gewalt
stehe, ausgenommen, wenn die Nothwendigkeit, welche den ganzen Erdkreis mit ihren eisernen Scepter regieret, den Donner ihrer Befehle erschallen läßt.

Was müssen Menschen wohl denken, wenn sie Obrigkeiten, die noch dazu sich weise dünken, wenn sie die
heiligen Priester der Gerechtigkeit mit gelassener Gleich-
gültigkeit einen Verbrecher mit langsamen und feyerli-
chen Zurüstungen zum Tode schleppen sehen? Wenn indessen, da der Unglückliche, in der Erwartung des letzten Streiches, die heftigsten Verzuckungen empfindet,
der Richter mit kaltem Blute und vielleicht mit geheimen
Wohlgefallen an seiner Gewalt, die Gerichtsstätte ver-

H 3 läßt

läßt , und gleichsam , als wäre nichts geschehen, den
Süßigkeiten und Ergötzungen des Lebens wieder zueilet.

Ach! werden die Leute sagen, diese Gesetze sind
nichts, als ein Deckmantel der Macht; nichts als aus=
studirte Feyerlichkeiten einer abendtheuerlichen Gerech=
tigkeit; sie sind nichts als eine geheime Verabredung der
Grossen, um uns mit grösserer Sicherheit als Opfer=
thiere einem unersättlichen Götzen, Herrschsucht genannt,
auf ehrbare Art zu schlachten. Wir sehen ja, daß Men=
schen kaltblütig hingerichtet werden, obgleich der Mord
als eine abscheuliche Missethat ausposaunet wird. Wohl=
an, lasset uns doch dieses Beyspiel zu Nutze machen: ein
gewaltsamer Tod kam uns, den gemachten Beschreibun=
gen nach, als ein erschrecklicher Auftritt vor, allein
wir sehen, daß dieses die Sache von einem einzigen Au=
genblicke ist. Wie vielweniger wird dieser Augenblick dem=
jenigen schrecklich seyn, dem er nicht unvermuthet kommt,
der ihm beherzt entgegen gehet, und daher die Schmer=
zen der Furcht sich ersparet.

So sind die schädlichen Trugschlüsse beschaffen,
welche sich Menschen in verwirrten Begriffen darstellen;
Menschen, die zu Missethaten geneigt sind, und bey wel=
chen der Mißbrauch der Religion mehr, als die Reli=
gion selbst vermag.

Wollte mir jemand das Beyspiel fast aller Zeiten
und fast aller Völker, welche einige Verbrechen mit der
Todesstrafe belegt haben, entgegen setzen; so antworte
ich, daß die Wahrheit, welche durch keine Verjährung
ihrer Rechte verlustig wird, dieses alles entkräfte und ver=
scheuche. Die Geschichte der Menschen stellet uns ein
gränzenloses Meer vor, welches starke Geschwadere von
Irrthümern durchkreutzen; kaum daß hin und wieder

etliche wenige nur halb bekannte Wahrheiten, in weiten
Entfernungen von einander, herum ſchwimmen. Faſt
alle Völker haben den Göttern anfänglich Menſchen geopfert; aber wer wird dieſe Sache daher entſchuldigen?
vielmehr daß nur einige wenige Völker, und vielleicht
nur auf kurze Zeit, ſich der Todesſtrafe enthalten haben,
dieſes dienet zu Beſtärkung meiner Lehre ; denn alle
groſſe Wahrheiten haben ein für allemal das traurige
Schickſal, daß ſie im Vergleiche mit der langen und fin-
ſtern Nacht, welche das menſchliche Geſchlecht umwölket,
in Anſehung ihrer Dauer gleichſam nur ein übergehen-
der Bliß ſind. Noch iſt jener glücklicher Zeitpunct nicht
erſchienen, wo die Wahrheit, wie bisher der Irrthum,
das Eigenthum der Meiſten geworden ſey ; nur die
Wahrheiten, welche die unendliche Weisheit durch Offenbarung hat abſondern wollen, ſind von dieſen allgemeinen Geſetzen ausgenommen.

Die Stimme der Vernunft, ich empfinde es , iſt
viel zu ſchwach, als daß ſie ſich über das lermende Ge-
töſe ſo vieler Menſchen, welche Sklaven der Vorurtheile
einer blinden Gewohnheit ſind, erheben könnte. Allein
die wenigen Weiſen , welche in der Zerſtreuung auf der
Oberfläche der Erde leben, werden mich hören, und
mir aus dem Innerſten ihres Herzens Beyfall zuwinken.
Könnte dieſe Wahrheit, welche durch ſo viel Hinderniſſe
von dem Throne des Fürſten entfernt wird, bis dahin
gelangen, ſo würden die ſtillen Wünſche aller Menſchen
ſich zur Begleitung anhängen. Wiſſet, Monarchen,
daß bey Annahme dieſer Wahrheit, die blutige Herrlich-
keit der Eroberer in Nichts verfällt, und daß die billige
Nachwelt euch den erſten Platz zwiſchen ihre Friedens-
palmen eines Titus, Antoninus und Trajanus anweiſen
wird.

Glück-

Glücklich wäre das menschliche Geschlecht; wenn es jetzt erst Gesetze überkäme; jetzt, da wohlthätige Fürsten Tugend, Wissenschaften und Künste lieben; da Fürsten, welche Väter ihrer Völker und gekrönte Bürger sind, auf den europäischen Thronen glänzen; Fürsten, welche die Vermehrung ihrer Macht in dem Wachsthume der Glückseligkeit ihrer Unterthanen suchen, indem sie der Herrschsucht der Unterrichter Grenzen setzen, welche desto mehr sich brüstet, je ungewisser und kleiner sie ist. Nicht gerne aber lassen diese Mittelgötter die Wünsche der Sterblichen bis dahin gelangen; Wünsche, welche sich Erhöhrung versprechen können, so bald sie bis dahin aufsteigen dürffen. Geschieht es also, daß weise Regenten diese so mangelhafte Gesetze noch fort dulden, so ist dieses keiner andern Ursache zuzuschreiben, als weil der Abschaffung von so langer Zeit fest eingerosteter und hochgepriesener Irrthümer unendliche Hindernisse im Wege stehen; wenigstens muß jeder Bürger von aufgeklärten Geiste den inbrünstigen Wunsch äusern, daß um diesen Unheile abzuhelfen, die Macht solcher Fürsten, die sich nicht blindlings leiten lassen, sondern selbst denken, immer größern Anwachs gewinnen und ihren Siegen alles weichen möge.

§. XXIX.

Von dem Verhafte.

Es ist ein eben so allgemeiner, als dem Zwecke des gesellschaftlichen Lebens, welches auf persönliche Sicherheit hauptsächlich gebauet, widriger Irrthum, wenn man einer Obrigkeit, (welche die Gesetze der Sicherheit vollziehen soll) die Gewalt einräumet, einen Bürger gefänglich einzuziehen, demjenigen, welchen sie hasset, kleiner Ursachen willen so fort der Freyheit zu

be-

berauben, einen andern aber, dem sie wohl will, frey herum gehen zu lassen, troß den stärksten Anzeigen, daß er schuldig sey. Das Gefängnis ist ein Ungemach oder gar, wenn man will, eine Strafe, welche darinnen von allen andern Strafen unterschieden, daß sie vor der gerichtlichen Erörterung des Verbrechens vorhergehet. Allein dieser Unterschied benimmt ihr doch nicht das Wesentliche, so sie mit allen Arten von Strafen gemein hat, nehmlich, daß die Fälle, wo ein Mensch für strafwürdig zu achten, von Gesetzen vorher bestimmt seyn müssen. Die Gesetze, sage ich, müssen die Anzeigen bestimmen, welche die gefängliche Einziehung des Angeschuldigten nöthig machen b). Das öffentliche Gerichte, welches einen Bürger anklaget, seine Flucht, sein aussergerichtliches Geständniß, die Aussage eines Mitbeschuldigten, Drohungen und eine bekannte Feindschaft zwischen dem Thäter und den Beleidigten, das corpus delicti, und andere dergleichen Anzeigen, sind allerdings hinlänglich, einen Bürger in Verhaft zu bringen. Allein diese Beweise müssen von den Gesetzen, und nicht von des Richters Willkühr, bestimmt werden, dessen Aussprüche meistens mit der politischen Freyheit streiten. Noch eher könnte man geringerer Anzeigen halber jemanden einziehen, wenn Noth und Hunger von dem Gefängnisse entfernet, wenn die eisernen Thüren dem Mitleiden unverschlossen, und die steinernen Herzen der Gerichtsbedienten biegsamer und fühlbarer wären.

H 5

Ein

b) Diese Bestimmung der Gesetze würde sehr mangelhaft seyn, weil die Fälle so mancherley und vielfältig. Nicht die Grösse des Verbrechens, sondern die Besorgniß der Flucht, macht die Haft nothwendig. Daher Angesessene vor Landstreichern einen gegründeten Vorzug haben.

Ein Mann, der eines Verbrechens angeschuldiget,
hierüber gefänglich eingezogen, doch nachmals losgespro=
chen worden, sollte keinen Fleck der Schande und Un=
ehrlichkeit mit sich davon tragen. Wie oft sind unter
den Römern Bürger schwerer Verbrechen wegen ange=
klagt gewesen, welche nach erwiesener Unschuld von dem
Volke hochgeachtet und zu obrigkeitlichen Würden erho=
ben worden? Warum ist aber das Schicksal eines un=
rechtmäßig Gefangenen in unsern Tagen so verschieden?
Darum, weil die peinliche Rechtsgelahrheit auf einem
Systeme beruhet, wo der Begriff von Gerechtigkeit durch
die prahlerische Vorstellung von Macht und Gewalt, die
der Richter gar zu gerne sehen läßt, übermannet und
verdränget wird; weil man die blos Angeklagten, nebst
den völlig überwiesenen ohne Unterschied in einerley
Kerker wirft; weil das Gefängnis mehr einer Stra=
fe gleichet, als einem Mittel sich der Personen zu ver=
sichern c); weil die äußerliche Macht, welche den
Thron und die Nation vertheidiget, von der innern
Gewalt, welche für die Gesetze wachet, getrennet ist,
da sie doch beyde mit einander vereiniget seyn sollten.
Wäre dieses, so würde der Glanz, womit der stolze
Aufzug eines militärischen Haufens schimmert, den
Vorwurf der Schande, daß man unter der Stadtknechte
Hände gewesen, verscheuchen, wie wir denn sehen, daß
das militärische Gefängnis bey weiten nicht so sehr, als
ein bürgerliches, entehret, weil in den Meynungen des
Pöbels die Schande mehr der äußerlichen als innerli=
chen Beschaffenheit, also mehr der Art und Weise, als
                                                    der

c) Wo der Ehebruch nur mit Geldstrafe oder Gefängnis beleget
   wird, so würde der Amtmann wider das Einmal Eins ver=
   stoßen, wenn er die Beschuldigten in Haft nehmen wollte.
   Sie laufen nicht davon. Und gesetzt sie thäten es, so verwie=
   sen sie sich auf solche Art selbst des Landes. Eine härtere
   Strafe, als ihnen das Urtheil zugesprochen haben würde.

der Sache selbst, anklebet. Wahrhaftig! unsere Ge=
bräuche und unsere Sitten verrathen noch manche Spu=
ren der Barbarey, und die Wildheit der nordlichen
Räuber, unsrer Urväter, dauren noch fort. Man
sieht es wohl ein. Aber die durch Weltweisheit nur
nach und nach sich verbreitende Erleuchtung eines Volkes
pfleget öfters ein Jahrhundert vor der wirklichen Ver=
besserung seiner elenden Gesetze vorherzugehen d).

Einige haben behauptet, ein Verbrechen könne
an iedem Orte, wo es verübet worden, bestraft wer=
den; gleichsam als wenn Unterthan und Knecht gleich=
lautend, ja der erstere annoch geringer wäre; als wenn
jemand unter einer Herrschaft stehen, und an einem an=
dern Orte wohnhaft seyn könnte, und er wegen seiner
Handlungen zween gebietenden Herren, und zweyen oft
einander widersprechenden Gesetzbüchern unterworfen
seyn könnte. Wiederum halten einige dafür, eine grau=
same That, welche z. E. in Constantinopel begangen
worden, könne in Paris bestraft werden, weil derieni=
ge, welcher die Menschlichkeit beleidiget, die ganze
Mensch=

d) Welcher Gesetzgeber Gefängnis zu einer Strafe macht, und
Uibelthäter des Landes verweiset, ist kein guter Haushalter.
Denn ieder Unterthan ist ein Schatz, und wer wird Schätze
wegwerfen? Durch das Gefängnis werden Hände gefesselt, so
arbeiten könnten. Man rechne nach, wie viel der Gewinn
im Ganzen betrüge, wenn die Gefangenen arbeiteten, wozu
sie aber nicht anzuhalten, weil dieses eine Strafe wäre, und
auf solche Art das Gefängnis, (o abscheulicher Gedanke!)
ein Zuchthaus werden würde. Auch bessert das Gefängnis
niemanden, sondern die böse Gesellschaft verderbet ihn. Kaum
ist der Dieb dem Kerker entronnen, so raubt er aufs neue.
Durch den Kerker wird dem gemeinen Wesen mitlerweile ein
Arbeiter, des Gefangenen Kindern ihr Ernährer entzogen,
und durch die Bewachung die unschuldige Gemeinde beschweret.
Richter, seyd weise hierinnen!

Menschlichkeit zum Feinde habe, solchemnach eine allgemeine Verabscheuung verdiene. Gleichsam als wenn die
Richter die innere Empfindung der Menschen, und nicht
vielmehr die Verletzung der Vertäge, welche die Menschen
in jeglichem Staate besonders unter einander binden, rächen sollte. Der Ort, wo die Missethat verübt worden,
ist der Ort der Bestrafung. Nur da, und nirgends
anders, ist man genöthiget, den Beleidiger wieder zu
beleidigen, damit er davon abstehe. Ein Bösewicht, der
die Verträge einer Gesellschaft, wovon er kein Mitglied
ist, gebrochen, muß wohl gefürchtet, und deswegen von
der obersten Gewalt aus der Gesellschaft ausgeschlossen
und verbannet, aber nicht von den Gesetzen förmlich bestraft werden. Die Obrigkeit muß Verträge schützen,
nicht aber die innerliche Bosheit der Handlungen rächen
wollen.

Man pflegt geringere Verbrechen entweder mit Gefängnis oder mit der Landesverweisung zu bestrafen,
damit dergleichen Bösewichter Nationen, welche nicht
beleidiget worden e), zur Last fallen. Nicht auf einmal, sondern stufenweise gelanget der Mensch zu jener
Bosheit des Herzens, daß er Mord und Todschlag begehet. Daher wird die vollzogene Strafe einer solchen
Missethat von den übrigen Bürgern, als was Seltenes
angesehen. Niemand glaubet, daß er dergleichen zu begehen fähig. Weit mehr Eindruck macht die öffentliche
Strafe für geringere Verbrechen, weil sie für möglich
geachtet wird, und zwar einen solchen Eindruck, daß sie
uns von geringeren Vergehungen abhält, und noch weit

mehr

e) Siehest du das angrenzende Land für eine Schwindgrube
an, wo du deinen Unflath ableiten könnest, so bedenke, daß
dieser Nachbar, wenn seine Gebiete etwas grösser und auch
bey ihm Landesverweisung im Brauche, er dich mit zehnmal
mehr dergleichen beschütten könnte.

mehr von schweren Verbrechen abschrecket. Die Strafen müssen nicht allein unter sich selbst, sondern auch in
Vergleichung des Verbrechens unter einander in richtigen Verhältnisse stehen.

Einige sprechen ein geringes Verbrechen von der
Strafe frey, wenn es der beleidigte Theil verzeihet.
So wohlthätig und der Menschlichkeit gemäß auch dieser
Gedanke scheinet, so ist er doch nichts desto weniger dem
gemeinen Besten zuwider. Kann denn wohl eine Privatperson die Nothwendigkeit des Beyspieles mit ihrer Erlassung eben so aufheben, wie sie sich von der Vergütung
der zugefügten Verletzung lossagen kann? Das Recht zu
strafen und Strafe zu erlassen kommt nicht einzeln Mitgliedern, sondern der sämmtlichen Gesellschaft oder dem
obersten Gebieter zu. Ein einzelner Bürger kann wohl
seinem geringen Antheil dieses allgemeinen Befugnisses
entsagen, aber nicht den übrigen, nicht der Obrigkeit,
sothanes Befugnis entziehen oder schmälern.

§. XXX.

Von dem gerichtlichen Verfahren und von der Verjährung.

Wenn das Verbrechen erwiesen, und die Gewißheit
desselben ausser Zweifel, so muß dem Angeschuldigten nothwendig so viel Zeit, daß er alle nur mögliche
Mittel sich zu rechtfertigen herbey schaffen könne, gelassen
werden. Allein diese Frist muß so kurz seyn, daß sie
der geschwinden Vollziehung der Strafe, die wir angerathen haben, keinen so gar grossen Abbruch thue.

Die Gesetze müssen sowohl zur Vertheidigung des
Beklagten, als zur Untersuchung der Beweise die Zeit
be-

bestimmen. Darf der Richter dieses thun, so wird er selbst Gesetzgeber f). Bey schweren Missethaten, welche lange in dem Gedächtnisse der Menschen schweben, wenn sie einmal erwiesen, sollte vielleicht eine Verjährung statt finden; aber bey geringeren, zumal noch unerwiesenen Fehltritten ist es billig, daß der Bürger von der Ungewißheit seines Schicksals mit der Zeit befreyet werde. Der Grund dieses Unterschiedes ist dieser, weil die Dunkelheit, welche in letztern Falle die Verbrechen lange Zeit verhüllet, es verhindert, daß man es nicht als ein Beyspiel der Ungestrafheit anführen kann, und der Schuldige binnen dieser Zeit sich vermuthlich gebessert.

Ich begnüge mich hier, nur allgemeine Grundsätze anzuzeigen. Denn wollte man genau bestimmte Grenzen angeben, so müßte man auf diese oder jene Verfassung der Länder und Gesetze eine besondere Rücksicht nehmen. Nur will ich noch hinzufügen, daß man, um sich von dem Nuzen gemäßigter Gesetze zu überzeugen, die Zeit der Verjährung und der Beweise, nach der Größe des Verbrechens verlängern oder vermindern, also eine freywillige Verbannung, oder das Gefängniß selbst zu einem Theile der Strafe machen könnte, wodurch die Gesetze eine

f) Fürwahr! ein sonderbarer Einfall der Untersuchung eine gewisse Zeit zu bestimmen; als wenn nicht die Abhörung auswärtiger Zeugen, anzustellende Confrontationen der Mitschuldigen, Briefwechsel mit fremden Obrigkeiten, denen man nicht anbefehlen kann, mit erstem Posttage zu antworten, und die man vielmehr bittet, nach vorgegangener genauer Untersuchung von diesem oder jenen Umstande Nachricht zu geben, nebst hundert andern nicht voraus zu sehenden Umständen, wider alles Vermuthen die Untersuchung öfters verzögern. Überhaupt sind in diesem §. viele Dinge allzu träumerisch, daß nicht ein praktischer Rechtsgelehrter deren Unmöglichkeit ohne alles Erinnern einsehen sollte.

eine leicht zu befolgende Progreſſion einer kleinen Anzahl von gelinden Strafen, für eine groſſe Menge von
Verbrechen an die Hand geben würden.

Allein dieſe zur Verjährung und zur Unterſuchung
anaeſeßte Zeit muß nicht in ganz genauern Verhältniſſe
mit der Schwere der Verbrechen anwachſen, weil die
Wahrſcheinlichkeit eines Verbrechens in eben dem Maaſſe
ſich mindert und abnimmt, je grauſamer und widerna-
türlicher die That ſelbſt iſt. Demnach muß die zur Unterſuchung der Beweiſe beſtimmte Zeit bisweilen verkür-
zet, die aber, welche die Verjährung erfordert, verlängert werden und wiederum bisweilen umgekehrt. Dieß
ſcheinet anfänglich dem, was ich oben geſagt, widerſpre-
chend zu ſeyn, indem ja auf ſolche Weiſe gleiche Strafen für ungleiche Verbrechen ſtatt finden würden, wenn
man die Zeit der Verjährung und der Gefangenſchaft als
eine Strafe mit in Rechnung bringen will. Ich theile, um
dieſen Zweifel zu beantworten, die Verbrechen in zwo
Klaſſen. In der erſten ſtehen die ſchweren Verbrechen.
Sie fangen vom Todſchlage an und begreifen alle Miſſethaten, die dieſen an Abſcheulichkeit annoch übertreffen.
In der zwoten Klaſſe ſtehen die geringern. Dieſer Unterſchied iſt in der Natur gegründet. Die Sicherheit
des eigenen Lebens gehöret unter die unverletzlichen Rechte der Natur, welche Gott ſogar die Thiere gelehret.
Die Sicherheit ſeiner Güter iſt ein Recht, welches aller-
erſt aus der bürgerlichen Geſellſchaft entſtanden. Die
Bewegungsgründe, welche die Menſchen antreiben, wider die Empfindung des Mitleidens zu handeln, welches
man gleichwohl zur Begehung groſſer Miſſethaten erſti-
cken muß, müſſen weit ſtärker und heftiger ſeyn, als
diejenigen, die uns antreiben können, zu Verbeſſerung
unſerer Umſtände ein Recht zu verletzen, das den Menſchen nicht ins Herz geſchrieben, ſondern bloß in ge-

ſell-

sellschaftlichen Vertrage gegründet ist. Weil nun die Wahrscheinlichkeit bey diesen zwo Arten der Verbrechen so verschieden ist, so muß auch die gesetzliche Vorschrift bey beyden verschieden seyn. Bey schweren Verbrechen, weil sie seltener sind, muß wegen grösserer Wahrscheinlichkeit der Unschuld, die Zeit der Verjährung verlängert, und die Zeit der Untersuchung abgekürzet werden; weil die Beschleunigung des Endurtheils, die schmeichelnde Hoffnung der Ungestrafheit vernichtet, und die Gefahr, diesen Gedanken der Ungestrafheit zu hegen, desto grösser, je schwerer die Missethat. Ganz anders verhält sich die Sache bey geringern Vergehungen, weil bey selbigen die Wahrscheinlichkeit der Unschuld geringer ist, so muß man die Zeit der Untersuchung verlängern, und die Zeit der Verjährung abkürzen; weil kein sonderlicher Schaden zu befürchten, wenn gleich jemand ungestraft bleibet g).

Man

g) So sehr auch die Römer Gelindigkeit in Strafen liebten, so stellen sie doch in denen spätern Zeiten, wegen Vortheile der Confiscation (ein gar zu artiger Gewinn!) die Frist der Verjährung auf zwanzig Jahre. Der Geiz war der Grund davon. Mich deucht, niedere Verbrechen könnten sämtlich in fünf Jahren, und die von böserer Art in zehn Jahren vollkommen verjähret seyn. Was für einen Nutzen hat das gemeine Wesen davon, das Andenken einer Missethat zu erneuern, deren sich kein Mensch mehr erinnert? In peinlichen Fällen ist der Grund der Verjährung die Wahrscheinlichkeit, daß binnen dieser Zeit der Sünder sich gebessert haben werde, weil er in dieser Art zeithero nicht weiter gesündiget. Sollten nicht fünf Jahre zu dieser Vermuthung hinreichend seyn? Es ist Gras darüber gewachsen. Man lasse es in seiner Dunkelheit verhüllet, und glaube mir aufs Wort, daß Gott an Henken und Köpfen kein Wohlgefallen trage.

Man bemerke, daß, wenn gleich ein Beklagter aus
Mangel der Beweise losgelassen worden, weil man weiter seine Schuld noch Unschuld darthun können, er dem-
ohngeachtet eben derselbigen Anschuldigung halber wieder
zur Verhaft gebracht und zu neuer Untersuchung gezogen werden kann, wenn sich neue Anzeigen hervorthun,
so lange nämlich die völlige Verjährung, welche seinem
Verbrechen in denen Rechten gegönnet, nicht abgelaufen
ist. Wenigstens halte ich dieß für eine Mittelstrasse,
wodurch die Sicherheit der Republick auf der einen, und
die Freyheit einzelner Bürger auf der andern Seite erhalten werden soll. Denn es geschieht nur gar zu leicht,
daß die eine auf Kosten der andern begünstiget wird. Sicherheit der Gesellschaft für Bösewichten und Freyheit
einzelner Personen, sind zwey Stücke, welche das heilige und unverletzliche Erbtheil eines jeden Bürgers ausmachen. Beyde können leicht Gefahr laufen, das eine,
weil es von einen verlarvten Despotismus, das andere,
weil es von einer entbehrenden Gesetzlosigkeit des Pöbels
gerne entrissen zu werden pfleget.

§. XXXI.

Von einigen Verbrechen, die schwer zu be= weisen, als Ehebrüche, Kindermorde ꝛc.

Daß die Vernunft fast nie die Gesetzgeberin der Völker gewesen, wird auch aus Folgenden erhellen,
wenn die gemeine Leyer sagt, daß zum Beweise schwerer oder heimlicher Verbrechen, das ist, solcher, die
am unwahrscheinlichsten sind, Muthmassungen, das ist,
eine schwache und zweydeutige Dämmerung, hinlänglich
seyn sollen. Gleichsam als wenn den Gesetzen und dem
Richter daran gelegen wäre, nicht die Wahrheit, sondern blos Gelegenheit der Strafe zu suchen; gleichsam

Beccar. v. Verbr. u. Straf.		J		als

als wenn es nicht um so viel schändlicher und abscheulicher wäre, einen Unschuldigen zu verdammen, je mehr
wahrscheinlicher es ist, daß das zum vorausgesetzte und
schon gleichsam für wahr angenommene Verbrechen, nicht
begangen sey. Dem größten Theile der Menschen fehlet es an Verstande, an Lebhaftigkeit, an Muthe, welche zur Ausübung grosser Laster und grosser Tugenden
erforderlich. Ich halte dafür, daß grosse Tugenden unter einem Volke nie, als unter grossen Lastern angetroffen werden. Matte Leidenschaften eines schläfrigen Volkes sind sehr dienlich, die zeitherige Verfassung zu erhalten, nicht aber zu verbessern. Hieraus kann man
die wichtige Folgerung ziehen, daß grosse Verbrechen nicht
allemal die Verschlimmerung eines Volkes beweisen.

Es giebt einige Verbrechen, welche in der Gesellschaft sehr häufig vorkommen, und doch sehr schwer zu
beweisen sind. Die Schwierigkeit des Beweises vertritt
und befestiget die Wahrscheinlichkeit der Unschuld, und
da der Vortheil, den das gemeine Wesen davon hat,
daß die Verbrechen ungestraft vorübergehen, um so viel
geringer ist, je mehr die Menge dieser Verbrechen zum
Theil aus verschiedenen Meynungen, wornach sie ein jeder beurtheilet oder gar für unschuldig hält, entstehet.
Also muß die Zeit der Untersuchung, und die Frist der
Verjährung nach obiger Regel gleichermassen abnehmen.

Und ob nun gleich der Ehebruch, die Knabenliebe und
andere dergleichen des Fleisches unordentliche Vermischung Uibertretungen sind, die schwerlich zu erweisen,
so werden sie doch nach der angenommenen Meynung in
die Reihe derjenigen Verbrechen gestellt, wo ein Wütte-
rich Scheinbeweise, Muthmassungen, Halbbeweise,
(gerade als wenn ein Mensch halbunschuldig, oder halb-
schuldig, das ist, halb strafwürdig, und halb lossprechens-

werth

werth seyn könnte) zuläßt, ja wohl gar die Folter nicht nur an der Person des Beklagten, sondern auch (o daß ich solchen Unsinn erwähnen muß) an Zeugen, und so gar an dem Hausgesinde ihre grausame Gewalt verüben darf. Denn so finden wir, daß es die Anleitung oder, recht zu sagen, die kaltblütige Dummheit einiger Rechts= lehrer vorschreibe.

Der Ehebruch hat h), wenn man ihn politisch be= trachtet, zwo Ursachen, nämlich, die in diesem Punkte
J 2   so

h) Der Ehebruch ist nur alsdenn zu bestrafen, wenn der beleidig= te Theil klaget, eben so wie der Richter einen tüchtigen Be= weis und Ersatz aller Unkosten auf sich ladet, wenn er den Sohn, welcher seinen Vater bestohlen, ohne daß letzterer es angiebt, vernehmen will, weil er in häusliche Dinge sich nicht einmengen soll, und die ganze Familie dadurch einen Schand= fleck erhält, also der Unschuldige mehr als der Schuldige be= straft wird. Es ist im Ehebruch das nämliche. Der bewußte Stephan, ein Häusler, seines Gutsherrens bester Unterthan, ein rechtschaffener, wohlthätiger, gefälliger Mann, liebt sei= nes Nachbars ledige Tochter. Das ganze Dorf weiß es, nur nicht das Eheweib. Denn wer sollte wohl so gottlos, so unbedachtsam seyn, ihr solches zu entdecken? Glaubte der Verräther, daß sie es schon wüßte, so wäre er ein Böse= wicht, wenn er eine schon bekränkte Frau durch Schraub= reyen noch mehr bekränken wollte; glaubte er aber, sie wis= se nichts, o! so müßte in der ganzen Hölle kein solcher grund= böser Geist erfunken werden, der durch dergleichen unnöthige Eröfnung eine in übrigen wohl stehende Ehe erschüttern, und das bisher aus Unwissenheit glückliche Weib in tiefe Schwer= muth eines bittern Leidens versenken und Saamen der Zwie= tracht aussäen wollte. Unterdessen ist die Sache dorfkundig, und der Pastor erzehlt es endlich dem Gerichtshalter mit Seuf= zen. Dieser stellt eine Untersuchung an und i. also das= jenige Geschöpfe, derjenige unselige Mann, der den zu= herigen Frieden der Ehe zernichtet, und nicht allein die Un=
treue

so gar verschiedentliche Gesetze der Menschen, und
den sehr mächtigen Hang, welcher ein Geschlecht an
das andere anziehet; ein Hang, eine anziehende
Newtonische Kraft, welche in vielen Stücken der allgemeinen Schwere gleichet, welche die ganze Natur in
Bewe-

treue zu des Weibes Wissenschaft, sondern auch zur völligen Uiberzeugung bringet. Sie und des Nachbars Tochter, so vorher gute Freundinnen waren, raufen sich nunmehro bey den Haaren, und die Kinder sehen mit gerichtli-
cher Gewißheit an ihrem eigenen Vater ein, vorher mit dem
Schleyer der Ungewißheit umhülltes schändliches Beyspiel.
Stephan wird unter Betrüger und Spitzbuben in Kerker geworfen, und Frau und Kindern der Erhalter entzogen. Unterdessen vergiebt die unschuldige Gattin ihrem Manne den
Fehltritt. Die Proceßkosten aber haben das Haus verzehret.
Zur Belohnung ihrer Großmuth und Liebe, die sie an ihrem
Gatten erwiesen, ergreift sie mit ihm den Pilgrimsstab in
fremde Lande, und geht mit ihm und ihren Kindern betteln.
Wie leicht ist es nicht, daß, wenn er siehet, wie die Gesetze
unter Schwachheit und Bosheit keinen Unterschied machen,
daß er seine Ehre durch die Inquisition verloren, daß er
schon einmal wie ein Spitzbube in Gerichten behandelt worden, er sich denselben beygeselle. Ehebruch wird nur alsdenn,
wenn es der Gatte rüget, zum Verbrechen. Weisheit ist in
Böhmers Wörten, wenn er über den Carpzov *Pr. Cr. Q.* 51
also schreibet: Ubi innocentis partis magis interest ne do-
mesticum malum manifestetur, non peccat judex, qui fa-
cti veritatem rigorose indagare negligit, & delationes, maxime ubi obscuriores fuerint, potius dissimulat, ne con-
cordantia matrimonia turbentur, ut jam LEYSER vidit
Spec. 575. *Med.* 11. Hätte der Ehemann, auf schändliche
Weise, für Darleyhung seiner Frau Geld gewonnen, oder es
sonst willigst geschehen lassen, so hört es, weil niemand beleidiget wird, auf, Verbrechen zu seyn, und bleibt wegen
Uiberbleibsel der alten Lehre, daß die Ehe ein Sakrament
sey, bloß Sünde. Der Satz ist richtig und unumstößlich,
daß bey dem Ehbruche der unschuldige Theil mehr, als der
schuldige, leiden müsse.

Bewegung hält. Denn sie vermindern sich beyde durch die Entfernung. Wir sehen, daß diese Neigung allen Bewegungen der Seele, so lange die Periode ihres Daseyns dauert, die Richtung gebe. Hingegen aber sind sie von einander darinnen unterschieden, daß die Schwerkraft sich mit den Hindernissen zuletzt ins Gleichgewichte setzet, da hingegen die Leidenschaft der Liebe durch Hindernisse größere Stärke und Nachdruck erhält.

Hätte ich mit Völkern zu reden, denen das Licht der Religion annoch fehlte, so würde ich sagen, daß zwischen dieser Art von Verbrechen, und allen andern noch ein sehr merkwürdiger Unterschied sey. Fleischliche Verbrechen entstehen aus dem Mißbrauche eines immerwährenden Bedürfnisses, welches der ganzen Natur gemein ist; eines Bedürfnisses, das eher, als die Gesellschaft gewesen, wozu es so gar den Grund geleget hat; da hingegen andere Verbrechen zu der Zerstörung der Gesellschaften abzielen, und vielmehr von der Leidenschaft eines Augenblickes, als von natürlichen Bedürfnissen entspringen. Wer die Geschichte, die Natur und den Menschen kennet, ist gar leicht der Meynung, daß, ob zwar dieß Bedürfniß in einigen Ländern dringender, als in andern ist, jedoch aber, sich dasselbe unter einerley Himmelstriche in gleicher und beständiger Menge erhalte, wie es ursprünglich gewesen. Wäre dem also, so müssen die Gesetze, welche, um gerade durch zu fahren, die Hauptsumme der Wirkungen dieser Leidenschaft verringern wollen, und die Thätigkeit solcher natürlichen Ausdehnungskraft und deren Atmosphäre in einen engern Raume drängen wollen, als unnütz, ja als schädlich angesehen werden. Dergleichen Gesetze würden zu nichts anders helfen, als daß alles Verhältniß aufgehoben, und einem Volke nebst seinen eigenen Bedürfnissen, auch anderer Völker Bedürfnisse aufgebürdet würden. In der

gleichen Fällen ist nur dieienige weise zu nennen, welcher, da er stehet, daß der Strom keine Dämme aufhalten würden, dessen Lauf durch Kunst in verschiedene
Arme und dergestalt zu zertheilen weiß, daß allenthalben so wohl der Dürre, als der Uiberschwemmung abge-
holfen werde. Die eheliche Treue ist iederzeit größer,
je zahlreicher und leichter die Ehen sind. Wo aber an-
geerbte Vorurtheile und Hunger den Ehestand behindern,
wo der Eltern Gewalt die Heurathen nach Belieben stif-
tet oder trennet, da zerreissen Liebeshändel heimlich die
Bande, so sehr auch die Sittenlehrer darwider predigen,
nämlich die alltägigen Sittenlehrer, welche Ich lächerlicher Weise damit beschäftigen, daß sie auf die Wirkungen schmälen, denen Ursachen aber, weil sie solche nicht
kennen, verzeihen. Allein, alle diese Betrachtungen
sind denen unnütze, welche in der wahren Religion leben, aus welcher sie erhabenere Beweggungsgründe schöpfen können, um die mächtigen Wirkungen der Natur
zu verbessern, zu dämpfen und gänzlich zu unterdrücken.

Der Ehebruch ist ein augenblicklicher und geheimnißvoller Uibergang; ein Verbrechen, so sehr mit denjenigen Vorhange bedecket, denn selbst die Gesetze darüber gehänget, und mit so zweydeutigen Folgen begleitet,
daß es dem Gesetze leichter fällt, demselben vorzubeugen,
als es zu unterdrücken i). Allgemeine Regel: Bey
allen Verbrechen, die ihrer Natur nach öfters und nothwendig bestraft bleiben müssen, ist die Strafe ein neuer
Reiß

i) Eben so verhält es sich mit der Selbstbefleckung.
Ob sie wohl eine sehr schädliche Unehrbarkeit ist, die
man auszurotten wünschen möchte, so ist doch auf
selbige eine Strafe zu setzen, thöricht, weil sie zu selten exequiret werden kann, also nicht abschreckt.
Michaelis Vorrede zum 6ten Theile des mosaischen Rechts.

Reiß zum Verbrechen. Unsere Einbildungskraft ist so
wundersam, daß sie von Hindernissen, wenn sie nur
nicht unübersteiglich, noch mehr entflammet und berauscht getäuschet wird, daß sie ihren Gegenstand in Riesenförmiger Schönheit erblicket. Die Seele hält sich in
ihrer Vorstellung weit stärker an die angenehme Seite,
wozu sie ihrer Natur nach geneigter ist, als an die
unangenehme Seite, von welcher sie sich so viel als
möglich entfernet.

Die Knabenliebe und andere unordentliche Vermischungen des Fleisches, worauf die Gesetze (wer sollte
es denken) das Feuer gesetzt, und um deretwillen der
Richter mit Freuden zur Marter eilet, nimmt ihren
Ursprung aus den Leidenschaften der sklavischen und in
enge Gesellschaft vereinigter Menschen k). Nicht so

J 4   wohl

k) Sodomiterey ist Sünde, außer dem auch Unfleth, Schmutz,
Unanständigkeit, die Schande bringet, oder kein Verbrechen,
weil es niemanden das Seinige entziehet, und nicht aus be=
trügerischen boshaften Herzen entspringet, noch die bürger=
liche Gesellschaft zerrüttet. Aber unser geistliches Recht hält
solche, ja so gar eine Heyrath in verbotenem Grade, oder
sonst ein fleischliches Verbrechen, (ich kann die Ursache gar
nicht begreifen, weit abscheulicher als Betrügerey und Dieb=
stahl, ia wohl gar als Feueranlegen und Gift. Kann man
sich nicht anders helfen, so giebt man der Uibertretung eine
verhaßte Benennung, mengt nach Gelegenheit das Wörtgen
Blut mit unter, und opfert die Sache den Namen auf. So
nennt man die Selbstbefleckung höchst ungeschickt und albern
eine Onanitische Missethat. Gott tödete den Onan nicht
deswegen, weil er seinen Saamen auf die Erde fallen ließe.
Unter diesem geilen Volke war unstreitig die Selbstbefleckung
so gewöhnlich, daß Gott der Herr Judenseelen zu hundert
tausenden hätte von dem Erdboden wegraffen müssen. Nein,
das war Onans Verbrechen nicht, weshalb er sterben mußte
sondern sein Geiz, sein Bestreben nach seines verstorbenen
Bru=

wohl aus der eckelhaften Sättigung an gewöhnlichen
Ergötzlichkeiten, als vielmehr aus derjenigen fehlerhaf-
ten Erziehung, welche die Menschen, um sie andern
nützlich zu machen, sich selbst unnütze macht. In solchen
Häusern, wo man eine feurige Jugend zusammen sper-
ret, und ihr einen unübersteiglichen Damm wider den
Umgang mit dem andern Geschlechte vorbauet, dergestalt, daß die Natur, die sich eben entwickelt, ihre
Kräfte auf eine unnütze Weise verschleudert und das Alter sich über den Hals ziehet.

Der Kindermord ist gleichfalls eine Wirkung der
schrecklichsten Umstände, in welchen sich eine Person be-
findet,   welche entweder der Verführung nachgegeben,
oder mit Gewalt geschwächet worden. Da sie gezwungen ist, zwischen ihrer Schande und dem Tode eines Ge-
schöpfes, das den Verlust des Lebens zu fühlen noch unfähig ist, Wahl zu treffen; wie sollte sie nicht den letz-
                                                    tern

Bruders Gute, dem er keine Nachkömmlinge erwecken wollte,
wie er nach dem Gesetze thun mußte, also ein wahres Verbrechen. Aber dieses wird überschlagen, und man bleibt bey
dem Schmutze stehen. Als ich vor mehr als zwanzig Jahren
in die Rechtsstühle aufgenommen zu werden die Ehre hatte,
zerbrachen sich die ältern Herren Collegen noch sehr die Köpfe,
ob, wenn in Acten dieses Laster vorkam, man diesen sogenannten Onaniten nicht verbrennen wollte? Der Unflätige
ist eine verächtliche Person, aber kein Verbrecher, kein Beleidiger seines Nächstens. Wenn ein lediger Christ bey einer
ledigen Ungläubigen oder auch Jüdin schläfet, oder unge-
kehrt, so soll es mit Staupenschlägen geahndet werden. Wir
wollen die Gründe der alten Criminalisten hören, an deren
Gottesfurcht wohl nichts auszusetzen seyn dürfte: Es ist nicht
fein, sagt Christus, daß man den Kindern das Brod nehme,
und werfe es für die Hunde. Wen verstehet er hier unter den
Hunden? Die Heiden. Also, welche Christin sich mit einem
Heyden oder Türken vermischet, schläft bey einem Hunde.
Dieses ist Sodomiterey. Ergo.

tern wählen, um ihre eigene und ihres unglücklichen
Kindes Schande zu verbergen? Das beste Mittel, diesem Verbrechen vorzubeugen, würde vielleicht darinnen
bestehen, daß man die Schwachheit mit mächtigen Gesetzen, gegen eine gewisse Art der Tyranney mächtig
schütze, die alle Laster vergrößert, welche man nicht
mit dem Mantel der Tugend scheinbar verhüllen kann.
Meine Absicht ist im geringsten nicht, hierdurch den gerechten Abscheu zu vermindern, den dieses Verbrechen
verdienet, sondern ich verlange ihre Quellen anzuzeigen,
und glaube berechtiget zu seyn, die allgemeine Folgerung
heraus zu ziehen, welche diese ist, daß grausame Strafen nicht eher gerecht (oder welches einerley) nothwendig genennet werden können, als bis die Gesetze alle
Mittel angewendet, welche nach der besondern Beschaffenheit einer Nation die tauglichsten, das Verbrechen zu
verhüten, und die Quellen des Uibels zu verstopfen 1).

J 5   XXXII.

1) Findelhäuser sind freylich das beste Mittel, dem Kindermorde
vorzubeugen, aber der Mangel am Gelde solche anzulegen,
verwandelt diesen Rath in einen bloßen Wunsch. Wie aber
wenn man jeder Geschwächten erlaubte, ihre Kinder ungestraft und ohne Vorwurf wohl verwahret an Orte auszusetzen,
wo die Leute hin und wieder gehen? Dann müßten die also
ausgesetzten Kinder aus der Armen Casse, oder wo es diese
nicht vermag, von der Obrigkeit ernähret werden. Sollten
wohl auf ein Dorf jährlich mehr als zwey Findlinge kommen?
Sollte es zu hart seyn, wenn jede ledige Person, so bald sie
mannbar, alle viertel Jahre einen Groschen Findelgelder erlegte? Wie viel geht nicht dem Staate junger Anflug dadurch
verlohren daß fromme Obrigkeiten die fleischlichen Verbrechen
auf Anstiften und Anfrischen der Ausleger eines fremden,
längst abgeschafften, uns gar nichts angehenden Rechtes außer
der Maßen hart bestrafen und verfolgen. Hier aber höre ich
den gütigsten Landesvater rufen: Wie? sagt er, fast in der
Spra-

§. XXXII.

Vom Selbstmorde.

Der Selbstmord ist eine That, welche, wie mich
dünket, nicht mit einer eigentlich so genannten
Strafe zu belegen, weil sie nur auf einen kalten und
leblosen Leichnam oder auf Unschuldige fallen kann m).

Im

Sprache eines Beleidigten, wie? bey einem Vortheile, der
hauptsächlich mir zum Besten gereichet, sollte ich die Last der
Auferziehung meiner künftigen Soldaten den Obrigkeiten
und Armen Cassen aufbürden? Sollte ich nicht wenigstens
dabey etwas thun? Ich will demjenigen, der das Kind erzie-
hen will, jährlich aus öffentlichen Einkünften etwas reichen
lassen, so lange bis es sein Brod selbst zu verdienen im Stande; dieser Pfleger soll ausser dem das Recht der väterlichen
Gewalt erlangen, und des Kindes Mutter, wenn sie entdecket wird, oder sich selbst entdecket, beerben, u. s. w. Ein
flatterndes Heer von vielen tausend Seelen, die ich meinem
Leser hier in einem weiten Perspective als errettet in die Ferne zeige, sollten ihn ermuntern, diesen meinen rohen Gedanken, den ich hier nur flüchtig entworfen habe, weiter nach-
zudenken, und scheinet mir diese Sache würdig, daß sie zu
einer Preisschrift ausgestellet werde.

m) Der berühmte *du Verger de Hauranne*, Abt von
St. Cyran, hat ein Büchelchen vom Selbstmorde
um das Jahr 1609. zu Paris drucken lassen, welches unter die seltensten Bücher gehöret, und in
der Bibliothek des Königs von Frankreich befindlich
seyn soll. Darinnen sagt dieser heilige Mann: Wenn
es Fälle giebt, wo man ungestraft seinen Nächsten
tödten kann, so muß es auch wohl Fälle geben, wo
es erlaubt ist, sich selbst zu tödten. Man sagt,
es sey rühmlich, seinem Fürsten zu Liebe sich in den

Tod

Im erſten Falle macht ſie keinen Eindruck auf die
Lebenden, weil ſie wohl wiſſen, daß der Todte dabey
eben ſo viel empfindet, als wenn man eine Bildſäule peitſchen wollte. Im andern Falle iſt ſie ungerecht
und tyranniſch, weil es ſchlechterdings zur politiſchen
Freyheit und Sicherheit gehöret, daß die Strafen nur
an der Perſon vollzogen werden, die geſündiget hat.
Wir Menſchen lieben das Leben ungemein, alles was
uns umgiebt, feſſelt uns daran, und beſtärkt uns in
dieſer Liebe. Das reizende Schattenbild des künftig
noch zu genieſenden Vergnügens, ſelbſt das ſchöne Ta-
geslicht, und die Hoffnung, dieſer ſo ſüſe Irrthum,
um derentwillen, wir den mit wenig Tropfen Gutes
vermiſchten Gallentrank des Uibels in ſtarken Zügen
trinken, locket uns zu zauberiſch an ſich, als daß man
befürchten könnte, es werde die Ungeſtrafheit Anlas
geben, dieſes Verbrechen gemein zu machen n). Wer
ſich

Tod zu geben, für Eltern, für das Vaterland zu
ſterben. Wie? alſo auch nicht um ſein Selbſt willen? Wir ſind uns näher als Eltern und Vaterland.
Aber man beſtraft es. Wen denn? des Entleibten
Sohn, weil er ſeinen Vater verlohren hat, und die
Witwe wegen ſchmerzlichen Verluſtes ihres Mannes.
Das macht der unüberlegte Eifer der Geiſtlichen,
welche wohl gar von der Kanzel ſich nicht entblö-
den gottesläſterlich zu behaupten, Judas habe nicht
ſo ſehr geſündiget, daß er den Herren verrathen,
als daß er ſich erhänget habe. Dergleichen übertriebene Reden können die traurigſten Folgen haben.
Franzöſ. Commentar.

n) Je ſtärkere Gründe derjenige, dem man ein Geſetz
giebt, ſchon vorhin hatte, deſto geringer kann die
Strafe ſeyn oder ganz wegfallen. Michaelis Vorrede
zum 6ten Theile des Moſaiſchen Rechts.

sich vor Schmerzen fürchtet, fürchtet sich allenfalls auch
vor dem Strafgesetze; aber der Selbstmörder fürchtet
sich nicht für Schmerzen, das sieht man, nach dem Tode aber hört alle Empfindung auf. Was soll also die verzweiflungsvolle Hand des Selbstmörders abhalten?

Derjenige, welcher sich ums Leben bringet, fügt
der Gesellschaft einen weit geringern Schaden zu, als
der, welcher das Land verläßt. Jener läßt sein ganzes
Gut und Hab zurück; dieser aber nimmt seine Güter
mit sich. Ja, was noch mehr: Da die Stärke eines
Staates auf die Anzahl seiner Bürger beruhet, so verursachet derjenige, der sich der Gesellschaft entziehet,
um sich einem andern Volke beyzugesellen, einen doppelt größern Schaden, als derjenige, welcher sterbend
seine Mitbürger verläßt. Die ganze Frage läuft also
dahin aus, ob es der Nation schädlich oder nützlich
sey, einem jeglichen Mitgliede die Freyheit zu gestatten,
das Land zu verlassen o)?

Ein

o) Nachdem ich vorhero andere reden lassen, so will ich nunmehro meine Gedanken selbst vortragen, wo ich dieser Sünde gar nicht das Wort reden will, indem ich selbst, so
wie alle andere Menschen, die den Gebrauch ihrer Sinne
haben, dagegen einen natürlichen Abscheu trage. Die sich
selbst zu tödten die Herzhaftigkeit besitzen, werden von Dich-
tern und Geschichtschreibern bewundert, weil sie groß zu
seyn scheinen. Mir aber scheinen sie klein. Jeder Selbstmord ist Verzweifelung, diese aber nicht das Merkmal einer großen Seele, sondern eine Wirkung unbändiger Leidenschaften. Die Selbstmörder besitzen nicht genugsame Größe
der Seele, den Druck ihres Unglücks zu ertragen. Cato
ersticht sich, warum? daß ich so reden möge, um eine Erbse. Er war unleidlich einen Beherrscher über sich zu sehen,
wel-

Ein Gesetz welches aus Mangel der Macht nicht mit Nachdrucke vollzogen werden kann, oder welches ge-

welches eine Ratte ist, die gar vielen im Kopfe herumläuft, kaum einer Erbse werth. Das Wort Freyheit, eine klingende Schelle, hat seine Vernunft übertäubet. Man lobt einen Capitain, der, ehe er das Schiff dem Feinde übergiebt, Feuer in die Pulverkammer legt, und sich nebst allen in die Luft sprenget. Ist das kein Selbstmord? Die Trauerspiele sind mir unausstehlich, wo der Held, um Bewunderung und Thränen des Mit-ibens zu erwecken, sich mit dem Dolche würget, oder ein Weib, zu Bewahrung ihrer Keuschheit, den Giftbecher trinket. Blutige Römer mögen dieses ihren Jahrbüchern einverleiben, aber nicht der sanftmüthige der duldende Christ. Nur wollte ich wünschen, daß die alltäglichen Moralisten sich nicht solcher Widerlegungen bedienten, deren Ungrund jedweden so gar sinnlich in die Augen fällt. Ich darf, sagen sie, mir nicht das Leben nehmen, denn ich habe mir es nicht gegeben. Wohlklingend! Aber Nägel und Haare habe ich mir auch nicht gegeben, also darf ich sie nicht abschneiden? Das vom Vater ererbte Haus habe ich mir auch nicht gegeben, also darf ich es nicht verkaufen. So gar den Fuß lasse ich ablösen, wenn er beschwerlich. Auch die Obrigkeit hat dem zum Tode verurtheilten Missethäter das Leben nicht gegeben, und dennoch nimmt sie es. Über diese falsche Gedanken vergißt man das Wahre. Mich wundert, daß besonders die Geistlichen, wenn ein solcher Fall geschieht, die Sache so gar sehr übertreiben, da doch Gott im Mosaischen Gesetze, in welchem von Blute so viel und so seltne Fälle abgehandelt werden, des Selbstmordes gar nicht gedenket, ob er schon unter den Juden gar gewöhnlich und eingerissen war. Also war er erlaubt. Denn ohne Strafgesetze, wie könnte man strafen? Es mag die That allenfalls Sünde seyn, nur kann ich, nach dem gegebenen deutlichen Merkmale eines politischen Verbrechens, es für ein solches nicht erkennen! Und wie ist die Untersuchung beschaffen? wer ist der Ankläger? wer sind die Zeugen? wo seine Schutzschrift? Etwa ein feindseliger Nachbar spricht, der Ent-

leib-

gewisser unmöglicher Umstände halber alle Kraft verlieret, sollte der Gesetzgeber (denn es gereicht ihm zu
keiner Ehre) sich hüten öffentlich kund zu thun. Man
gehorchet gern den Gesetzen, wo man Verstand innen
findet, aber der offenbaren Gewalt widersiehet man.
Unnütze, also verachtete Gesetze theilen hernach auch
den heilsamsten den Gift der Verachtung mit. Man
siehet selbige mehr als Hindernisse an, die man aus
dem Wege schaffen müsse, als daß man sie für Beyträ-
ge

tribte habe immer bedenkliche Reden geführet; der Pfarrherr
tritt auf und sagt, er habe alle zwey Jahre nur fünfmal
den Tisch des Herren besuchet, da es sich doch aller sechs
Wochen geziemet hätte; der Gerichtshalter erstattet e. nen
abscheulichen Bericht, weil der Entleibte ihn bey der Regierung angegeben, daß er wegen unmäßiger Sporteln ihm sein
Gut angeschlagen. Alles dieses geschiehet, weil die Sache
keinen Verzug leidet, in einem Augenblicke. Keine Zergliederung, keine Untersuchung, wie seine Säfte beschaffen gewesen, kein Arzt besichtiget sein Gehirne, keiner den Ma-
gen. Gleichwohl erschallet der Ausspruch: Auf den Schnd-
anger! Abscheuliches Wort, wofür der Menschlichkeit schaudert. Der Anspruch ist da, daß seine Familie, dieses Be-
gräbnisses halber geschändet seyn solle bis in das dritte und
vierte Glied. Ich könnte hier: Die Leiden des jungen
Werthers erwähnen, deren bundschäkiges Schicksal die Geschichte der Gelahrheit zum lustigen Vergnügen der Nachwelt aufbehalten wird. Alle Welt hat dieses Buch gelesen,
aber sich noch niemand erschossen. Überhaupt sind leichte Gemüther zu diesem Entschlusse selten auferleget, sondern ich
habe aus einer Menge Acten zu bemerken gehabt, daß meist
schwermüthige Seelen und gar fromme Gemüther, bey denen man meist das Gesangbuch aufgeschlagen und schöne Sprüche aus dem göttlichen Worte auf den Tisch geschrieben angetroffen, weil sie furchtsam, die Raserey begehen. Leute,
die alles in der Bibelsprache redeten und, welches die höchste Gnade der Erleuchtung, mit den Geistern Umgang hatten, siehet man dahin fallen.

ge zur allgemeinen Glückſeligkeit halten ſollte. Ja, was
noch mehr, da unſere Empfindungen eingeſchränkt ſind,
ſo werden die Menſchen, wenn ein ſtrenges Zepter gegen unnütze Geſetze ihre Hochachtung erzwingen will,
deſto weniger Ehrererbietung gegen die wirklich heilſa-
men haben.

Aus dieſen kann ein weiſer Vorſteher der öffentlichen Glückſeligkeit einige nützliche Folgen ziehen, bey deren Erörterung ich mich nicht aufhalten will, damit ich
mich nicht allzu weit von meinem Entzwecke entferne,
nehmlich: daß man aus einem Staate kein Gefängniß machen müſſe, welches ohne dies vergeblich. Denn
wo nicht unzugängliche Klippen, oder ein unſchifbares
Meer, das Land von allen andern abgeſondert, ſo iſt es
unmöglich, alle Punkte des Umkreiſes eines Landes zu
verſchlieſſen, und wer will die Hüter ſelbſt hüten? Wenn
99 entwichen, ſo würde man etwa den Hunderſten ertappen, und kann man leicht denken, was ein ſolches
Geſetz für Kraft haben müſſe. Hat der Entwichene
alles mit ſich weggenommen, ſo kann er ja nicht mehr ge-
ſtraft werden. Man kann ja die Entweichung nicht eher
beſtrafen, als bis ſie bereits begangen und er auſſer un-
ſern Händen iſt, und wollte man es beſtrafen, bevor es
begangen wird, ſo hieſſe dieſes die Abſicht beſtrafen. Einen Flüchtling an ſeinem hinterlaſſenen Vermögen zu beſtrafen, iſt ſehr ſchwer, weil er dieſer Strafe durch ein
heimliches Verſtändniß mit andern, und durch Nieder-
legung in treue Hände, (welches ohne den urſprüngli-
chen Verträgen Gewalt anzuthun nicht zu unterſagen iſt)
leicht zu entgehen, beſonders aber würde dergleichen Geſetz das wechſelſeitige Gewerbe eines Volkes mit dem andern hemmen. Wollte man den Schuldigen nach ſeiner
Rückkunft ſtrafen, ſo wäre dieſes eben ſo viel, als ge-
fliſſentlich die Zurückkehrung eines verlornen Bürgers
un-

unmöglich machen, und die Abwesenden mit Verschlieſ-
sung der Thore zu einen immerwährenden Aussenbleiben
zu nöthigen.   Das Verboth selbst, nicht ausser Land
zu gehen, macht die Ingebohrnen nur noch lüsterner,
ihr Vaterland zu verlassen, und dienet Ausländern zur
Warnung, sich nicht darinnen niederzulassen.

Was soll man von einer Regierung benken, die auſ-
ser der Furcht und Strafe kein anders Mittel hat, die
Menschen im Schoose ihres Vaterlandes zu erhalten, an
welches sie doch bereits ohnehin durch einen selbst-eigenen
Hang von erster Kindheit an, durch die Natur, gleichsam gefesselt sind? Die sicherste Art, Bürger im Vater-
lande zu erhalten, ist die Quelle der Nahrung und Freyheit zu verstärken, damit ein jeglicher seinen Theil dieses
wohlthätigen Ausflusses geniesse. Wie ein jeder Staat
sich Mühe giebt, das Uibergewichte der Handlung auf
seine Seite zu lenken, so ist es auch für das Wohl des
Monarchen überaus wichtig, dafür zu sorgen, daß die
bürgerliche Glückseligkeit in diesen ihrem Lande grösser,
als bey andern Völkern seyn möge. Diese blühenden
Umstände bestehen nicht hauptsächlich in den Ergötzlichkeiten, so Pracht und äusserlicher Schimmer gewähren,
obgleich der Aufwand ein nothwendiges Mittel ist, die
Ungleichheit unter den Bürgern unkenntlich zu machen,
und welcher mit dem Anwachse der Gesellschaft zunimmt,
ja ohne welchen alle Reichthümer in eine einzige Hand
zusammen fallen würden. Wenn die Grenzen eines
Landes in grösserem Maase erweitert werden, als die
sich mindernde Bevölkerung desselben zuläßt, so wird
der Aufenthalt in einem solchen Lande denen Armen un-
angenehm, und der Reiche erhält über selbige immermehr
die Oberherrschaft, wegen des Aufwandes, von welcher
die Armen lediglich leben; auch reisset eine gleichgültige
Faulheit ein, weil der Fleis der Menschen desto geringer
ist,

iſt, je zerſtreuter ſie leben. Je geringer aber der Fleis,
deſto gröſſer iſt die Abhängigkeit der Armen von der
Pracht der Groſſen. Die Vereinigung der Unterdrückten wider die Unterdrücker iſt alsdenn ſchwerer, und
für die letztern weniger fürchterlich. Kränkende Vorzüge, verſchwenderiſche Ehrerbiethung, kriechender Gehor-
ſam, machen den Abſtand des Mächtigen und Reichen
von dem Schwachen alsdenn viel merklicher. Der Groſſe
kann ſolche Ehrerbiethung von einer geringern Anzahl
Menſchen leichter, als von einem groſſen Haufen erhalten. Je mehr Menſchen enge beyſammen leben, deſto
unabhängiger und freyer leben ſie. Alſo wenn die Bevölkerung mit den erweiterten Grenzen eines Staates
zugleich anwächſt, ſo wird die verſchwenderiſche Pracht
gleichſam eine Schutzmauer und ein Damm wider die un-
umſchränkte Gewalt der Groſſen, weil ſie den Fleis der
Menſchen ermuntert. Man bemerket daher, daß in
weitläuftigen, ſchwachen und entvölkerten Staaten eine
ausſchweifende Pracht mehr, als ausſchweifende Ergötzlichkeit herrſchet, es müſten denn ſolches andere Neben-
umſtände verhindern. Allein in Staaten, die mehr
volkreich, als weitläuftig ſind, vermindern ausſchweifende Ergötzlichkeiten der Mehrern beſtändig die ausſchweifende Pracht einiger Wenigen, und wird eine bequeme Lebensart höher, als äuſſerlicher Vorzug, ge-
ſchätzet. Die Verſchwendung der Groſſen hat dieſes Un-
bequeme bey ſich, daß, ob ſie zwar eine Anzahl Menſchen ernähret, dennoch das Reizende davon nur wenige
genieſſen, alſo der gröſte Haufe ſein Elend fühlet. Ein
Gefühl, welches nicht ſowohl von der Wirklichkeit ihrer
Uibel, als von der Vergleichung herrühret, die ſie mit
Glücklichern, als ſie ſind, anſtellen. Mir gefällt alſo
diejenige Glückſeligkeit eines Landes weit beſſer, welche
Sicherheit und Freyheit zur Hauptquelle hat; ſie iſt
dauerhafter, und ſelbſt die Ergötzlichkeiten der Pracht

würden der Bevölkerung ungemein zu ſtatten kommen,
und nicht, wie in jenem Falle, muthloſe Unterwürfigkeit und Sklaverey hervorbringen. Gleichwie aus Liebe
zur Freyheit, die edelmüthigſten Thiere und die Bewohner der Luſt in Einöden und einſamen Wäldern wohnen
gleichwie ſelbige die fruchtbaren und lachenden Fluren,
wo der Menſch, ihr Feind, ihnen allenthalben Netze
ſtellet, fliehen; eben ſo meiden die Menſchen ſo gar das
Vergnügen, das ihnen die Hand eines Tyrannen dar-
beut. Schaffet den Unterthanen Sicherheit und Freyheit durch Sanftmuth der Geſetze, ſo braucht es keines
Verbothes wider die Auswanderung.

Wenn demnach zeithero erwieſen worden iſt, daß
ein Geſetz, welches die Unterthanen in ihrem Lande ein-
gekerkert hält, ſowohl unnütze als ungerecht und für
den Fürſten ſchimpflich ſey; ſo muß man von einem Geſetze, welches den Selbſtmord beſtrafet, ein gleiches Urtheil fällen. Iſt die That eine Verſündigung an Gott,
ſo wird dieſer ſie beſtrafen, weil er der einige iſt, der
auch nach dem Tode ſtrafen kann? aber ein Verbrechen
gegen die Mitbürger iſt der Selbſtmord nicht, und etwas
grauſames, daß die Strafe, anſtatt den Miſſethäter
ſelbſt zu treffen, ganz auf ſeine unſchuldige Familie fällt.
Wollte jemand hierwieder einwenden, daß dergleichen
Strafe gleichwohl einen Menſchen, der ſich zu tödten
entſchloſſen wäre, abhalten könne; ſo gebe ich zu überlegen, ob derjenige, welcher ſeinem koſtbarſten Schatze
dem Leben, kaltblütig entſaget; dem ſein Daſeyn hie-
nieden dergeſtalt zum Uiberdruſſe worden, daß er eine
unſelige Ewigkeit und das hölliſche Feuer nicht achtet;
ob, ſage ich, einem ſolchen das entfernte Elend ſeiner
Kinder oder Verwandten zu Herzen gehen werde? p)

§. XXXIII

---

p) Ich will hier einer Eintheilung erwehnen, die ich mir vom
Selbſtmorde gemachet, in mittelbaren und unmittelbaren.

Siehe

§. XXXIII.

Von der Strafe des Schleichhandels.

Der Schleichhandel ist ein wahres, sowohl das Oberhaupt, als auch das Volk, beleidigendes Verbrechen; allein die darauf gesetzte Strafe muß nur nicht

K 2 ver-

Nehmlich gemeint Leute nicht von der besten Gemüthsart,
die sich aber für der Hölle fürchten, meist schwache Weibspersonen von einfältiger geringer Erziehung, wenn sie von
heiliger Stäte oftmals gehöret, daß kein Selbstmörder selig
werden könne, gleichwohl aber ihres Lebens überdrüßig sind,
ermorden öfters anderer Leute unschuldige Kinder oder auch
erwachsene Personen, und geben sich hernach in Gerichten
selbst an, als hätten sie eine recht christliche That verübet, in
brennender Begierde eine öffentliche Todesstrafe auszustehen,
um desto sicherer im Himmel zu gelangen. Ein höchst ver-
dammliches Beginnen! weit abscheulicher, als der unmittelbare Selbstmord, weil bey diesen keine Bosheit, hier aber die
größte vorhanden ist, welche, weil niemand vor ihnen sicher,
dem ganzen gemeinen Wesen schädlich, und die öffentliche
Sicherheit störet. Wannenhero dieses weit mehr, als der
gemeine und unmittelbare Selbstmord, ein Gegenstand der
gesetzgebenden und schützenden weltlichen Regierung ist. Es
reisset dieses Gift sehr ein, und sehen wir tägliche Beyspiele.
Meuchelmörderischer Weise überfallen sie andere Personen
und besonders Kinder mit kalten Blute in einem (ihrer Meynung nach) gottseeligen Vorsatze, weil sie nehmlich auf solche
Art gewiß selig zu werden vermehnen, und sich vorstellen,
daß das von ihnen öfters unter den süßesten Schmeicheleyen
ermordete fremde Kind, da es noch keine Sünde gethan,
ebenermaaßen die Seligkeit erlange. Dieses ist ein wahres
Verbrechen, und nicht, wie der unmittelbare, blos Sünde,
weil vor solchen blutgierigen und enthusiastischen Leuten keines
ihrer Nebenmenschen, ja nicht einmal Prinzen, Lebens
Sicherheit haben, welche doch unter allen übrigen die obriste

und

verunehren, weil es in der allgemeinen Meynung der
Menschen keine wahre Unehrlichkeit zuwege bringet. Ist
man mit Verlust der Ehre gar zu freygebig, und setzet
unehrlich machende Strafen auf Thaten, welche die Men-
.schen

und vornehmste ist, die man von dem Schutze der gesetzgebenden Gewalt zu verlangen befugt ist, wobey ich aus denen
Acten einigemal auch dieses bemerket, daß dergleichen Gedanken bey schwachen und einfältigen Gemüthern auch daher
entstonden, daß ihre Einbildungskraft äußerst rege worden,
wenn sie bey dem Gepränge einer Execution die rührende Vorbereitung durch Geistliche mit angesehen, so daß sie in Herzen zu wünschen angefangen: sie möchten doch eben so selig,
eben so wohl zubereitet, als dieser abgethaner Sünder, sterben, als welche gewiß das Himmelreich ererbeten, da schon
der Großvater ihnen erzählet, daß, wenn es auch am Tage
einer solchen Execution noch so trübe wäre und beständig ge-
regnet hätte, doch die Sonne, sollte es auch nur einige
Augenblicke seyn, einige Strahlen scheinen lassen. Die Sache träffe ein, man sollte nur Acht darauf geben. Es ist
ein Dänisches Gesetz vorhanden, welches denen, die auf solche
Art den Tod wünschen, das Leben zur Strafe auferleget,
aber ein schmäliges Leben. Erhöhete Todesstrafen würden
hier nichts helfen, weil schwärmerische Einfalt selbst durch
die Schärfe der Strafe gereizet wird. Wie nun der gemeine
oder unmittelbare Selbstmord die Sicherheit des Nebenmenschen nicht störet, hingegen bey dem mittelbaren doppelter
Tod erfolget, und für solche Mörder, deren Phantasie durch
verkehrte Frömmigkeit entzündet ist, und die folglich alles zu
unternehmen im Stande, sich niemand hüten kann, so ist
nicht jener unmittelbare, sondern dieser, ein wahrer Gegenstand der peinlichen Gesetze. Nehmlich der andern zugefügte
Schade, Verletzung, boshafter Vorsatz, und Störung der
öffentlichen Sicherheit, bestimmet die Größe eines Verbrechens: wo aber niemand beleidiget wird, kann die That die
Sünde seyn, die aber zu bestrafen Gott allein sich vorbehalten hat, und dürfte wohl, nach des Lactantius Meynung,
der weltliche Arm zu hochmüthig denken, wenn er glauben
wollte, er müsse den göttlichen Arm unterstützen.

schen für keine Verbrechen halten, so mindert man in
menschlichen Gemüthern die Empfindung der wahren
Schande, womit andere Verbrechen wirklich begleitet
sind. Wird, zum Beyspiele, demienigen, der einen
Fasan tödtet, und dem, der einen Menschen ermordet,
oder eine wichtige Handschrift betrügerisch verfälscht,
einerley Todesstrafe zuerkannt, so hebt man den Unterschied zwischen diesen verschiedenen Verbrechen auf, und
vernichtet solcher Gestalt die moralischen Empfindungen, welches ein Werk ist, das viele Zeit und vieles
Blut gekostet, ehe es errichtet worden; Empfindungen
sage ich, welche in den Gemüthern der Menschen so langsam und ausserordentlich schwer Wurzel fassen, und zu
deren Wachsthume die erhabensten Bewegungsgründe
und eine Menge Vorbereitungen von ernsten Formalitäten erfoderlich gewesen.

Der Schleichhandel entstehet insgemein aus dem Gesetze selbst. Denn je erhöhter die Zölle und Abgaben
sind, desto beträchtlicher ist der Vortheil, der aus dem
Schleibhandel zu ziehen, und desto stärker wird folglich de Versuchung; welche wiederum sehr vergrössert
wird, wenn der Umkreis der versperrten Grenzen weit-
läuftg, und die mit schweren Abgaben belegten Waaren,
wega ihres kleinen Raums, leichtlich einzubringen sind.
Der Verlust der Contrebande ist eine gerechte Strafe.
Allen sie wird von desto grösserer Wirkung seyn, je
niedriger die Abgaben sind. Nur nach dem Maasse des
Vortheils, welchen man sich von dem glücklichen Ausgang verspricht, setzet man sich der Gefahr aus, seine
Waare zu verlieren.

Aber warum soll denn dieses Verbrechen den, der
es ziehet, nicht unehrlich machen, weil der Schleich-
hand doch ein Diebstahl ist, der an den Fürsten, folg-

K 3   lich

lich an dem ganzen Volke begangen wird. Ich erwiedere
hierauf, daß, wenn etwas vorgehet, das uns niemals
schaden kann, wir dabey sehr gleichgültig sind, so daß
die harten Strafen eher Mitleiden, als den Unwillen
der übrigen Bürger erwecken. Von solcher Art ist der
Schleichhandel. Die schädlichen Folgen, welche aus
einer That in sehr weiter Entfernung etwa auf uns ab-
fliessen könnten, machen überaus schwache Eindrücke,
und daher denken sie nicht auf den Schaden, welchen
ihnen der Schleichhandel zuziehen kann, ja vielmals geniessen sie vorjezo zum öftern die Vortheile, die ihnen
daraus zufliessen. Sie sehen nur auf den Schaden, der
aus dem Unterschleife dem Fürsten geschiehet, und glauben daher nicht Ursache zu haben, auf einen Schleichhändler in eben dem Maaße ungehalten zu seyn, als auf
den, der einen Raub begehet, oder eines andern Handschrift verfälschet, oder sich solcher Verbrechen schuldig
macht, die ihnen eben sowohl, als jeden andern, wie-
verfahren können. Jedes empfindsames Geschöpfe be-
kümmert sich nur um das Uibel, das ihn selber treffen
kann,

Sollte man aber wohl dieses Verbrechen an denjenigen, der nichts zu verlieren hat, unbestraft ange-
hen lassen? Keineswegs. Es giebt gewisse Arten verbotener Waaren, davon die Beytreibung der Zölle für
das Ganze so nachtheilig sind, daß sie allerdings nachdrückliche Strafe, auch wohl Gefängniß und kurze Knechtschaft verdienen; aber ein solch Gefängniß und ein solche Knechtschaft, die der Natur des Verbrechens unge-
messen. So muß, zum Beyspiele, derjenige, so To-
back eingeschleppet, nicht mit einem Mörder oder stras-
senräuber in einerley Gefängniß eingesperret werden.
Die natürlichste Strafe wäre, daß der Schleichhändler,
so nichts im Gelde zahlen kann, zur Handarbeit bey der

Se-

Accise oder Schatzkammer, die er hat hintergehen wollen, angehalten würde.

§. XXXIV.

Strafe der Bankeruttierer.

Treue und Glaube in Verträgen, Sicherheit in Handel und Wandel zu erhalten, ist schlechterdings nothwendig, und eine Schuldigkeit der Gesetze, den Gläubigern zur Bezahlung ihrer aussenstehenden Schulden zu
verhelfen. Jedoch ist der betrügerische vorsetzliche
Schuldner von den unglücklichen und redlichen zu unterscheiden. Jenem sollte man mit eben der Strafe belegen, die ein falscher Münzer zu gewarten hat. Denn
ein Stück geprägtes Erzt, welches das allgemein angenommene Vergütungsmittel und gleichsam das Unter-
pfand einer getilgten Verschreibung ist, zu verfälschen,
scheint kein grösser Verbrechen, als die Verfälschung der
Verschreibungen selbst. Allein mit einem solchen,
der erweislich machen kann, daß er durch seiner Schuldner Bosheit, oder erlittenen Verlust, oder durch seine
eigene Unglücksfälle, welche die gemeine menschliche Klugheit weder vorher sehen noch vermeiden kann, um sein
Vermögen gekommen, muß man nicht mit gleicher Strenge verfahren. Soll dieser nach Verluste aller seiner Güter der nackenden Freyheit, des einzigen und traurigen
Gutes, beraubet werden? Soll er ein gleiches Schicksal mit dem Strafbaren erfahren, und in der Verzweifelung seiner unterdrückten Redlichkeit vielleicht die Unschuld bereuen, womit er nach den Gesetzen gelebt, und
die er aus unvermeidlicher Noth verletzen mußte? Viele allzustrenge Gesetze sind durch die Gierigkeit der Reichen entstanden, und müssen sich solche Arme deswegen

ge-

gefallen laſſen, weil ſie ſich von der verführeriſchen Hof,
nung täuſchen laſſen, daß alle erfreuliche Zufälle nur
uns, andern aber nur die widerwärtigen treffen werden.
Unterdeſſen haben die Menſchen, welche ſich nur alltäg,
lichen Empfindungen überlaſſen, grauſame Geſetze lieb,
und wenn ſie ſelbſt bey deren Entwerfung Rath zu er,
theilen haben, können ſolche nicht arg und hämiſch ge,
nug geſchmiedet werden, ob ſie gleich gelinde vorziehen
ſollten, weil ſie ſämtlich unter denſelben ſtehen. Aber
die Furcht von andern beleidiget zu werden, iſt größer,
als die Begierde ſelbſt zu beleidigen.

Wir wollen wiederum auf den unſchuldigen Banke,
ruttierer zurückkehren. Er ſoll nicht eher frey ſeyn, als
bis er völlige Zahlung geleiſtet; er ſoll nicht, ohne Ein,
willigung der ſämmtlichen Gläubiger, loskommen, um
ſein Glück anderweit zu ſuchen; man verſage ihm das
Vermögen, ſeine Geſchicklichkeit und Talente darzu anzu,
wenden, um ſich wieder in den Stand zu ſetzen, ſeine
Gläubiger nach dem Maaſſe ſeiner wieder erlangten Kräf,
te, zu befriedigen: Allein niemals wird man durch taug,
liche Gründe ein ſolch Geſetze rechtfertigen können, wel,
ches ihn der Freyheit beraubet, ohne daß ſolches zum
geringſten Vortheile ſeiner Gläubiger gereiche q).

Man

q) Daß ein Schuldner, wenn er merket, daß er nicht mehr, als
die Hälfte, alſo 50 für 100 ſeinen Gläubigern bezahlen kön,
ne, ſich angeben ſolle, iſt mir immer bedenklich geweſen.
Auch der redlichſte, rechtſchaffenſte Mann thut das nicht. Die
Schande iſt zu groß, er wird noch nicht gedrücket. Das
ſchimmernde Geſpenſt der Hofnung, welches aus allen Gegen,
den des Himmels ſeine Strahlen auf Unglückliche herabſchieſ,
ſen läßt, bildet ihm Glücksumſtände vor, wie er ſich helfen
könne. Faſt gehöret dieſes unter die Verordnungen, die der
menſch,

Man wird mir einwenden, daß der Bankeruttie-
rer durchs Gefängniß zur Entdeckung der Betrügereyen
seines angeblichen Falliments gebracht werden könne.
Allein dieser Fall kann fast niemals statt finden, wenn
man eine genaue Untersuchung des Verhaltens der Lebensart und der Angelegenheiten des Falliten vorher genau untersuchet hat. Nach meiner Meynung ist es ein
Hauptgrundsatz der gesetzgebenden Klugheit, daß die
Wichtigkeit der politischen Uibel, welche aus der Nicht-
bestrafung entstehen, nach dem rechten Verhältnisse des
Schadens berechnet werden, welcher aus dem Verbrechen für die Gesellschaft erwächst, und nach dem umgekehrten Verhältnisse der Schwierigkeit, welche man findet, es unwiderleglich zu beweisen.

Man könnte, wie es scheint, den Betrug von gro-
ben Versehen, das grobe Versehen von dem geringeren,
und wiederum dieses von der gänzlichen Unschuld unterscheiden r). Im ersten Falle könnte man dem Schuldi-

K 5

gen

menschlichen Natur widerstreiten, und also schlechterdings ins
Unmögliche fallen. Aber unmögliche Dinge soll man nicht
bestrafen. Man müßte vorher die Hofnung aus der mensch=
lichen Seele herausschneiden. Diese täuscht mit mancherley
Farben, — sollten es auch Lotterien seyn.

> Spes facit, ut videat cum terras undique nullas
>   Naufragus in mediis, brachia jactet, aquis.

Man erhöbe die Strafe so hoch man immer will, so werden
sie noch nicht an die Schande reichen, die ein Bankeruttie-
ter auch ohne alle Gesetze an sich erlebet. Sie werden ihn
zwar zuletzt flüchtig machen, aber nie dem Unglücke in Zeiten vorbeugen.

r) Wenn ein Kaufmann ein gefährliches Geschäfte unternimmt,
das gleichwohl, wenn es mißlinge, ihn nicht gänzlich wirft,
so kann man seine Begierde, dabey viel zu gewinnen, nicht
tadeln.

gen den Verluſt der Freyheit, oder nach dem daß Verſehen groß oder geringe, auch einige Strafe zuerkennen;
im Falle der gänzlichen Unſchuld aber dem Schuldner die
freye Wahl der Mittel laſſen, um ſich wieder in die Ver-
faſſung zu ſetzen, ſeine Gläubiger zu befriedigen. Hätte endlich der Schuldner ein geringes Verſehen begangen, ſo könnte den Gläubigern frey geſtellt bleiben, ihm
die Mittel, wie er ſie befriedigen ſollte, vorzuſchreiben.
Allein nicht der willkührlichen und allezeit gefährlichen
Einſicht der Richter, ſondern dem unpartheyiſchen Geſetze muß es verſtattet ſeyn, den Ausſpruch zwiſchen einem
großen und geringen Verbrechen zu thun. Die Beſtim-
mung der Grenzen iſt im Felde der Rechtsgelahrheit eben
ſo nothwendig, wie in der Mathematik, um einen Maaß-
ſtab für die Abmeſſung des gemeinen Beſtens, ſo wie
zur Ausmeſſung der Größen, aufzufinden *).

Wie.

tadeln. Dahingegen, wenn einer anderer Leute Geld nehmen, ſich davon ein Schiff auf die See bauen wollte, und
es gienge unter, dieſes ein faſt der Bosheit gleich zu ach-
tendes Verſehen ſeyn würde. Sollte jedoch die Wahrſcheinlichkeit, daß ein ſolches Unternehmen mit fremder Leute Gel-
dern, aller menſchlichen Vermuthung nach, nicht mißlingen
könne, eintreten, ſo würde dieſes den Grad des Verſehens
allerdings in etwas mindern. Nur muß ihm neben bey keine zu reife Haushaltung, keine Uippigkeit in Gaſtereyen,
Kleidungen, kein Uibermuth vorgeworfen werden können.
Denn dieſes ſchlägt hernach alles übrige nieder.

*) Das Wachsthum der Handlung und das Recht des
Eigenthums der Güter iſt nicht der Zweck der geſell-
ſchaftlichen Verträge, wohl aber ein Mittel, zu dieſem
Zweck zu gelangen. Wollte man alle Glieder der
Geſellſchaft grauſamen Geſetzen unterwerfen, um den
Uibeln

Wie leicht könnte ein vorsichtiger Gesetzgeber einer
grossen Menge betrügerischer Bankerotte vorbeugen und
Mittel ausfindig machen, den Unstern arbeitsamer und
rechtschaffener blos Verunglückten abzuwehnen! Ein öffentliches, wohl abgefaßtes Verzeichniß aller Contracte,
dessen Einsicht jedem Bürger freystünde ; eine Bank,
welche aus weißlich vertheilten Beyträgen wohldenkender
Kaufleute errichtet, und woraus die nöthigen Summen
zur Unterstützung des unschuldigen und untadelhaften
Fleißes hergeschossen würden ; dieß wären die Einrichtungen, welche keine wahre Unbequemlichkeiten, wohl
aber unzählige Vortheile erzeugen würden. Allein zum
Unglücke sind leichte, natürliche, wahrhaftig grosse Absichten etwa eines Weisen in der Stille, welche nur
auf den Wink des Gesetzgebers warten, um Reichthum,
Vermögen, Stärke und Heil in den Schooß des Volkes

Uibeln vorzubeugen, welche aus den manchfaltig in
einander geschlungenen Verbindungen, die der Zustand
politischer Gesellschaften mit sich bringet, ihren Ursprung haben, so hieße dieß die Zwecke den Mitteln
unterwerfen; ein ganz falscher Schluß in allen Wissenschaften, besonders aber in der Staatskunst. Nichts
desto weniger ist dieß der Fehler, in welchen ich in
der vorigen Ausgabe meines gegenwärtigen Werkes
gefallen bin, da ich gesagt, der unschuldige Bankerut-
tierer müsse, seiner Schulden wegen, in Verwahrung
gebracht, und zum Nutzen seiner Gläubiger zu arbeiten angehalten werden. Ich schäme mich, so was
Falsches vorgebracht zu haben. Man hat mich der
Gottlosigkeit beschuldiget, und ich verdiente sie nicht.
Man hat mich aufrührischer Gesinnungen angeschuldiget, und ich verdiente es nicht. Hier aber habe ich
die Rechte der Menschlichkeit verletzt, und niemand
hat mir deßwegen Vorwürfe gemacht. Beccar.

res zu ſchütten, verachtet. Man meidet Geſetze, welche ihren Verfaſſern unſterbliches Lob von Kind zu Kin-
deskindern bereiten würden, ſie ſind den Groſſen unbekannt, und werden am wenigſten geſucht. Ein gewiſſer Geiſt der Unruhe in Kleinigkeiten beſchäftiget eine
nur auf gegenwärtigen Augenblick kurzſichtige Klugheit
der Räche, die auf nichts weiter denken, als wodurch
die Schatzkammer unmittelbar bereichert werden mögte.
Mißtrauen, Abſcheu, Mißgunſt gegen alle Neuerungen,
beherrſchen den Schwarm, welcher den Fürſten umgie-
bet, den er aber gleichwohl aufgetragen, auf Mittel
und Wege zu ſinnen, das allgemeine Glück zu befördern
und dauerhaft auszubreiten.

§. XXXV.

Von Freyſtätten und Auslieferungen der Miſſethäter.

Nun ſind mir noch zwo Fragen zu erörtern übrig,
erſtlich, ob die Freyſtätte gerecht, und zum andern, ob Verträge der Völker, ſich einander die aufge-
fangenen Miſſethäter auszuliefern, nützlich? Innerhalb
den Gränzen eines wohl eingerichteten Staates muß kein
Ort ſeyn, welcher dem Geſetze nicht unterworfen wäre.
Jeglicher Bürger muß der Gewalt der Geſetze eben ſo
folgen, wie der Schatten den Körper begleitet. Frey-
ſtatt und Ungeſtrafheit iſt eins, da der ganze Unterſcheid
blos in mehrern und wenigern beſtehet. Weil die Strafe mehr durch ihre Unvermeidlichkeit, als durch die Gröſ-
ſe ſchrecket, ſo reißen die Freyſtätte mehr zum Verbrechen, als die Strafen davon entfernen. Die Vermehrung der Freyſtätte ſtiftet eben ſo viel kleine Monarchien;
denn wo keine Geſetze das Regiment darinnen führen,

da können neue Herrschaften entstehen, die den allgemeinen Gesetzen zuwider sind, woraus ferner Gesinnungen einschleichen, welche dem Geiste und der Denkungsart des ganzen politischen Körpers widerstreitet s). Die Geschichte wird auch lehren, daß Freystätte jederzeit grosse Veränderungen in den Staaten veranlasset, und den Meynungen der Menschen eine ganz andere Wendung gegeben.

Ist es nun zum andern wohl nützlich, daß sich die Völker wechselseitig ihre Missethäter ausliefern? Diesen Gebrauch getraue ich mir nicht zu rechtfertigen, so lange die Gesetze den Bedürfnissen der Menschlichkeit nicht angemessen, die Strafe gelindert, so lange Recht und Billigkeit von Willkühr und Wahne abhänget, so lange die unterdrückte und öfters den Grossen verhaßte Unschuld und die verschmähte Tugend nicht von Philosophen auf dem Throne in Sicherheit gestellet, so lange nicht die morgenländische Tyranney in den Wüsteneyen des Orients eingeschlossen bleibet, und Europa nur allein die Herrschaft der allgemeinen Vernunft erkennet, welche die Wohlfahrt der Unterthanen mit der Wohlfahrt der Völker immer fester verbindet. Es wäre unterdessen vielleicht eines der kräftigsten Mittel, dem Verbrechen vorzubeugen, wenn jedermänniglich bekannt wäre, daß keine Handvoll Erde anzutreffen sey, wo das wahre und wirkliche Verbrechen Verzeihung hoffen könne.

XXXVI.

s) Dieses alles ist nicht für Protestanten geschrieben, deren Priesterhäuser und Kirchen zu keiner Freystätte dienen.

XXXVI.

Von dem Gebrauche, einen Preis auf den Kopf zu sitzen.

Ist es wohl der Gesellschaft vortheilhaft, einen Preis auf den Kopf eines bekannten Missethäters zu setzen, und jeglichen Bürger dadurch zum Scharfrichter zu machen, daß man ihm das Schwerd der öffentlichen Rache in die Hände giebt? Der Verbrecher hat entweder die Gränzen eines Staats verlassen, oder er ist noch darinnen befindlich. Im ersten Falle reißt der Regent die Bürger, ein Verbrechen zu begehen, und stellet sie den Strafen bloß, welche die Störer fremder Gerichts- barkeit billig erfahren. Er beleidiget eine fremde Macht, maßet sich ein Recht über selbige an, und nöthiget sie durch sein Beispiel, gleichmäßige Gewaltsamkeit auszu- üben. Im zweyten Falle verräth der Gebieter seine eigene Schwäche. Wer selbst hinlängliche Kräfte zu sei- ner Vertheidigung hat, braucht sie nicht erst von andern zu erbetteln. Ferner reißt man durch ein solches Ver- fahren alle Begriffe von Sittlichkeit und Tugend darnie- der, welche ohne dieß in dem menschlichen Herzen durch den geringsten Hauch des kleinsten Windes zu verscheu- chen sind. Auf der einen Seite strafen die Gesetze Meu- chelmord und Verrätherey, und auf der andern Seite billigen sie selbige an sich selbst. Mit einer Hand knü- pfet der Gesetzgeber die Bande der Verwandschaft, des Blutes, der Treue, der Redlichkeit, der Freundschaft, und mit der andern belohnet er denjenigen, der sie zer- rüttet t) Immer sich selbsten widersprechend, locket er

die

t) Nicht allein der Fürst sondern auch der Richter, muß ein ehrli- cher Mann seyn. Soll man an der Obrigkeit loben, was man bey einem Privatmann verabscheuet? Derjenige, der dem

Die-

die argwöhnischen Gemüther der Menschen bald zum
Vertrauen, bald streuet er in ihre Herzen schädlichen
Saamen des Mißtrauens. Statt einem Verbrechen vor-
zubeugen, giebt er zu hunderten Gelegenheit. So sind
die Mittel beschaffen, welche schwache Völker zu ihrer
Ver-

Diebe Gnade verspricht, wenn er bekennen werde, und es
nicht hält, ist des Stranges würdiger, als der hernach gehänget wird. Alle Schlupfwinkel, Entschuldigungen, und Hin-
terlist sey vom Richterstuhle verbannet. Aber auch der Fürst
ist schuldig, das Wort der Obrigkeit in Erfüllung zu bringen,
wenn selbige dem Sünder, daß er ungestraft bleiben solle,
versprochen hat, und will mir nicht gefallen, wenn es unter
dem Vorwande umgestossen wird, der Richter habe dieses nicht
versprechen können. Muß nicht jeder Höhere für das Versehen
seiner Subalternen ste * ? Er weis und soll wenigstens wissen, was für einem Manne er die Gerichtsbarkeit aufgetragen.
Eben so nachtheilig für das gemeine Beste ist, wenn der
Richter in seinen Namen ein Grundstück subhastiret, und der
Käufer nichtiger Kleinigkeit halber das erstandene Gut wieder
hergeben soll. Oeffentliche Treue muß als ein Vorbild,
nach welchem Unterthanen sich richten sollten, über alles gehen, wannenhero das von einer Obrigkeit gegebene Wort als
heilig betrachtet werden muß, weil, so bald der öffentliche
Glaube wanket, dieses dem ganzen gemeinen Wesen zum
äußersten Nachtheile gereichen und bey den Auswärtigen so gar
der Landesherr leiden würde, wenn die von ihm bestellten
Obrigkeiten in Sachen, die vor den Augen des ganzen Landes und unter öffentlichen Namen vor sich gehen, durch Hin-
terhalt und spitzfindige Griffe sich von der Wahrheit zu entfernen, oder begangene Fehler mit neuen Fehlern zu bedecken,
suchen sollten. Hierdurch wird das obrigkeitliche Ansehen geschwächet, die Heiligkeit des Thrones geschändet und die
Contrahenten schüchtern gemacht, sich mit Höhern einzulassen,
da man die Leute vielmehr anlocken und, daß sie sicherer aber
mit den Landesherren Verträge eingehen könnten, zu bereden
suchen sollte, weil ohnehin die Menschen gegen Mächtigere,
auch ohne solche Bevortheilungen, schon an und für sich selbst
mißtrauisch sind.

Vertheibignng anwenden; ihre Gesetze gleichen einer
wurmstichigen Stütze von kurzer Dauer, die ein bau-
fälliges und von allen Seiten sinkendes Gebäude, vor
dem Einsturz so übel und bdse bewahret. Je aufgeklär-
ter hingegen und großmüthiger die Denkungsart eines
Volkes zu werden anfängt, desto nothwendiger werden
treuer Glaube, Aufrichtigkeit und wechselseitiges Ter-
trauen als Schönheiten tugendhafter Seelen, welche
man der wahren Staatskunst ganz einzuverleiben und
solcher in grossen Maaße einzugießen äusserst bemühet
seyn sollte. Kunstgriffe, Ränke, dunkle Umwege wird
man leicht inne. Das allgemeine Interesse ist mit bessern Waffen versehen, als daß es sich auf solche enteh-
rende Art Hülfe zu schaffen nöthig hat.

Selbst die Zeiten der Unwissenheit, in welchen die
allgemeine Sittenlehre unter dem Joche besonderer Mei-
nungen, und so zu sagen, einer Privatsittenlehre seuf-
zete, dienen aufgeklärtern Zeiten zur Erfahrung und
zum Unterricht. Eine Sittenlehre, die Verrätherey
belohnet und durch die Vorbereitung des wechselseitigen
Verdachtes Funken eines geheimen Krieges des Bürgers
gegen den Bürger ausstreuet, ist ein mächtiges Hinderniß zu dieser so schönen, so nothwendigen Vereinigung,
woraus die Menschen Glückseligkeit, die Völker Frieden
und der Erdkreis einen dauerhaften Ruhestand und Be-
freyung von denen darauf herumwandelnden Uibeln schöpfen könnten.

§. XXXVII.

§. XXXVII.

Von den angefangenen nicht aber vollende- ten Verbrechen, und den Mitschuldigen

Obgleich die Geſetze den bloßen Willen nicht ſtrafen können, ſo iſt dieſes doch nicht ſo zu nehmen, als wenn ein Verbrechen, welches ſchon in einige That- handlung ausgebrochen, keine Strafe verdiene, ob ſie gleich geringer ſeyn muß, als wenn die Miſſethat ganz vollbracht worden wäre. Es iſt wohl nöthig, daß auch nur für ein angefangenes Verbrechen eine Strafe da ſey. Eben ſo iſt, wiewohl aus verſchiedenem Grunde, zu verfahren, wenn mehrere Mitſchuldige an einem Ver- brechen Theil nehmen, die es aber nicht alle unmit- telbar und zugleich haben vollbringen helfen. Wenn ſich viele einer halsbrechenden Sache ausſetzen, ſo ſind ſie immer bey dieſer Vereinigung darauf bedacht, die Gefahr und das Uibel, je größer es iſt, gleich unter ſich zu vertheilen. Beſtrafen nun die Geſetze den Voll- zieher einer Miſſethat ſchärfer, als ſeine Mitgenoſſen, ſo wird es deſto ſchwerer werden, jemanden zu finden, welcher die Vollbringung eines Verbrechens über ſich nehmen wolle, weil er, in Rückſicht auf den Unter- ſchied der Strafe, in größere Gefahr läuft, als ſeine übrige Mitgenoſſen. Nur in einem einzigen Falle leidet dieſe Regel eine Ausnahme, nämlich wenn demjenigen, der das Verbrechen vollziehet, ein gewiſſes voraus und eine beſondre Belohnung von ſeiner Bande ausgeſetzet wird. Alsdenn iſt eine Ausgleichung der größern Ge- fahr vorhanden, und die Strafen finden in gleichem Maaße ſtatt. Dieſe Betrachtungen werden vielleicht ei- nigen phantaſtiſch und weit hergeholet ſcheinen; allein man bedenke, wie wichtig es ſey, daß die Geſetze dafür ſor- gen, den Theilnehmern an einem Verbrechen, ſo wenig

Beccar. v. Verbr. u. Straf. L als

als möglich, Gelegenheit und Anlaß zu gestatten, um
sich mit einander zu verstehen.

Es ist eingerissen, daß dem Mitschuldigen an einem
Verbrechen die Erlassung der Strafe angeboten wird,
wenn er seine Mitgenossen entdecket. Dergleichen Mittel zu Entdeckung der Bösewichter hat seine Unbequemlichkeiten sowohl, als seine Vortheile. Die Unbequemlichkeiten sind, daß die Verrätherey, die doch den Frev-
lern selbst verhaßt und abscheulich scheinet, von einer
obrigkeitlichen Person, die an Gottes Stelle sitzet, gleichsam autorisiret wird u); ferner daß sie zu Verbrechen,
die aus einer niederträchtigen Zaghaftigkeit herrühren,
Gelegenheit giebt, die doch einem Volke schädlicher sind,
als Verbrechen, welche Herzhaftigkeit zum Grunde haben. Herzhaftigkeit ist nicht das Loos gemeiner Seelen,
und es ist Schade wenn sie keine wohlthätige Macht findet, welche sie zum Dienste des Vaterlandes lenke; dahingegen die Zaghaftigkeit viel gemeiner, und das Loos
geringer Seelen ist. Ein Richter, der zu diesem Mittel schreitet, oder ein Gesetze, welches dieses erlaubet,
giebt seine Schwäche blos, indem es so gar die Hülfe
derer, die es verletzen, anflehen muß.

Die Vortheile hingegen sind, daß durch dieses Mittel wichtigen Verbrechen vorgebeuget wird, welche noch
in

a) Aus keinem Stücke auswärtiger Acten erinnere ich mich,
daß ein Angeschuldigter auf diesen Antrag ohngefähr folgen-
dermaassen antwortete: Herr Amtmann, sie legen mir Lock-
speise vor. Aber ich bin unschuldig und habe keine Genossen.
Wenn ich aber schuldig wäre und Helfer gehabt hätte, so
würde ich sie doch nicht entdecken. Denn wie könnte ich dem
Herren Amtmanne trauen, da er mir schon so viele Spren-
gel gestellet und so viele verfängliche Fragen vorgeleget, an
welche so gar die Unschuld hätte scheitern können.

in ihrer Entwickelung liegen und deswegen die Gesellschaft in Furcht und Schrecken setzen.   Meines Erachtens ist ein allgemeines Gesetz, welches jeglichem Mitschuldigen , der irgend ein Verbrechen offenbaret, die
Erlassung der Strafe verspricht , einem besondern Versprechen des Richters in einzeln Fällen vorzuziehen;
weil ein solches Gesetz Bösewichter verhindern würde,
sich mit einander zu verbinden , da ein jeder besorgen
müste sich ganz allein der Gefahr blos zu stellen, und
weil die Uibelthäter nicht zur Kühnheit unter andern
auch dadurch ermuntert würden, wenn sie sähen, daß
es Fälle giebt, woselbst die Gerichte ihres Beystandes
benöthiget sind.   Im übrigen müste dergleichen Gesetz
die Ungestraftheit mit dem Verbannen des Angebers
verknüpfen.   Allein vergebens bemühe ich mich, die
Gewissensbisse zu unterdrücken, welche ich empfinde,
daß ich die geheiligten Gesetze, die Denkmäler des öffentlichen Vertrauens, die Grundsäulen aller menschlichen Moral, zur Verrätherey und Falschheit veranlassen will.   Was müste endlich wohl das für ein annoch rohes Volk seyn, wo eine Obrigkeit die verspro-
chene Ungestraftheit dem Bekenner nicht hielte, und
ausstudierte, arglistige Verdrehungen zum nichtigen Vorwande brauchen wollte, demjenigen zum Trotz und zur
Beschimpfung der öffentlichen Treue, nichts destoweni-
ger in Strafe zu nehmen, welcher der Schmeicheley
eines betrügerischen Richters, oder den Verheissungen
der Gesetze vergeblich Gehör gegeben hätte.   Beispiele
von solchen Zügen sind nicht selten; daher benn freylich nicht zu verwundern, daß viele die politische Gesellschaft für nichts anders ansehen, als für eine zusammengesetzte Maschine, deren Triebfedern die Geschicktesten und Mächtigsten aufspannen, um Hülflose und
Schwache zu fangen.   Ein schöner Anlas, die ohnehin
schön zahlreiche Menge derjenigen zu vervielfältigen,

welche fühllos gegen alles was, zärtliche und erhabene
Seelen rühret, mit kaltsinniger Verschlagenheit weiter
nichts, als blos dasjenige suchen, was ihren Absichten
und dem gegenwärtigen Entzwecke vor der Hand dien-
sam ist.

§. XXXVIII.
Von verfänglichen Fragen.

Unsere Gesetze verbieten bey dem gerichtlichen Verhöre Fragen zu gebrauchen, so man Suggestiones
nennet, das ist, diejenigen, welche, wie die Rechtslehrer reden, auf besondere Puncte gehen. Sie verlangen, daß die Frage, welche sich auf die Umstände eines Verbrechens beziehet, nur überhaupt auf die Sache
gehe, und erlauben keineswegs solche Fragen, welche,
weil sie einen unmittelbaren Bezug auf die Schuld oder
auf die Unschuld haben, dem Verbrecher eine unmittelbare Antwort in Mund legen würden. Die Fragen
müssen, wie die Criminalisten wollen, die That gleichsam nur von weiten anhauchen, und also nur seitwärts,
nicht aber in gerader Richtung auf die Sache selbst gehen v). Die Gründe dieser Regel sind, theils den
An-

(v) Wie einem verschlagenen Richter nichts leichter ist, als einen einfältigen Zeugen, den er abhöret, ganz andere Dinge
sagend zu machen, als der Zeuge wirklich denkt; so haben
heimtückische und blutgierige Amtleute sich öfter ein Verdienst daraus gemacht, blöde und einfältige Verbrecher durch
verflochtene Fragen in Widersprüche, oder wohl gar zu einem
Bekenntnisse von Umständen zu verleiten, die den Angeschuldigten hernach den Hals gebrochen. Der Kerkermeister
nimmt den Angeschuldigten vor der Gerichtsthüre die Fesseln
ab, zum Zeichen, daß er in Gerichte frey seyn solle, der
Rich-

Angeschuldigten keine Antwort auf die Zunge zu legen, welche ihn wider die Anklage schütze w), theils deswegen, weil es widernatürlich geschienen, daß ein Beklagter sich selbst anklage. Allein, welchen von beyden Gründen man auch vor Augen gehabt habe, so widersprechen sich doch hier die Gesetze auf eine sehr merkliche Weise, daß sie mit dem Verbote der verfänglichen Fragen, gleichwohl die Folter geboten oder gebißiget. Denn wo ist wohl eine Frage, welche, so wie der Schmerz, den Gepeinigten die Antwort in den Mund lege? der Schmerz, sage ich, welcher den Starken ein hartnäckigtes Stillschweigen einflößet, wodurch er einen

L 3   grbs-

Richter selbst aber, welch ein Widerspruch! fesselt ihn durch arglistige und boshafte Fragen mit so feinen Stricken, daß kaum der klügste solche zu bemerken, geschweige denn zu zerreissen, im Stande ist, und rühmet sich noch dessen, damit die Welt sehen möge, wie betrügerisch er gehandelt. Darum soll der Urtheils Verfasser Widersprüche in Kleinigkeiten den Delinquenten nicht zu hoch anrechnen. Rhapsod. Obs. 259. und 418. Besonders wegen der Mitverbrecher geziemet es dem Richter nicht zu fragen: Hat nicht, als du den Diebstahl verübtest, mitlerweile Diese Wache gestanden? Sondern er soll fragen, ob jemand und wer mittlerweile Wache gestanden? Allein dem sey wie ihm wolle, alle Suggestiones kann man so schlechterdings nicht verwerfen, und sind sie zu dulden, nur müssen sie Liebe zur Wahrheit, nicht aber einen Blutdurst zum Grunde haben, und nicht so beschaffen seyn, daß ein Inquisit zum Richter sagen kann: Du bist kein ehrlicher Mann.

w) Dieses mag nicht allein, sondern soll so gar ein rechtschaffner Richter thun, und befiehlt es Kaiser Carl V. peinliche Halsgerichtsordnung in folgenden Worten: Solche Erinnerung ist darum Noth, daß mancher aus Einfalt oder Schrecken nicht für zu schlagen weis, ob er gleich unschuldig ist, wie er die Entschuldigung ausführen solle.

größeren Uibel durch ein geringeres entgehet: dem Schwachen hingegen das Geständniß suggeriret, weil er dadurch von der gegenwärtigen Quaal befreyet, die in diesem
Augenblicke einen stärkern Eindruk macht, als der von
ihm noch weit entfernte Todesschmerz. Der andere
Grund ist augenscheinlich nicht besser; denn ist eine
Frage barbarisch, die den Beschuldigten zur Anklage seiner selbst verleitet, so werden die Verzukungen der Folter gerade diese Wirkung auf ihn machen. Allein die
Menschen richten sich beständig mehr nach dem Unterschiede der Namen und Worte, als der Sachen.

Unter andern Mißbräuchen der Sprachkunst, welche keinen geringen Einfluß auf die menschlichen Begebenheiten hat, ist auch derjenige merkwürdig, welcher die
Aussage eines bereits Verurtheilten null und nichtig
macht, dergestalt, daß er nun weiter nichts zur Vertheidigung seiner selbst und zur Entschuldigung anderer
vorbringen darf. Er ist bürgerlich tod, sagen im ernsten Tone die Aristotelischen Rechtsgelahrten, ein Todter
aber keiner Handlung fähig. Um diesen unsinnigen
Gedanken ein Ansehen zu geben, sind viele Opfer abge-
schlachtet worden, und es haben graue Köpfe mit ernster
Uiberlegung gestritten, ob wohl die Wahrheit den Ge-
richtsformeln nachgeben solle? Die neue Aussage eines
Verurtheilten darf zwar den Lauf der Gerechtigkeit ohne
dringende Noth nicht aufhalten, allein warum soll man
ihm, in seinem äussersten Elende und zum Besten der
Wahrheit, gar keine verstatten, damit er durch Beybrin-
gung neuer Umstände, welche der ganzen That eine andere Gestalt geben, entweder sich oder andere in einem
neuen Verhöre rechtfertige? Die Feyerlichkeiten und
Ceremonien sind bey der Verwaltung der Gerechtigkeit
nothwendig, sowohl weil sie der Willkühr des Richters
Grenzen setzen, als auch, weil sie dem Volke eine gute

Mey-

Meynung beybringen, daß dem Missethäter nicht zu
viel geschehe, sondern alles ordentlich und regelmäßig
zugegangen sey, da sattsam bekannt ist, wie das gemeine
Volk von sinnlichen Dingen weit lebhafter gerühret werde, als von Wahrheiten, welche durch Nachdenken erkannt werden müssen. Allein diese Feyerlichkeiten können niemals von dem Gesetze so haarscharf bestimmt werden, daß ganz und gar nichts nachtheiliges für die
Wahrheit dabey zu besorgen wäre; sondern nur deswegen, weil die Wahrheit entweder zu einfach oder allzu
verflochten ist, hat sie die Ankleidung eines gewissen äusserlichen Putzes und öffentlichen Prunks von Nöthen,
um sich dem unwissenden Pöbel begreiflich zu machen.

Zum Beschlusse wollen wir noch hinzufügen, daß
derjenige, welcher auf die Fragen, welche ihm in Verhöre vorgeleget werden, in einem halsstarrigen Stillschweigen verharret, mit einer Strafe, und zwar einer
der schwersten, welche die Gesetze bestimmen, beleget
werden muß, damit das der Menge so nothwendige Beyspiel nicht vereitelt werde. Diese besondere Strafe ist
nicht nothwendig, wenn es ausser allen Zweifel ist, daß
ein Angeschuldigter ein gewisses Verbrechen begangen
habe, und also das Verhör nicht weiter nöthig ist; eben
so wie das Bekenntniß eines Verbrechens unnütze wird,
wenn die Anschuldigung schon durch andere Beweise die
gehörige Bestätigung erhält. Dieser letzter Fall ist gewöhnlicher, weil die Erfahrung lehret, daß in den meh-
resten peinlichen Processen die Beklagten sich aufs Leug-
nen legen.

XXXIX.

§. XXXIX.

Von einer besondern Art von Ver-
brechen.

Ohne Zweifel wird der Leser sich bereits verwundert
haben, daß ich von einer Art so genannter Verbrechen noch nicht geredet habe, deren unternommene Aus-
rottung gar oft Europa mit Menschenblute überschwem-
met und die traurigen Scheiterhaufen aufgethürmet hat,
wo lebendige Geschöpfe den Flammen zur Nahrung, wie
Weyrauch, aufgestreuet wurden und einen begeisterten
Haufen zum angenehmen Schauspiele, zum süßen Geru-
che dienten; wo das gedämpfte Winseln der Elenden,
so aus den Wirbeln von schwarzen Rauche hervor drang;
wo das Knistern der anbrennenden Gebeine und der noch
schlagenden Eingeweide, in Ohren der Verblendeten,
wie eine sanfte Harmonie erschallete.　Allein verständige
Leser werden wohl einsehen, daß mir weder die Umstände des Orts, noch der Zeit, in welcher ich lebe, noch
der Gegenstand selbst erlaube, mich auf die Untersuchung
dieser so genannten Verbrechen einzulassen.　Man muß
also nicht von mir erwarten, daß ich die nothwendige
Gleichförmigkeit der Meynungen in einem Staate, wider
das Beyspiel so vieler freydenkender Nationen erweisen
solle.　Ich würde mich zu weit entfernen, wenn ich zu erörtern wagte, wie die verschiedenen Glaubens Bekenntnisse, welche doch, die Wahrheit zu gestehen, öfters blos in
einem spitzfindigen dunkeln und tiefgesuchten Unterschiede, der weit über die Fähigkeiten des menschlichen Verstandes erhaben ist, bestehet, gleichwohl die öffentliche
Ruhe zufälliger Weise stören können, woferne nicht eine
einzige Meynung von der gebietenden Macht gebilliget,
und die übrigen verworffen werden; man erwarte nicht,
daß ich ausführen solle, wie unter diesen so manchfalti-

gen

gen verflochtenen Meynungen wohl etwa einige befind,
lich seyn können, die durch ihre Gährung und wechsel,
seitige Bekämpfung sich einander selbst aufklären, daß
die wahrhaften oben aufschwimmen, die irrigen aber,
wegen Blöße ihrer Unbeständigkeit, blos mit unrecht,
mäßiger Macht und Ansehen bekleidet und zu ihrer Er,
haltung bewaffnet werden müssen. Ich würde zu weit,
läuftig werden, wenn ich erweisen wollte, daß, so ver,
haßt auch die Herrschaft über die Gewissen ist, (welche
nichts, als äuserlich Heucheley, innerlich aber Haß und
Verachtung gebähret) daß, so sehr auch dieser Gewis,
senszwang dem Geiste der Sanftmuth und der brüder,
lichen Liebe, (welche uns nicht nur die Vernunft leh,
ret, sondern auch die höchst zu verehrende und anbe,
tungswürdige Macht gebeut) gerade zuwiderläuft, den,
noch zu solchen, nach Ausspruche der Kirchenversamm,
lungen, und vieler Statthalter des Himmels, nothwen,
dig und unvermeidlich sey. Alle diese paradoxen Sätze
müste ich für deutlich erwiesen ansehen, und dem wah,
ren Nutzen der Menschen für gemäs halten, wenn ich
die Rechtmässigkeit der Verfolgung gründlich darthun
wollte. Allein ein jeder siehet, daß dies für mich zu
weitläuftig und meiner Absicht nicht gemäs seyn würde,
welche keine andere ist, als nur von den Verbrechen zu
handeln, die der Mensch oder Bürger begehet. Ich
handle von Verletzung der gesellschaftlichen Verträge,
nicht aber von Sünden, deren auch zeitliche Bestrafung
nach ganz andern Grundsätzen, als diejenigen sind, wel,
che die menschliche und eingeschränkte Vernunft an die
Hand giebt, eingerichtet ist x).

L 5   §. XL.

x) Den Unglücklichen, dem das Loos zu Theile worden, wahnwitzig zu seyn, will man mit heiligen Flammen rösten und
einen Blinden strafen, weil er das Gerade vom Krummen
nicht zu unterscheiden weis. Christus am Kreuze, als er die
un=

§. XL.

Falsche Begriffe, so die Menschen von gewissen eingebildéten Vortheilen haben.

Eine Hauptquelle vieler Irrthümer und Ungerechtigkeiten, ja so gar unverantwortlicher Grausamkeiten, wovon die Gesetze wimmeln, sind die falschen Begriffe, welche sich die Gesetzgeber von gewissen eingebildeten Vortheilen machen. Derjenige hat falsche Begriffe
von Nützlichen, der das besondere Uibel über das allge-
meiné setzet; der über die Empfindungen gebieten und
zum Verstande sagen will: Sey Sklav!

Derjenige hat einen falschen Begriff von Nützlichen,
welcher tausend wirkliche Vortheile, einem eingebildeten
oder

ungläubigen Juden seiner spotten sahe, betete und sprach:
Vater, vergieb ihnen, denn sie wissen nicht was sie an mir
thun. Ich will Christi Nachfolger werden. Wenn ich einen
Irrenden sehe, so will ich für ihn beten, denn er weis
nicht, was er thut. Wer diejenigen verfolgt, die anders
denken, als er, zeigt eben dadurch, daß er kein Christ sey,
weil er die ersten Grundsätze des Heilandes verleget. Der
goldne Talar, den die Zorntheologen ihren Leidenschaften
umzuhängen wissen, das es der Ehre Gottes halber geche-
he, kann ihre Blöse nicht decken. Warum haben die Juden
Christum gekreuziget? Ihrer Meynung nach, der Ehre Gottes halber; warum haben sie Stephanum gesteiniget? Aus
Orthodoxie; warum ist Huß verbrannt worden? Gott einen
angenehmen Dienst und Ehre zu erweisen. Alles aus heiligen Eifer! Sie wollen dem Allerhöchsten beystehen. Die
Milbe im Käse, welche von mir vielleicht ganz irrige Begriffe
hat, die mich nicht kennet und niemals mit Augen gesehen,
will mir helfen meine Haushaltung führen!

oder wenig bedeutenden Uibel aufopfert y); derjenige, welcher den Menſchen gerne das Feuer nehmen möchte, weil es an Feuersbrünſten, und das Waſſer, weil es an Erſaufen Schuld iſt.

Auch derjenige, welcher dem Uibel nicht anders vorzubauen weis, als durch völliges Niederreiſſen, hat falſche Begriffe vom Nützlichen.

In dieſer Reihe ſtehen z. E. die Geſetze, welche verbieten, Gewehr zu tragen, weil ſie doch niemanden, als diejenigen entwaffnen, welche weder zum Verbrechen geneigt noch genugſam darzu entſchloſſen ſind; denn wie werden diejenigen, welche die geheiligſten Geſetze der Menſchlichkeit und die theuerſten Vorſchriften des Geſetzbuches verletzen, die unwichtigere und willkührliche Gebote verehren, deren Uibertretung, weil ſie allzu leicht, unbeſtraft bleiben ſollte, und deren gar zu genaue Befolgung alle perſönliche Freyheit benehmen würde; eine Freyheit, die dem Menſchen lieb und ſelbſt einem Geſetzgeber von erhabener Einſicht angenehm ſeyn muß z). O traurige Verbote, welche Unſchuldige ſchreck-

y) Wenn gleich die Aerzte ſeit hundert Jahren geſchrien, daß jährlich eine groſſe Menge unehelicher, ſchon ohnehin äuſerſt gebeugter Sechswöchnerin für Schrecken, Gram und Schande, durch böſe Brüſte und andere Zufälle dem Grabe zur Beute werden, wenn der Büttel am andern Tage ihrer Niederkunft mit öffentlichem Gepränge ihnen eine Haube auf das Bette leget, ſo rühmen doch ächte und fromm geſinnete Biedermänner, daß dieſes eine ſehr löbliche Gewohnheit ſey. Was iſt, ſagen dieſe gottſeeligen Herren, an dem Leben einer ſolchen Vettel gelegen?

z) Freyheit, Handlungen, deren Unterlaſſung der Schatzkammer oder Kämmerey keinen Vortheil ſtiften und, weil ſie

ſchrecklichen Mißhandlungen ausſetzen, die nur Verbrechern gebühren. Dergleichen Geſetze verſchlimmern das
Schick-

ſie niemanden beleidigen, in bürgerlichen Rechtsverſtande der
Republick unſchädlich ſind, muß der Beherrſcher als gleichgültige betrachten, ſie mögen auch Namen haben, was ſie
für einen wollen, und von einer Gattung ſeyn, von welcher
ſie wollen. Zwang in Kleinigkeiten, wenn ſolche gleich die
unerfahrne Einfalt für Elephanten hält, Zwang in Kleinigkeiten, ſage ich, machet die Menſchen, (welche ohnehin
ſchon in wichtigen und unumgänglich nothwendigen Dingen
auf hundertfache Art gefeſſelt und eingeſchränket ſind) ver-
drüßlich. Sie murren und, wenn nicht Anſeſſenheit oder
Familie, oder andere Nothdurft ſie abhält, ſo fliehen ſie
und werfen ſich lieber einem Fürſten in die Arme, der als
ein weiſer Mentor durch einen Adlerblick das Ganze über-
ſiehet, und mit Minervens Geiſte ſeine beglückten Völker
nachſehend zur Tugend leitet: als einem kurzſichtigen, in
Rückenfange beſchäftigten Orbilius, welcher mit groſſen Tugenden, deren nur edle Gemüther fähig, unbekannt, ſeine
Bürger zu kleinen Pflichten peitſchen und zur Frömmigkeit
einſperren will. Er weis nicht, daß Tugend, die einer be-
ſtändigen Wache bedarf, Laſter ſey ; er weis nicht, daß er in
ſeinen Geſetzen der itzigen Welt und Nachkommenſchaft ſein
eigenes kleines Herz abmahle. Beſonders wollen die Politi-
cker bemerket haben, daß die Groſſen des Staats in kleinen
Republiken, wenn ihre Erziehung allzu bürgerlich geweſen,
gar zu gerne die kleinen, allermeiſt unſchädlichen, jedoch
auch dem Pöbel ſichtbaren Ritzen zu verſtopfen pflegten, und
in dem künſtlich eingerichteten politiſchen Gebäude Sparren
für Hauptpfeiler hielten. Weil letztere meiſt ein wenig ver-
ſtecket, und dieſer Herren Einſicht bis dahin, daß ſie, wenn
gedachte Hauptbalken wurmſtichig oder faulend werden, bemerken könnten, ſich nicht erſtrecket, das Gebäude aber ſin-
ken will, ſo ruffen ſie: beſſert nur die Sparren! Denn
die ſieht man. Hier findet man kleinſtädtiſchen Zwang, und
höret Lobreden auf Einrichtungen, deren man in groſſen Re-
gierungen ſich ſchämet. Zwang in Kleinigkeiten iſt es, wenn
man

Schickſal der überfallenen-Beleidigten, und verbeſſern
das Schikſal der Beleidiger und Uiberfallenden, ſie tragen
nichts

man den entblößten Buſen (über welchen zu Anfange dieſes
Jahrhunderts die Geiſtlichen ſich faſt zu tode geprediget haben)
beſtrafet; wo man einen allzu weiten Reifen Rock durch des
Henkers Hand zerhacken und die zerſtümmelte Stücke, den
Völkern zum Schrecken, gegen alle vier Welttheile ausſtreu-
en läſſet; wo man allzu zeitig in Wirthshäuſern (den Raths
Keller ausgenommen) Feyerabend gebiethet; wo derienige,
der in erlaubten Spielen die Marque über einen Pfenning,
oder höchſtens einen Zweyer, gelten laſſen, faſt am Leben ge-
ſtrafet wird; wo eine Bandſchleife, mehr oder weniger, auf
der Haube die ganze Stadt in Bewegung bringet; wo man
vernünftigen Schauſpielern den Zutrit verſaget (iedoch daß
den Wurzelmännern und Zahnärzten einen Affen und Häns-
wurſt zu führen, billig nachgelaſſen bleibe). Jedermann weis
es, daß es Städtgen giebt, wo es als ein Polizey Verbrechen
angeſehen wird, wenn man ſtatt der Begrüſſung, ſich nicht
der Worte bedienet: Gelobet ſey Jeſus Chriſtus! worauf
der andere, ſtatt der Dankſagung, erwiedern muß: In alle
Ewigkeit Amen! Ein Fremder begegnete einer Frau in einem ſolchen Orte, und ſagte zu ihr: Ich bin Dero gehorſa-
mer Diener, worauf ſie ihm polizeymäſſig antwortete: In alle
Ewigkeit Amen! Nein, Madam, verſetzte er, das wäre ein
wenig zu lange. Unter den bedenklichen und unſtrafbaren
Zwang, (damit ich aus ſehr vielen Beyſpielen, nur einiger
gedenken möge) rechnen Leute, die auf Reiſen die Welt kennen
lernen, Leute, welche groſſe Städte und Länder geſehen haben und ſich Einſichten erworben, auch die Einſchränkung der
Pracht in Kleidungen nach Stand und Würden, die allzu
ſtrenge Bücher Cenſur und Confiſcationen, die unnöthige Sper-
rungen der Thore, und die Viſitationen in Privathäuſern
oder Hausſuchungen ohne Verdacht, welche letztere in Schweden die ehedem deſpotiſch regierende Reichsräthe, nicht nur
wegen Einſchleppung verbotener Waaren, ſondern auch aus
Frömmigkeit, um üppiges und unkeuſches Leben, hohes Spiel
und Schwelgereyen zu verhüten, ihrer Meynung nach, ſehr

weis-

nichts zur Minderung, sondern zur Vermehrung der
Mordthaten bey, weil waffenlose mit mehrerer Zuversicht

weislich eingeführet hatten, so daß bey Tag und Nacht zu
allen Stunden geringschätige Policeybediente gewaltthätig in
unbescholtener Leute Häuser eindrangen und, wenn man
nicht den Beutel in Zeiten blicken liesse, alles durchsuchten
und durchwühleten. Der selbstdenkende König Gustav, welcher
Weltweise gelesen und Weltweise zu Lehrern gehabt, rechnet
solche unter den nichtswürdigen Zwang, und hat allerneust,
nehmlich am 16 Febr. 1778. sie nochmals in folgenden denk-
würdigen Worten, worinnen tiefe Einsicht in die Legislato-
rische Klugheit hervorblitzet, wohlthätig abgeschaffet, so daß
niemand führohin in seinem Hause und Zimmer beunruhiget
wird, ausgenommen offenbare Missethäter. Verordnungen
Gesetze und Verbote, welche sowohl wider der
Menschen Neigungen, als wider ihre Denkungsart
streiten, sind dem freyen gemeinen Wesen höchst
schädlich. Denn indem sie an der einen Seite durch
die Länge der Zeit unzulänglich werden, so machen
sie auch einzig und allein, daß sich der Mensch gewöhnet, der Regierung ungehorsam zu seyn; oder
sie zwingen auch den Regenten zu einer ungerechten
und unnützen Strenge, welche wiederum in gewissen
Fällen gegen eine rechtschaffene Freyheit streitet und
die besondere Ruhe, die Sicherheit, die ein jeder
in seinem Hause, als der sichersten Zuflucht, haben
muß, sowohl die Treue, die das Hausgesinde seiner
Herrschaft schuldig ist, und das einzelne Vergnügen,
welches ein jeder in einem friedlichen Staate innerlich in sich hegen kann und darf, zerstöret. Verschiedene Verfassungen haben die Hausvisitationen
leider verstattet, welche, indem sie sehr öfters die
Ruhe und Sicherheit des dem Gesetze gehorsamen
Bürgers gestöret haben, eben so unzulänglich gegen
den

sicht überfallen werden, als die, welche mit Gewehre
versehen sind.   Sehet da Gesetze, die dem Verbrechen
nicht

den Verbrecher des Gesetzes gewesen sind. Die
Dienstbothen sind geschützet ja ermuntert worden,
ihre eigne Herrschaft anzuklagen, welches sowohl
mit der Länge der Zeit das Herz der Nation hätte
verschlimmern, als auch eine weit grössere Ungele-
genheit verursachen können, als diejenige, welcher
man durch dergleichen Mittel hat vorbeugen wollen.
Nachdem Wir also der Natur nicht gemäß gefunden
haben, mit den Hausvisitationen aus den Gründen, welche in unserer Verordnung vom Juli.
1776. angeführet worden, fortfahren zu lassen re.
Sehet da einen neuen Philosophen auf dem Throne, der,
weil er aus preiswürdigen Absichten, eine neue Kleidertracht
wünschet, zu solcher niemanden zwinget, sondern die Gemüther zu lenken weis, daß sie von selbst seinen Wunsch gewis
erfüllen werden. Erkennet, daß Klugheit mehr als Strafe
bewirke, und begreifet aus diesem Beyspiele, daß man nicht
nur in Republiken, sondern auch in Monarchien, von Freyheit sprechen könne. Selbst ein König spricht davon. Kann
man also wohl mich, der ich solche so eifrig vertheidige, eines
Hochverraths beschuldigen? Man denke von mir, was man
will, man schimpfe, man table mich nach Belieben, ich wei-
che nicht von meinem Satze, sondern behaupte bis an das
Ende meiner Tage, daß, weil die Unterthanen in allen Ländern durch Drangsale der Abgaben ohnehin sehr beängstiget,
und verschiedene Nothwendigkeit mancherley Einschränkungen
schon ausserdem erfodert, der Fürst, wo er nur weis und
kann, durch verstattete Freyheit den Bürgern diese Bitter-
keit versüßen, und ihnen nicht alle Tritte und Schritte, die
sie thun und nicht thun sollen, vorschreiben müsse. Er liebe
und verstatte Freyheit, damit man sein Herz aus seinen Gesetzen lesen könne; er lerne seinen Beruf kennen, die zeitliche
Glükseligkeit der Unterthanen zu befördern, und steige in
keine andere Sphäre. Er verwandele Seelen in keine Ma-
tionen-

nicht zuvorkommen, sondern sich vor dem Verbrecher fürchten; die aus dem überraschenden Eindrucke einiger einzeln besondern Vorfallenheiten entstanden, und sogleich zur gemeinen Regel gemacht worden sind. Man muß nicht allzu behende bey einzelen Vorfallenheiten ein neues Gesetze ausheken, sondern das Ganze übersehen, damit die Gesetze keine Misgeburten, sondern Früchte einer reifen Ueberlegung seyn mögen, nicht dessen, so in einzeln Fällen, sondern was im Ganzen nützlich ist.

Ein falscher Begriff von Nützlichen ist ferner derjenige, welcher gerne einem Haufen empfindender Wesen die Gleichförmigkeit und Ordnung geben möchte, deren eine rohe und leblose Materie fähig.

Hütet euch ferner, daß ihr bey Gebung der Gesetze grosse Bewegungs Gründe nicht ausser Augen setzet, die stark und dauerhaft auf den gemeinen Haufen wirken, um entfernte Bewegungs Gründe zu gebrauchen, deren Eindruck matt und flüchtig ist, woferne nicht etwa eine starke Einbildungskraft, welche der Menschlichkeit doch eben nicht gar gewöhnlich ist, durch die Zauberey der Vergrösserung des Gegenstandes die Entfernung desselben ersetzet.

Eub-

cionetten; er lasse seine Gesetze überall Menschlichkeit athmen, und Milzsucht von ihnen entfernet seyn; er glaube sicherlich, daß diejenigen auf unrechten Pfaden wandeln, welche die Kunst zu herrschen aus Hübners, Christian Weisens, Uhsens und Calanders Schriften, oder aus des Erasmus Büchelchen de civilitate morum erlernen wollen; er hüte sich, etwas zu verbieten, wodurch dem Nächsten kein Schade erwächset, wodurch niemand beleidiget wird. Was kann er wohl für Bedenken haben, seinen Unterthanen eine Wohlthat zu erweisen, die ihm nicht das geringste kostet, sondern vielmehr einträglich ist, weil sie Fremden gefällt und die Leute gerne in seinem Lande wohnen? Freyheit lotet, Zwang verjaget.

Endlich ist auch unter die falschen Begriffe von
Nützlichen zu rechnen, wenn man mit Weglassung der
Sache, den Namen beybehält und das gemeine Beste
von der Wohlfahrt der einzeln Personen gänzlich trennet.
Der Unterschied zwischen dem Zustande der Gesellschaft
und der Natur bestehet darinnen, daß der in den natürlichen Zustande lebende Mensch nie zu Handlungen schreitet, die andern zum Schaden gereichen, als bis er aus
der Beschädigung anderer für sich Vortheile ziehet; allein der gesellschaftliche Mensch wird öfters durch fehler-
hafte Gesetze bewogen, andere zu verletzen, ohne sich damit selbsten Vortheile zu verschaffen. Der Despote stürzet
Furcht und Niedrigkeit in die Seelen seiner Sklaven;
da aber diese wiederum mit grösserer Macht auf den unumschränkten Gebiether zurückwirken, so gereichen sie
ihm gar bald zu seiner Beunruhigung und zu seinem eigenen Schaden. Je heimlicher, je häuslicher und ein-
samer die Furcht ist, desto weniger ist sie demjenigen,
der sie zum Werkzeuge seiner Glückseligkeit zu gebrauchen
weis, gefährlich; je öffentlicher sie hingegen und jemehr
sie unter eine grosse Anzahl von Menschen verbreitet ist,
desto leichter kann es geschehen, daß ein Thor, ein Ver-
zweifelnder, oder ein Tollkühner und Verschlagener sich
finde, der sich anderer zu Ausführung seiner Absichten
bedienet, und in ihren Gemüthern desto annehmlichere
und verführerische Hoffnungen erreget, da die Gefahr
der Unternehmung unter eine grössere Menge in gleichem
Maaße vertheilet, und der Werth, den sie ihrem Leben
beylegen, desto geringer wird, je grösser die Mühselig-
keit ist, in welcher sie leben. Dies ist die Ursache, warum eine Verletzung immer mehrere zuwege bringet,
weil der Haß viel länger, als die Liebe dauert, da jener durch wiederholte Thaten mächtig gestärket, diese
aber mittelst des öftern Genußes sich gleichsam selbst
verzehret.

Beccar. v. Verbr. u. Straf.   M   §. XLI.

§. XLI.

Wie man den Verbrechen zuvorkom=
men soll.

Es ist besser den Verbrechen vorzubeugen, als schon
verübte zu bestrafen. Dieß ist der Hauptzweck der
gesetzgebenden Klugheit, welche nichts anders ist, als
die Kunst, die Menschen zu dem höchst möglichen
Grade des Glücks, oder dem möglichsten geringen
Grade des Unglücks, zu führen. Es sind aber die
bis itzt angewandten Mittel meistentheils falsch oder
wohl gar dem Endzwecke selbst entgegen gesetzt gewesen.
Es ist nicht möglich den unruhigen Unternehmungs=
geist der Menschen in eine geometrische Ordnung zu
bringen, daß sich nicht hier und da einige Unregelmäß=
sigkeit und Verwirrung einmischen sollte. Können die
festgesetzten und einfachen Gesetze der Bewegung nicht
verhindern, daß Planeten am Himmel in ihrem Laufe
sich nicht zuweilen verirren, so werden menschliche Ge=
setze noch viel weniger verhüten, daß nicht bey der an=
ziehenden Kraft einer unendlichen und wider einander
laufenden Menge von Vergnügen und Schmerzen, nicht
einige Störungen und Unordnungen entstehen sollten.
Gleichwohl ist dieses das jämmerliche Hirngespinnste, wel=
ches kurzsichtige Leute, wenn sie einigermassen mit Hand
an das Ruder der Regierung legen, sich in Kopf zu setzen
belieben. Eine Menge gleichgültige Handlungen
verbieten, heißt nicht den Verbrechen vorbeugen,
welche daraus entstehen können a), wohl aber
heißt

a) Das ist der Fehler unserer Polizeyordnungen, welche den
Menschen zu Maschinen machen wollen, die zu gesetzter Zeit
schlafen, bethen, essen und trinken sollen, wie man es in
Schulen mit den Kindern macht.

heißt dieß Anlaß zu neuen geben. Man verändert nach eigenen Gefallen und zum größten Nachtheile der Sittenlehre durch solche Gesetze die Begriffe von wahren Tugenden und wahren Lastern, welche doch sonst als ewig und unveränderlich ausgeprediget werden. Wie schlecht würde es um uns stehen, wenn uns alles, was zum Verbrechen Gelegenheit geben kann, verboten werden sollte? Man müßte sich des Gebrauches der Sinnen berauben.

Es giebt gegen einen Bewegungs Grund, welcher die Menschen ein wahres Verbrechen zu begehen reizet, tausend, die sie zu gleichgültigen Handlungen antreiben, welchen thörichte Gesetze den Namen eines Verbrechens beylegen. Die Wahrscheinlichkeit, daß Verbrechen werden verübet werden, beziehet sich auf die Anzahl der Bewegungs Gründe, welche die Menschen darzu reitzen; wenn nun dieses ist, so wird durch unnöthige Erweiterung des Umfangs der Verbrechen, auch die Wahrscheinlichkeit vergrößert, daß mehrere werden begangen werden. Wahrhaftig ein grosser Theil der Gesetze sind nichts anders, als ein anschliessendes Vorrecht oder ein Tribut, den die meisten zum Behufe der Bequemlichkeit einiger Wenigen zu erlegen haben.

Will man den Verbrechen zuvorkommen, so sey man darauf bedacht, daß die Gesetze klar und einfach seyn mögen, und daß die ganze Macht der Nation zur Vertheidigung, und kein einziger Theil dieser Macht zur Durchlöcherung der Gesetze angewendet werde. Man sehe dahin, daß nicht die verschiedene Stände der Menschen, sondern die Menschen insgesamt, von den Gesetzen begünstiget seyn mögen. Man lasse sich angelegen seyn, den Menschen Furcht vor den Gesetzen einzuflößen, aber vor den Gesetzen allein. Diese Furcht ist heilsam;

M 2

aber

aber die Furcht eines Menschen vor dem andern ist eine
ergiebige Quelle mancherley Unheils. Alle Sklaven
sind wollüstiger, ausgelassener und grausamer, als freye
Menschen. Diese huldigen den Wissenschaften, und
überdenken das allgemeine Wohl, sie sehen grosse Gegenstände und streben ihnen nach. Aber in Furcht und
Sklaverey lebende Bürger suchen in schwärmender Be-
täubung des zügellosen Lebens eine Zerstreuung, um
sich den schrecklichen Zustand zu erleichtern, worinnen
sie sich erblicken, und einigermaaßen das Nichts zu vergessen, worinnen sie versetzt sind. An die Ungewißheit
aller Begebenheiten gewöhnt, ist ihnen der Anschlag
ihrer Verbrechen, gleich einem dunkeln Räthsel, un-
auflöslich, wodurch die Leidenschaften, von welchen sie
hingerissen werden, Nahrung und Macht gewinnen.

Fällt diese Ungewißheit der Gesetze auf ein Volk,
welches der Erdstrich, den es bewohnet, träge machet,
so erhält und vermehret sie dessen Trägheit und Dummheit. Trift diese Ungewißheit eine wollüstige und schlaue
Nation, so verbreitet sie, nach ihren thätigen Geiste,
eine Menge kleiner Kabalen und listiger Anschläge, welche die Gemüther mißtrauisch machen. Verrätherey und
Verstellung wird zur gemeinen Moral. Fällt die Ungewißheit der Gesetze endlich auf ein muthiges und star-
kes Volk, so wird es nach einigen Hin- und Herschwan-
ken bald von der Freyheit zur Sklaverey, bald von der
Sklaverey zur Freyheit, alle Bande gänzlich zerreißen.

§. XLII.
Von den Wissenschaften und Religion.

Verbrechen werden verringert, wenn die Einsichten
einer Nation sich erweitern und der Freyheit zur
Seite gehen. Je ausgebreiteter die Kenntnisse sind je
geringer wird die Anzahl der Uibel, die aus Einfalt und

Dum-

Dummheit entſtehen, und beſto beträchtlicher werden im
Gegentheile die daher erwachſenden Vortheile. Ein kühn-
ner Betrüger, dem es am vorzüglichen Scheine niemals
gebricht, wird von einem unwißenden Volke angebethet,
von einem aufgeklärten hingegen verachtet b). Kennt-
niſſe verſchaffen den Menſchen eine Fertigkeit der Seele
einen Vergleich zwiſchen den Gegenſtänden anzuſtellen,
ſie lehren ihm, ſelbige aus verſchiedenen Geſichtspunk-
ten zu betrachten; ſie ſtellen ſeinen Empfindungen
anderer Menſchen Empfindungen entgegen, und werden
ſolche wechſelſeitig gegen einander gemildert; ſie helfen ihm bey andern Menſchen eben die Begierden,
die er ſelbſt hat, entdecken, und von ihrer Seite gleichen Widerſtand vorausſehen. Vor dem hellen Scheine
der aufgeklärten Vernunft verſchwindet die verläumberi-
ſche Dummheit, das durch Einſicht entwafnete Vorurtheil des Anſehens zittert und zaget, nur die Gewalt
der Geſetze bleibet unerſchüttert.

M 3 Es

b) National Thorheiten eines Volkes ſind nie von Groſſen auf
die gemeine Menge, ſondern von den Bauern auf die Groſſen
kommen. Wenn ein Aberglaube erſt unter den Pöbel allgemein, dann wird erſt der Vornehme mit fortgeriſſen. Ge-
ſpenſter und Hexen ſind erſt von Dorfe nach Hofe gezogen.
Zoroaſter und Mahomed, um ihre Lehre zu verbreiten, hien-
gen ſich ſogar an die Weiber, bey welchen Geſchichten und
Mährchen deſto feſter geglaubt werden, je unwahrſcheinlicher
ſie ausfallen. Da nun der gemeine Mann ſeiner Natur nach,
und wegen der ihm beywohnenden Furcht, ein abergläubiſches
Thier iſt, ſo habe vielmals überleget, ob es nicht zur Tugend
viel beytragen würde, wenn man ſich dieſer ſeiner Schwachheit bediente, und anſtatt daß man ihm erzählet, wenn ein
Haaſe quer über den Weg laufe, dieſes Unglück bedeute, andere Sprüchelgen unter ihm ausſtreuete, die ihn zur Recht-
ſchaffenheit lenketen, als z. B. wer ſich grauſam gegen ſein
Vieh bezeiget, dem gehet es in der Welt nicht wohl; oder
fremdes Gut hat eiſerne Zähne, es frißt nicht allein ſich ſelbſt
ſondern neben bey auch das eigene und gerechte Guth, u.ſ.w.

Es findet sich keiner, der nicht den offenbaren Nutzen der Verträge zur gemeinen Sicherheit erkennen und genehmigen sollte, weil er die geringe Portion der unnützen Freyheit, deren er sich beraubet, mit der Summe der Freyheit, welche die andern alle dagegen aufgeopfert, in Vergleichung ziehet und erwäget, daß der sämtlichen Mitglieder Freyheit, ohne den Beytritt der Gesetze, sich wider seine Sicherheit verschwören könnte. Wer ein empfindsames Herz hat, und einen Blick auf ein wohl abgefaßtes Gesetzbuch wirft, wird zu dem Throne, und dem, der darauf sitzet, mit Segenswünschen hinaufblicken, weil er sieht, daß er nichts verloren, als die unselige Freyheit, seinen Nebenmenschen boshafter Weise zu schaden.

Es ist falsch, daß die Wissenschaften dem menschlichen Geschlechte jederzeit schädlich, und sind sie es jemals gewesen, so war es ein der Menschlichkeit anklebendes und unvermeidliches Uibel. Die Vermehrung des menschlichen Geschlechtes auf Erden hat den Krieg verursachet; die noch unausgebildeten Künste und ersten Gesetze, welche nur Verträge einer entstehenden und bald vorübergehenden Nothwendigkeit waren, fanden in dem Kriege ihren Untergang. Damals entstand die erste Philosophie, deren Grundsätze zwar nicht sehr zahlreich, aber in ihrem Urstoffe richtig waren, weil die Menschen durch ihre Trägheit und Einfalt vor vielen Irrthümern bewahret wurden. Als aber mit der Vermehrung der Menschen sich ihre Bedürfnisse vervielfältigten, waren stärkere und dauerhaftere Eindrücke nöthig, damit die Bürger abgeschreckt würden, nicht so wiederholte Rückfälle in ihre erste Wildnis zu versuchen; Rückfälle, die tagtäglich gefährlichere Folgen nach sich zogen.

Es waren also die ersten Irrthümer in der Religion, welche die Erde mit erdichteten Gottheiten an-
füllten und eine unsichtbare Welt von Geistern erschufen c)
M 4 wel-

c) Geistern. Damit waren die Chaldäischen Weisen sehr freige-
big. Die Ursache war, weil sie keine Kenntnis der Natur
hatten. Je bekannter man ist mit der Körper Welt, desto
mehr verschwindet die Geister Welt. Wie mögen aber
wohl die Menschen zuerst und bevor das versiegelte Kleinod der heiligsten Offenbarung hierinnen denen Juden davon einige Kenntniß gegeben, blos durch die Vernunft auf den
Begriff eines Geistes gerathen seyn? der Hauch und die
Luft hat Gelegenheit gegeben, daß man sich solche unsichtbare Potenzen in größerer Menge ersonnen, als nöthig war.
Der Wind bewegte Fenster und Thüren, ja risse wohl gar
Bäume aus der Erde, und man sahe ihn doch nicht.
Gleich war die Definition fertig: die unsichtbare Ursache
einer sichtbaren Wirkung heißt ein Hauch, ein Wind, ein
Geist. Das ist eine leichte Philosophie. Man setze einen
Geist in den Magnet, so weiß man, warum er Eisen ziehe. Die Planeten und alle himmlische Sphären wurden
von Geistern gedrehet. Meer und Flüsse hatten ihre Geister,
die Luft hatte ihre Geister und Wälder die ihrigen. Jeder
Sterblicher bekam derer zweene zu seinen Führern, einen,
der ihm gute, den andern, so ihm böse Gedanken in das
Ohr lispelte. Diese Weisheit ist so bequem, so faßlich, daß
sie auch Kinder verstehen können. Die Religion dieser Heyden bestand nicht in Liebe zur Tugend, nicht in Vertrauen
auf Gott, sondern in einer Furcht für unsichtbare Potenzen,
in Beten und Opfern. Die Sprachkunst hat mir den Ursprung der Geister, und daß der Wind oder die Luft zu
solchen Gelegenheit gegeben, gelehret. Denn in allen Spra-
chen ist das Wort Geist vom Winde abgeleitet, wie der
Lateiner spiritus, der Griechen πνευμα. Der Englische Ety-
mologist Skinner leitet ebenermaaßen das deutsche Wort Geist
von Gust her, welches Wind bedeutet.. Alles wurde nunmehr mit Geistern erfüllet. Die Chaldäer brachten die Sache dergestalt aufs Reine, daß sie sogar Eintheilungen und
Classe-

welche die ſichtbaren beherrſchten und regierten, eine
groſſe Wohlthat (ich nehme dieſes Wort in politiſchen
Verſtande) für das menſchliche Geſchlechte. Man kann
die kühnen Männer, welche die erſten Einwohner der
Städte betrogen und die lehrbegierige Unwiſſenheit zu
dem Fuſſe der Altäre ſchleppten, als Wohlthäter des
Erdkreiſes betrachten. Sie ſtellten den Völkern Dinge vor, welche ihre Sinne überſtiegen, und die ſich
immer mehr von ihnen entfernten, je näher ſie ihnen
zu kommen glaubten. Dinge, die niemand zu verach-
ten wagte, weil er ſie nicht kannte. Dinge, die ſelbſt
wegen ihrer Dunkelheit ihr Anſehen behaupteten. Auf
dieſe Art vereinigte man die zerſtreueten Leidenſchaften
vieler Menſchen auf einen einzigen Mittelpunkt, welcher ſich gänzlich ihrer Seelen bemeiſterte d). So war
das

Claſſen verfertigten, ſowohl der guten als böſen Geiſter. Von
ihnen hat ſie Pythagoras und Plato überkommen. Doch was
verſündige ich mich, da ſelbſt in dieſen 18ten Jahrhunderte
Schwedenburg, Schröpfer und Gasner die vertrauteſte Be-
kanntſchaft ſolcher Geiſter genoſſen.

d) Daß alle Religonen, nur die jüdiſche ausgenommen, politiſche Erfindungen ſchlauer Staatsmänner geweſen, um den
einfältigen Pöbel, der durch Aberglauben, nicht aber durch
Vernunftſchlüſſe zu lenken iſt, deſto leichter zu regieren,
ſcheint mir ein wenig zu viel geſagt. Ich weis zwar wohl,
daß hierunter freylich vielerley Betrügereyen geſpielet word-n,
und daß Numa, Minos, Lykurgus, Zaleukus, Mneves,
Zatrauſtis und Zamolxis vorgegeben haben, als hätten ſie
ihre Geſetze von Göttern, ja daß ſelbſt Könige das Prieſter-
thum zugleich verwaltet:

Rex Anius, Rex idem hominum, Phoebique Sacerdos

Allein ich finde einen etwas nähern Grund ſelbſt in der
menſchlichen Seele, welcher zur Religion Anlas gegeben,
nachdem ich in den Reiſebeſchreibungen geleſen, daß viele
Amerikaniſche Völkerſchaften, auch Iſländer, Grönländer,
Kam-

das Schicksal der ersten Völker beschaffen, die aus Wilden entstunden. Dies war der Zeitpunct, wo die grossen Gesellschaften ihr Daseyn erhielten und das Band
geknüpfet wurde, welches so viel Glieder vereiniget.
Ich will hiermit nicht jenes von Gott erwählte Volk
verstanden wissen, bey welchem ausserordentliche Wunderwerke und die deutlichsten Merkmale der göttlichen
Gnade die Stelle der menschlichen Staatskunst vertra-
ten. Allein wie der Irrthum, seiner Natur nach, sich
in unendliche Aeste verbreitet, so haben die daher entstandenen falschen Wissenschaften aus den Menschen einen fanatischen Haufen von Blinden gemacht, welche
in einem verschlossenen Labyrinthe herumkreuzeten, wo
alles dermaassen wider einander liefe, daß Meynungen
gegen Meynungen stießen und eine Lehre die andere ver-
wundete. Diese für die Welt so traurige Scenen machten, daß einige philosophische Seelen den alten Stand
der Wildheit zurückwünschten, weil sie sahen, daß solche Wissenschaften, oder richtiger zu reden, Meynungen, erstaunend schädlich waren.

Die zwote Entwickelung der Kenntnisse fällt in den
Uibergang vom Irrthume zur Wahrheit und von der
Finsterniß zum Lichte; ein Uibergang, welcher viel ab-

M 5   schre-

Kamschatkaer und andere Bewohner neu entdeckter Inseln,
die völlig wild und ohne Könige gelebet, zwar nicht von Gott,
d. i. von dem Geber des Guten und Schöpfer der Welt
gewußt, aber sämtlich Teufel geglaubt, d. i. sehr garstige
unsichtbare Gespenster, die tief in der See wohneten und zuweilen hervorkämen dem Menschen zu schaden. Aber mit Ge-
schenken versöhnet werden könnten. Also hat bey den
Heyden, wie die Historie bezeiget, die Furcht wenigstens Teufel erschaffen, ohne daß Könige an dieser Erfindung den mindesten Antheil gehabt.

schreckendes und schweres bey sich hat. Wahrheiten, die einer geringen Anzahl schwacher Menschen wider den ungeheuren Haufen der Irrthümer gefährlich, hingegen einer grossen Anzahl mächtiger Leute nützlich sind, muß- ten einen Riesenkampf unternehmen. Die Gährung der in diesem Augenblicke erwachten Leidenschaften stellten unzählige Schaaren von Uibeln wider die armen Sterb- lichen ins Feld. Wenn man die Geschichte, worinnen die Hauptbegebenheiten der Welt, nach Ablauf gewisser Perioden, immer wieder erscheinen, mit Aufmerksam- keit lieset; so wird man sehen, daß in diesem traurigen, aber nothwendigen Uibergange von der Finsternis zur Aerklärung, und von der Tyranney zur Freyheit, oft- mals ein ganzes Menschengeschlecht dem künftigen Glü- cke derer, welche darauf folgen, aufgeopfert wird. Wenn aber die Gemüther besänftiget, und das Feuer, wo- durch ein von der Bosheit unterdrücktes Volk gleichsam wie das Gold geprüfet worden, von edlern und sanftern Gesinnungen ersticket, alsdann gelanget die Wahrheit zwar anfangs mit langsamen Schritten, die aber nach- mals geschwinder werden, bis zu dem Throne der Mo- narchen, setzt sich ihm als eine Gesellschafterin zur Sei- te, und erwirbet sich in der Versammlung des Volkes und in der ganzen Gesellschaft Sitz und Stimme. Wem kann da wohl noch einfallen zu behaupten, daß das den grossen Haufen erleuchtende Licht schädlicher, als die Finsterniß, und die richtige Erkenntnis der einfachen und leicht zu begreifenden Wahrheit dem menschlichen Ge- schlechte nachtheilig sey? So viel muß ich freylich ge- stehen, daß natürliche Unwissenheit vielleicht nicht so schädlich ist, als eine mittelmässige und verwirrte Kennt- niß, weil sich zu den Uibeln, welche aus der Unwissen- heit entstehen, auch noch das Unheil des Eigendünkels, der Herrschsucht und der rachgierigen Irrthümer hin-
zuge-

zugesellet e). Allein wenn die Vorsicht dem Fürsten einen Mann von aufgeheiterten Einsichten gönnet, welcher die Gesetze als ein Heiligthum betrachtet und selbige handhabet, so ist dieser das köstlichste Geschenke, welches der Regent sich selbst verschaffen und seinen Unterthanen wieder angedeyhen lassen kann. Da dieser einsichtsvolle Weise die Wahrheit zu suchen gewohnt ist, ohne sich zu fürchten; da er über den größten Theil vermeynter Bedürfnisse, deren Vorspiegelung die Tugend so oft zu Falle gebracht, erhaben; da er das menschliche Geschlecht aus dem erhabensten Gesichtspuncte betrachtet, so siehet er seine Nation, als seine Familie, und seine Mitbürger, als seine Brüder an. Der blendende Abstand der Grossen von dem Gemeinen kommt ihm desto geringer vor, weil nicht etwa ein oder der andere Theil, sondern das Ganze auf einmal vor seinen Augen aufgedecket liegt. Der Philosoph hat Bedürfnisse und ein Interesse, die der Pöbel nicht kennet, nämlich, die Nothwendigkeit, den Grundsätzen, welche er in Verborgenen erkannt, durch eigene Ausübung zu realisiren. Nicht eine nur knechtischen Seelen anständige Furcht vor der Strafe, sondern seine Gewohnheit, die Tugend um ihrer

e) Noch weit schädlicher für das gemeine Wesen ist es, wenn man die Religion im äusserlichen Gepränge suchet. Das Christenthum bestehet bey den meisten Menschen in Kirchengehen, Singen und Bethen. Wer das thut, heißt bey der Kirche und unter den Pöbel ein frommer christlicher Mann, wenn er auch ein Wucherer, Betrüger und Meyneidiger seyn sollte. So übertünchet man Gräber, ziehet aber keine Christen, deren Handlungen tugendhaft seyn müssen. Es geziemet mir nicht, einen Blick in die Ewigkeit zu wagen, sonst würde ich muthmassen, daß ein tugendhafter Heyde, welcher vom Christenthume keine Kenntniß erlangen, oder solches nicht begreifen mögen, dem Throne des Glanzes wohl näher treten dürfte, als ein lasterhafter Christ mit wunderschönen Geplärre.

ihrer ſelbſt willen zu lieben, beleben ſeine Thaten. Einige Männer von dieſer Gattung würden die Glückſeligkeit ganzer Völker machen. Soll aber dieſes Glück von Dauer ſeyn, ſo müſſen gute Geſetze die Anzahl der Tugendhaften ſo vermehren, daß die Wahrſcheinlichkeit, es werde der Landesherr eine ſchlechte Wahl hierinnen treffen, dadurch ſich von Tage zu Tage verringere.

§. XLIII.

Von den Magiſtratsperſonen.

Ein anderes Mittel den Verbrechen vorzubeugen, beſtehet darinnen, es dahin einzuleiten, daß obrigkeitlichen Perſonen ſelbſt daran gelegen ſey, die ihnen anvertrauten Geſetze unverletzlich zu handhaben, und ſich weder durch Leidenſchaft noch Freundſchaft zur Hindanſetzung verleiten laſſen. Je größer die Anzahl derer iſt, welchen die Vollziehung der Geſetze aufgetragen, und die einander neidiſch beobachten, alſo ſich ſelbſt vor einander fürchten, deſto ſeltener iſt die Feilbiethung der Gerechtigkeit, deſto weniger ſind Mißhandlungen der Geſetze zu befürchten; weil der Vortheil, der auf einen jeden fallen würde, ſich verkleinert, und die Gefahr der Unternehmung nicht ausgleichet. Wenn der Fürſt einer Perſon zu viel Anſehen einräumet, und den Unterdrückten keine gerechte oder gegründete Klagen nachläßt, ſo werden die Bürger gewöhnt, nicht ſowohl die Geſetze, als die Richter zu fürchten, wobey dieſe gewinnen, hingegen die öffentliche und privat Sicherheit verlieren.

§. XLIV.

§. XLIV.

Von den Belohnungen.

Ferner ist auch die Belohnung der Tugend ein Mittel, den Verbrechen vorzubeugen. Die Gesetze aller heutigen Nationen beobachten in Rücksicht auf diesen Punct ein allgemeines Stillschweigen. Ist es möglich gewesen, daß Akademien der Wissenschaften für die Erfinder nützlicher Entdeckungen Preise ausgesetzet und hierdurch die Kenntnisse erweitert, sowohl die Anzahl guter Bücher vergrössert haben; warum sollten nicht die von der wohlthätigen Hand des obersten Gebieters ausgetheilten Preise tugendhafte Handlungen gleichermassen vervielfältigen? Ehre und äusserliche Vorzüge sind eine solche Münze, welche in den Händen eines weisen Verwalters unerschöpflich ist, und mit grossen Wucher genutzet werden kann f).

Von

---

f) Daß bey vielen Verbrechen, als z. B. bey der Hurerey, die Strafen nichts helfen, sondern vielmehr schädlich, hat Preussen sattsam erkannt und wie gar vielmals erwähnet. Strafe auf eine Sache zu setzen, die sich selbst bestraft, wie soll ich dieses nennen? Die Schande ein Kind zu bekommen, und eine Hure zu heissen, ist bey dem schönen Geschlechte mehr als der Tod. Schrecket dieses nicht, was will Kirchenbusse und vierzehn tägliches Gefängniß helfen? Treibet es aufs höchste und machet Zangen glühend, ihr werdet dem Hungrigen doch nicht verbiethen, sich nach Brod umzusehen, um seiner zu begehren. Belohnungen würden mehr ausrichten, aber sie kosten Geld. Bereits im fünften Jahrhunderte hat ein Bischof in Frankreich, der heilige Medardus, das Rosenfest erfunden. Er war Herr von dem Dorfe Salency. Welches Mädgen auf eine gewisse Auszucht, mithin auf einen

§. XLV.

Von der Erziehung.

Das ficherfte aber zugleich auch fchwerefte Mittel, die Menfchen umzuarbeiten, ift endlich, daß man die Erziehung beffer einrichte. Allein diefer Gegenftand ift gar zu weitläuftig, und würde mich über das Ziel, welches

nen Mann, alljährlich Rechnung machen darf, muß keufch gelebt haben. Man unterfuchet ihren Lebenewandel, doch nicht mit der ftrengften Genauigkeit, nicht dergeftalt, daß der Teufel mit einen Advofaten ihr entgegen geftellt werde. Das Rofenmädgen begiebt fich am Medardus Tage in weiffer Kleidung und fliegenden Haaren in Begleitung einer Dorfmufie nach dem Schloffe. Sie macht dem Herren von Salenep ein kurzes Compliment. Er, oder in feiner Abwefenheit ein Abgeordneter oder der Gerichtshalter, giebt ihr fodann die Hand und führet fie in Proceffion zur Kirche, wo fie ihre Ausftattung erhält. Man fingt: Herr Gott dich loben wir, und die jungen Purfche platzen dabey aus Feuerröhern. Hierauf wird fie zu Tifche begleitet, und unter einem groffen Baume eröffnet der Gutherr mit diefem Mädgen den Ball. Den andern Tag bittet das Rofenmädgen die jungen Leute zu fich und bewirthet fie nach ihrer Art, wobey gefungen und getanzet wird. Man fagt, in diefem Dorfe fey eine Schwachheit des weiblichen Gefchlechtes was unerhörtes, ohnerachtet in den benachbarten Dörfern felbige wie eine Peft unter den Dirnen wüthe. Alfo find Belohnungen freylich gut, aber übertriebene Züchtigungen was follen die helfen? Sie machen die Gemüther brutal und verdunkeln den Unterfchied, der zwifchen groffen und geringen, wahren und Scheinverbrechen obwaltet. In der Laufiz wird der Ehebruch mit fechs wöchentlichen Gefängniß, in Churfachfen mit dem Schwerdt beftrafet. Fallen etwa in diefem Marggrafthume mehrere und in Sachfen wenigere Ehebrüche vor? Nein, dort gerade fo viel wie hier, und hier gerade fo viel als dort. →

ches ich mir vorgestecket, hinausführen. Aller gar
wohl gemeyneten Anstalten ungeachtet, getraue ich mir
zu behaupten, daß diese Sache, ihren Wesen nach, mit
dem Innersten der bürgerlichen Verfassung in so genauer
Verbindung stehe, daß solche nicht noch lange Zeit und
bis auf glücklichere, leider! noch sehr entfernte Zeiten
ein ödes, ein nur hin und wieder von einigen Weisen
schüchtern bearbeitetes Brachfeld bleiben werde. Ein
gewisser großer Mann, der die Menschen, so ihn verfolgen, aufzuklären suchet, hat ausführlich die vor-
nehmsten Grundsätze einer solchen Auferziehung, wie sie
dem Staate wahrhaftig Nutzen brächte, entworfen.
Hier sind einige davon: Man bemühe sich den Kindern
statt einer Menge fruchtloser Dinge, die sie nicht fassen, eine kleine Anzahl wohl gewählter und deutlicher
Lehren vorzulegen. Sowohl bey physikalischen als moralischen Erscheinungen der Natur lasse man ihnen statt
einer verblümten und fehlgeschlagenen Copey, das Ur-
bild in seiner ächten Größe sehen g). Man suche sie
auf

g) Ich weiß nicht ob in irgend einer Schulordnung ein Fingerzeig geschehen, daß der Schulmeister seiner anvertrauten Dorf-
jugend, die Kobolde, Drachen, Wechselbälge, Gespenster,
Nixe, Berggeister und was dies Ungeziefer mehr für Namen
hat, aus dem Kopfe rücken und die Betrügereyen der Schatz-
gräber, klugen Männer, Teufelsbanner und Nativitäten Stel-
ler ihnen klar aufdecken, besonders aber die Wahrsagerey aus
den Kartenschlagen, Heulen der Hunde, Schreyen des Käuz-
leins, aus dem Husse des Coffetöpfgens, die Traumbücher
u. s. w. lächerlich vorstellen solle. Mich deucht, eine Sache,
wodurch so viel Menschen unglücklich werden, sey keine Kleinigkeit. Allein meist ist der Schulmeister selbst Prophete,
vielmals glauben die Verfasser der Schulordnungen selbst an
die Hexe zu Endor, wie ich denn (es ist schändlich, aber ich
will

auf dem leichten Wege der Vernunft zur Tugend zu leiten und vom Bösen durch die von ihnen verstand-ne
Nothwendigkeit der Strafen, welche auf die Thaten folgen müssen, zu entfernen. Dieses ist nützlich, nicht
aber der gebietherische Zwang, dessen Wirkung immer
ungewiß bleibet, und wodurch man ihnen keinen freu-
digen, sondern nur einen heuchlerischen Gehorsam von
kurzer Dauer abnöthiget h).

§. XLVI.

Von der Begnadigung.

Je gelinder die Strafen sind (und so sollen sie seyn),
desto weniger ist Gnade und Verzeihung nothwendig.
Glücklich wäre das Volk, bey welchem man die Begnadigung mehr für etwas unheilsames, als lobenswürdi-
ges ansehen müßte. Die Mildigkeit, welche zuweilen
bey einem Regenten jene Eigenschaften ersetzen muß, welche ihm abgehen, die Pflichten des Thrones zu erfül-
                                              len,

---

will es erzehlen) eine Frau Pastorin gekannt, die mit völliger
Genehmhaltung ihres Ehcherrns dem Pfande ihrer Liebe, das
sie auf dem Arme trug, ein Scharlachläppgen um die Hand
genähet hatte, damit es nicht beschryen würde. Gott behüts!

h) Lokmann, der arabische Weltweise, sagte: Du kannst sündigen, wenn du nur einen Ort findest, wo dich Gott
nicht sehen kann. Dieses scheint schön gesagt, und ist schlecht.
Besser ist es, wenn der Lehrling antwortet: Ich würde blos
aus Haß gegen das Laster und aus Liebe zur Tugend niceman-
den beleidigen, wenn ich auch dergleichen Ort zu finden wüßte.

len, sollte aus einer vollkommenen Verfassung verbannet
seyn; in einer solchen nämlich, wo die Strafen, wie
sie seyn müssen, milder und die peinlichen Gesetze un-
tadelhafter wären.   Diese Wahrheit muß nothwendig
denenienigen hart vorkommen, welche unter einem verwirrten criminal Systeme leben, wo, wegen Verwechse-
lung der wahren Verbrechen mit chimärischen, die Begnadigung nach dem Maaße der Ungereimtheit, so in peinlichen Gesetzen herrscht, und der Grausamkeit der übrigen Strafen nothwendig wird i).   Das Recht Gnade zu er-

er-

i) Nichts verräth mehr die eingeschränkte Einsicht eines Gesetzgebers, als übermäßige Strafen, und machen sie wohl seinem
Herzen Ehre? Feigherzige, weggeworfene, Asiatische Seelen prügeln auf die Fußsohlen, schlagen einer tauben Nuß
halber die Köpfe herunter und sind unersättlich in der Rache,
da hingegen die Uiberwinder der Welt, die großmüthigen Römer, in ihren Strafen gelinde. Wir wollen den Livius hören
wo er von der Viertheilung des Mettius redet: Avertere
omnes a tanta foeditate spectaculi oculos. Primum ulti-
mumque illud supplicium apud Romanos, exempli parum
memoris legum humanarum, fuit. In aliis gloriari licet,
nulli genti mitiores, placuisse poenas. Bayle hat schon
bemerket, daß die Menschen nicht nach ihren Grundsätzen handeln, daß die Pharisäer den Verwundeten auf der Straße liegen lassen, da der Samaritaner ihn salbet. Er zeigt, daß
Naturalisten Gott lieben; daß sie keine Höllen Strafen fürchten und doch weniger sündigen; daß Spinoza rechtschaffen handele ohne Hofnung einiger Belohnung. Dieses macht einen
schönen Contraß mit demjenigen, welche die Religion zu Be-
mäntelung ihrer Bosheit mißbrauchen. Ein Beweis, daß durch
Schärfe der Strafe nichts zu erzwingen, sondern ein ange-
bohrner Haß gegen das Laster, oder eine durch weise Gesetze
eingeprägte Liebe zur Tugend, auch in bürgerlicher Einrich,
tung, bessere Wirkung habe, als Todesstrafen und Staubbe-
sen.

ertheilen ist eines der schönsten Vorzüge des Thrones.
Allein so glänzend auch dieses seyn mag, so beweist es
doch eine stillschweigende Mißbilligung derienigen Rechte, welche das Vorurtheil vieler Jahrhunderte, das
weitschweifige Gefolge unzähliger Ausleger und die übertriebenen Lobsprüche dreister Halbgelehrten bis im Himmel erhoben. Die Gnade ist eine Tugend des Geseßge-
bers, nicht aber desjenigen, der die bereits gegebenen
Rechte in Ausübung bringen soll; sie muß aus dem ganzen Gesetzbuche hervorleuchten, aber nicht in besondern
Urtheilen erscheinen. Lasset euch nur einigermaßen merken, daß die Verbrechen Vergebung erhalten können und
die Strafe nicht allemal deren unausbleibliche Folge sey;
o! so nähret ihr dadurch den Zunder der schmeichleri-
schen Hofnung durchzuschlüpfen, ja ihr erreget so gar
die Meynung, daß einer, der ohne Begnadigung Strafe
dulden muß, Unrecht leide, und daß die Urtheilssprü-
che mehr Gewaltthätigkeiten, als Handlungen sind,
welche aus der Gerechtigkeit fließen. Giebt nicht ein
Regent, wenn er jemanden begnadiget, die öffentliche
Sicherheit gleichsam in die Hände einer Privatperson,
und scheinet er nicht vermittelst einer unzeitigen Wohlthat gleichsam allgemein auszurufen, daß die Verbrechen
unbestraft bleiben sollen? Die Gesetze müssen demnach
wie

sen. Die Pharisäer beobachteten das Gesetz aus knechtischer
Furcht der ewigen Verdammniß. Die Sadducäer, welche die
Unsterblichkeit der Seele läugneten und keine Auferstehung
glaubten, beobachteten das Gesetz auch, aber nicht aus Furcht,
sondern aus Liebe zu Gott, ihren Wohlthäter und Erhalter.
Mich hat eine lange Erfahrung durch mancherley Beyspiele
belehret, daß tugendhafte Amtsleute ihre Gefangene milder,
hingegen solche, die von Fußsohlen bis auf das Haupt selbst
voller Laster und Fehler sind, ihre Inquisiten auf das scharf-
ste behandeln, und dabey überall, daß es zu Gottes Ehre geschehe, auspeitzigen lassen.

wie Felsen stehen, und diejenigen, die sie vollziehen, unerbittlich, der Gesetzgeber aber bey Abfassung der Rechte gelinde, huldreich und menschlich seyn. Als ein geschickter Baumeister suche er das Gebäude der Glückseligkeit auf den Grund der Liebe zu erbauen, vermöge welcher ein jeglicher sein eigenes Wohl wünschet, und er beeifre sich seine Einrichtung dergestalt zu treffen, daß das allgemeine Wohl mit dem besondern, so viel als möglich, in Vereinigung stehe. Solchergestalt wird er nachher nicht gezwungen seyn, das Wohl der Gesellschaft von der Wohlfahrt einzelner Personen durch besondere Gesetze zu trennen, und ein Schattenbild der öffentlichen Glückseligkeit auf Furcht und Mißtrauen zu errichten. Als ein tiefsinniger und empfindsamer Philosoph lasse er die Menschen, seine Brüder, den kleinen Antheil der Glückseligkeit, der ihnen übrig geblieben, in Frieden genießen, und gönne ihnen so viele Freude, als der Schöpfer dieser Erde, die nur ein Punct des Weltgebäudes ist, ihnen zugedacht.

§. XLVII.

Beschluß.

Ich schließe mit der Anmerkung, daß die Strafen dem jedesmaligen Zustande der Nation angemessen seyn sollen. Die Eindrücke müssen auf die verhärteten Gemüther eines Volkes, welches kaum dem Stande seiner Wildniß entflohen, stärker und empfindlicher seyn. Ein Wetterstrahl treffe den wüthenden Löwen, der den Schuß eines Feuerrohrs nicht achtet. Wenn aber hernach die Gemüther im Stande der bürgerlichen Gesellschaft sanfter und biegsamer werden, so nimmt die Empfindlichkeit

zu, mit deren Vermehrung die Härte der Strafe abnehmen muß.

Aus allen, was wir bisher gelehret, kann man
diesen allgemeinen Lehrsatz ziehen:

Damit die Strafe nicht in eine Gewaltthätigkeit eines Einzigen oder mehrerer gegen einzelne
Bürger ausarte, so muß sie öffentlich, nothwendig, so gelinde, als nach den besondern Umständen es immer möglich ist, den Verbrechen angemessen und durch Gesetze bestimmt seyn.

Urtheile

Urtheile und Anklagen

wider

vorstehendes Buch.

Urtheile und Anklagen
wider vorstehendes Buch.

Unter tausend Rosen und Lilien, welche die bewundernde Welt dem Marquis von Beccaria zugeworfen, sind freylich auch zuweilen einige tiefe Seufzer ausgestossen worden, und wer wird das tadeln? Aber nicht leicht ist jemand die lästerlichen Schmähungen auszustehen fähig, die ein besonderer Gegner ausgestossen, welcher den Verfasser wegen Gottesverläugnung und der verletzten Majestät anklaget, und der, wenn der Satan noch was ärgers ausgebrütet hätte, auch dessen ihn beschuldiget haben würde. Ich wundre mich in der That, daß unser Schriftsteller sich so weit erniedriget, daß er sich gegen selbigen, und noch darzu sehr weitläuftig, vertheidiget hat, da doch dieser Widersacher nicht in das Innerste gedrungen, sondern einen schändlichen Consequenzenmacher abgegeben. Dieser wirft dem Marquis beständig vor, daß aus seinen Sätzen Lehren flössen, welche den Meynungen der Protestanten, d. i. der Ketzer, das Wort redeten. Der Marquis konnte kurz und gut darauf antworten: was kann ich aber dafür, daß ein solches daraus folget? Kann man meine Sätze nicht widerlegen, was gehen mich die Folgerungen an?

Das Lächerlichste unter allen ist wohl dieses, daß er unsern Beccaria Hobbesianische Grundsätze andichtet. Der Charakter des Hobbes, dieses wirklich grossen Man-

nes,

nes, den selbst Puffendorf, so verschieden er auch denket,
den ersten Rang unter den Propheten des natürlichen
Rechtes einräumet, und mit Ehrfurcht von ihm rühmet,
daß nie ein Mensch tiefer in die Sache eingedrungen sey,
ist von der Denkungsart dieses Beccaria sehr verschieden.
Hobbes verräth einen sehr unfreundlichen Misantropen,
hingegen der Charakter unsers Schriftstellers zeiget einen
liebesvollen Menschen Freund.

Der Ankläger macht ferner ein grosses Geschrey über
einen etwas zweydeutigen Ausdruck, wo Beccaria die
menschliche Gerechtigkeit nicht etwas wirkliches nennet. Aber der ganze Zusammenhang giebt zu verstehen,
daß gar seine Meynung nicht sey, damit so viel zu sagen,
als sey die Gerechtigkeit so Etwas, wie die heidnische
Göttin Themis, oder ein ander fabelhaftes Hirngespinnste.
Er nennet vielmehr die Gerechtigkeit eine blosse Vorstellung und eine zusammengesetzte Idee, die freylich nicht
in der Natur selbst, nicht etwa im Meere oder unter den
Sternen, oder sonst wo lebet und webet, sondern blos
in dem Gehirne des Menschen ihren Sitz hat, wie alle
übrige unkörperliche Sachen, wie der Begriff von Obliegenheit, wie der Begriff von einer aussenstehenden Schuld
u. s. w. Offenbar also hat sein Gegner diesen Ausdruck vergiftet.

Wenn schon übrigens dieser fromme und gottselige
Ankläger seine ungegründeten Beschuldigungen mit dem
Deckmantel der Religion beschöniget, so ist doch dieser
Kunstgrif nichts neues. Selbst Italien hat in diesem
jetzigen Jahrhunderte erfahren und gesehen, daß zweene
fromme und in aller Betrachtung verehrungswürdige Ge-
lehrte, der Probst Ludwig Anton Muratori und der
Marquis Scipio Maffei, für Ketzer, Protestanten und
Jansenisten ausgeschryen worden; was Wunder dem-
nach,

nach, daß auch unser Beccaria dieses Schicksal erfahren
müssen?

Sein gottseliger Gegner bekrönt ihn mit besondern
Ehrentiteln und beschreibt unsern Marquis als einen
Mann von einem engen und beschränkten Geiste (S. 51.) wahnwitzig S. 66. von bösen
Talenten (S. 154.) der mit offenbaren Alberheiten Ekel verursachet (S. 140.) als einen dummen Betrüger (S. 159.) einen zügellosen Sa-
tyriker (S. 42.) welcher Uebligkeiten und Brechen erregt (S. 130.) voller vergifteter Bit-
terkeit, schmähsüchtiger Raserey, treuloser
Verstellung, bösartiger Dunkelheit, schändlicher Widersprechungen (S. 156.). Ich über-
lasse einem jeden zu entscheiden, wem dergleichen Aus-
drücke die größte Schande machen? Wie nun im Gegentheile der Marquis in seinen Antworten stets in lie-
benswürdiger Gelassenheit verbleibet, und Schmähungen
nirgend erwiedert, so liegt zu Tage, daß sein Ankläger
nicht die Sprache eines wahrheitliebenden Mannes rede,
sondern daß Haß und Eifer ihn entzünden. Des Anklägers hartes Bezeigen ist ohngefähr die Sprache eines über-
wundenen Fechters, dessen Schicksal sich mit Verzweiflung endiget. Dieweil seinen Dolch die Macht des Gegners ihm aus den Händen geschleudert, so will er wenigstens zuletzt der schimpflichen Freude geniessen, vor seinem Tode noch einmal mit den Zähnen zu knirschen und
seinen Ueberwinder anzublöken. Von dem Buche selbst
sagt er: es sey ein Werk, welches aus dem tiefsten
Abgrunde der Finsterniß gekommen, welches
erschrecklich (S. 4.) tollkühn (S. 16) lächerlich
(S. 25.) verunehrend, gottlos, schmähsüchtig,
alle bösartige und ausgelassene Satyre über-
steigend (S. 42.) Er findet darinnen Schulfüch-

N 5   serey

ſetey (S. 62.) verkrümmte Verläumbungen
(S. 86.) ungeſchliffene Alberheiten (S. 130.)
in Raſerey ausgeſtoſſene Läſterungen (S.
156.) Beyſigkeiten (S. 182.) ärgerliche und
gottloſe Schöckereyen (S. 183.) wahnwizig
angenommene Meynungen u. ſ. w. Gleichwohl
ſpricht dieſer Widerſacher, ehe er zur Anſtimmung ſeiner Noten ſchreitet: Ich fange meine Anmerkungen und Erwägungen mit Gelaſſenheit an.

Wie ich nun ſchon oben dem Verfaſſer übel ausge-
leget, daß er mit einem ſolchen Klopfechter ſich einge-
laſſen, deſſen Einwürfe in der That äuſſerſt niedrig ſind,
ſo kann ich mich unmöglich entſchlieſſen, alle Anklagen
dieſes gottſeligen Gegners herzuſetzen. Ich würde das
Buch aufſchwellen und den Leſer ermüden. Nur die
ſcheinbareſten und beſten will ich ausſuchen und des Herrn
Marquis weitläuftige Vertheidigung zuweilen nur in einige Worte zuſammen ziehen; vorher aber noch die Vorrede einrücken, welche in der neueſten Ausgabe befindlich.

❦❦❦❦❦❦❦❦❦❦❦❦❦❦❦❦

Vorrede

zur neuesten Ausgabe.

An den Leser.

Ein vor zwölf hundert Jahren zu Constantinopel herrschender, den Pfaffen und Weibern ergebener Prinz ließ die heydnischen Gesetze eines alten kriegerischen Volkes zusammen tragen, darein mengte man nachgehends barbarische Gebräuche der Longobarden, und damit alles recht bunt ausfallen möchte, krümmelte man in das peinliche Wesen auch Broken aus dem kanonischen Rechte, welches allermeist von Mönchen, wie sie die damalige Zeit gab, abgefasset worden. Alles dieses ward zuletzt von, ich weis nicht was für düstern, privat Auslegern mit Anmerkungen in ungeheuren Wulsten aufgethürmet, welche die so genannte gemeine Meynung oder das liebe Herkommen ausmachen. Der größte Theil Europens nennet es Rechte. Noch heutiges Tages sieht man die traurige Gewohnheit herrschen, daß ein Gutachten, ein Urtheil, ein gelehrter Beyfall in Grausamkeiten, so ein Carpzov, ein Clarus, ein folternder Farinacius aufbehalten, als Rechte gelten, welchen diejenigen mit Zuversicht und unerschrocken folgen, welche zitternd das Leben und die Schicksale der Menschen regieren sollten. Diese Mißgeburthen barbarischer Zeiten will ich (jedoch nur den Theil, welcher das peinliche Recht betrift) untersuchen.

Man waget sich denen, welche die menschliche Wohlfahrt zu leiten berufen sind, das unrichtige dieses so genannten

nannten Rechts in einem philosophischen Vortrage und
einer Schreibart zu zeigen, die freylich den unerleuchteten Pöbel verscheuchen wird. Das sanfte Ruder der
Regierung, unter welcher der Verfasser lebet, ist der
Nordstern, welcher sein Fahrzeug leitet, und die Quelle,
woraus in diesem Werke seine freymüthige Nachforschung
der Wahrheit entsprungen, welche ihn nöthiget, die Heer-
strasse der Irrenden zu verlassen.

Monarchen, ihr Wohlthäter des menschlichen Geschlechts, ihr lasset euch gewiß ganz gerne von einem
unbemerkten Liebhaber der Weisheit lenken, der mit Bescheidenheit und von fanatischen Eifer entfernt, seine Einsichten vorzutragen sich erkühnet, der, wider die hinreis-
sende Gewalt der Irrthümer bewafnet, mit freyen Muthe
unwiderlegliche Wahrheiten vorzutragen waget. Züchtigungen und Vorwürfe waren blos in vergangenen Zeiten, nicht aber in jetzigen, die Belohnung desjenigen,
der Unsinn bey wichtigen Dingen in seinem ganzen Um-
fange vorzufinden und anzuzeigen wuste.

Wer mich in diesen meinen Vorhaben mit seinem
Tadel beehren will, stelle sich nur zuerst den Endzweck
vor, auf welchen mein Werk abzielet. Dieser Zweck,
weit entfernt die rechtmässige Herrschaft zu mindern, gereicht vielmehr zu deren Verherrlichung, wenn nur (dieses setze ich zum Voraus) die Vernunft mehr, als das
Vorurtheil über den Leser vermag. Kunstrichter, die
mich nicht verstanden, gründen ihren Tadel auf lauter
verworrene Begriffe, und verursachen, daß ich meine
vorhabende Unterhaltung mit dem erleuchteten Leser einen Augenblick unterbrechen muß, weil ich doch gerne
dem blind n Eifer und dem boshaften Neide ein für allemal zu weitern Schmähungen den Zugang versperren
möchte.

Die

Die moralischen und politischen Grundsätze, nach welchen die Menschen regieret werden, fließen aus drey Quellen: der Offenbahrung, dem natürlichen Rechte und den willkührlichen Verträgen der menschlichen Gesellschaft. Die Offenbahrung hat, weil sie einen ganz andern Zweck sich vorgesetzet, keine Beziehung auf die andern, allein darinnen treffen alle dreye überein, daß sie zur Glückseligkeit dieses Lebens etwas beytragen. Wenn man sich blos mit den letzten beschäftiget, so schliesset man dadurch die ersten beyden nicht aus. Obgleich jene beyden göttlich und unabänderlich, so sind sie doch in dem verdorbenen Gemüthe der Menschen sowohl durch falschen Gottesdienst und Aberglauben, als auch durch die unbestimmten willkührlichen Vorstellungen von Tugend und Laster auf mancherley Art so verunstaltet, daß es fast besser, ja nothwendig ist, mit Ausschluß aller andern Betrachtungen, blos allein nur dasjenige zu untersuchen, was aus dem Gesellschafts Vertrage, den die Menschen stillschweigend unter einander geschlossen, abzuleiten stehet; aus dem Gesellschafts Vertrage, sage ich, welcher entweder ausdrücklich geschlossen, oder aus Nothwendigkeit eingeführet, oder wegen des gemeinen Wohls voraus gesetzet worden ist. Der Christen und Türken, auch der Heyden Moral Systeme müssen nothwendig in diesem Begriffe übereinkommen. Daher kann man auch die Ungläubigen und Ketzer zwingen, sich nach den Grundsätzen zu richten, ohne welche die Vereinigung der menschlichen Gesellschafts nicht möglich wäre, und die aus obgedachten Gesellschafts Verträgen entsprungen.

Es giebt also drey unterschiedene Arten von Tugenden und Lastern, die gottesdienstlichen, die natürlichen und bürgerlichen. Diese drey Gattungen dürfen nun zwar einander nicht gerade weg widersprechen, doch die Folgen und Pflichten, so aus den zwo erstern fließen, müssen

eben

eben nicht schlechterdings den letztern ähnlich seyn. Die
Offenbahrung fordert nicht alles, was das natürliche
Recht verlanget, und wiederum was dieses fordert, verlanget nicht eben durchgängig das aus dem gesellschaftlichen Vertrage entsprungene bürgerliche Recht. Uiber-
aus wichtig aber ist es, dasjenige insonderheit auszufor-
schen, was aus dem geselligen Leben entsprossen. Ja,
wir sind genöthiget, dieses von jenen beyden erstern zu
trennen. Denn blos aus diesem ist die obrigkeitliche Gewalt entstanden, und weiter erstrecken sich die Pflichten
eines Bürgers nicht, wenn nicht eine besondere Sen-
dung vom höchsten Wesen ein mehreres erfodert. Die
aus den Verträgen entspringenden bürgerlichen Pflichten
kann man veränderlich nennen. Ja freylich! wenn Unverstand und menschliche Leidenschaften nicht alles ver-
dunkelten, so würde der Begriff von naürlichen Tugenden und Pflichten weit deutlicher einleuchten, als jetzo
geschiehet. Die gottesdienstliche Tugend ist unveränderlich, weil sie von Gott unmittelbar vorgeschrieben worden, es wäre also ein Irrthum und eine Zunöthigung,
demjenigen Schriftsteller, der nur von geselligen Verträgen und deren Folgerung handelt, deswegen weil er des
natürlichen Rechts und der Offenbarung keine Erwähnung thut, Meynungen, die dem natürlichen Gesetze
und der Offenbahrung zuwider, anzudichten.

Irrthum wäre es, jemanden Hobbesianische Gesinnungen blos deswegen aufzubürden, weil er vom Stande der Wildnis und dem beständigen Kriege eines gegen
den andern eher, als vom Stande der Gesellschaft, gehandelt. Irrthum wäre es, ihm Schuld zu geben,
daß er keine andere Pflichten kenne, als solche, welche
aus dem Kriege, also aus der verdorbenen Natur entstanden. Irrthum wäre es, einem Schriftsteller zum
Verbrechen anzurechnen, daß er die Folgen aus dem er-

richtet

richteten Gesellschafts Vertrage eher beleuchte, als er
diese Verbindung und den Vertrag selbst erkläret hat.

. Gottes Gerechtigkeit und die menschliche Gerechtig-
ket sind zwar an und für sich betrachtet und ihren Wesen
nach beständig und unabänderlich, weil Dinge von gleicher Art auch gleiche Eigenschaften haben müssen; allein
wenn ich die Menschen zugleich als Bürger betrachte,
und in Erwägung ziehe, daß die Verträge, so sie deshalb, um sich in eine Gesellschaft zu vereinigen, unter
einander eingegangen, verschieden seyn können, so kann
die bürgerliche oder politische Gerechtigkeit Abänderungen
leiden, wornach nämlich eine That oder Handlung, dieser oder jener Gesellschaft nützlicher oder unzuträglicher
ist. Wer aber diese verschiedene Verhältnisse und den
künstlichen Zusammenhang, der in etwas verflochtenen
Einrichtung des Staats nicht recht auflöset, ist nicht
im Stande die Begriffe recht zu entwickeln und zu zergliedern. Verwirret nur diese wesentlich verschiedenen Dinge, und ihr werdet nimmermehr in politischen Sachen
richtig urtheilen.

Theologen mögen das Recht und Unrecht in Ansehung der innern Bosheit und Güte der Handlung bestimmen wie es ihnen beliebet, dem Staatskenner kommt
es zu, das politische Gerechte oder Ungerechte lediglich
darnach zu beurtheilen, ob eine Handlung der Gesellschaft nützlich oder schädlich sey? Es ist also leicht zu ermessen, daß die politische Gerechtigkeit jener ewigen und
unveränderlichen Gerechtigkeit, so aus Gott fließet,
zwar nachstehen müsse, aber keine der andern widerspreche.

Noch einmal sage ich es, wer mich mit seinen Widerlegungen beehren will, der dichte mir nicht gleich in
vor-

voraus, und ehe er mich gelesen und verstanden hat,
Grundsätze an, welche Tugend und Religion aufheben.
Meine Lehre ist nicht von solcher Art; lieber wollte ich
für einen elenden Schwäzer oder verkehrten Politiker,
als für einen Ungläubigen und Kezer angesehen seyn.
Man zittere aber nur auch nicht gleich bey jedem Saße,
welcher der Menschlichkeit das Wort redet. ‚Uiberzeuget
mich vielmehr von dem politischen Schaden, der aus
meiner Lehre entstehen möchte, und belehret mich, wenn
ihr könnet, von dem grossen Nußen, den euer gewöhnlicher Schlendrian von hergebrachten Meynungen ver-
schaffet.‘ Ich habe in folgender **Antwort auf die
Noten und die Anmerkungen** ein öffentliches Bekenntniß meiner Religion und der tiefsten Unterthänig-
keit gegen meinen gebietenden Herrn abgeleget. Gegen
mehrere dergleichen Zumuthigungen mich zu vertheidigen,
halte ich für überflüßig. Wird aber jemand mit Gelassenheit und demjenigen Anstande wider mich schreiben,
welcher rechtschaffenen Männern geziemet, und so viel
Einsicht äussern, daß er mich mit dem Beweise der ersten Grundwahrheiten, die eben deswegen, weil sie die
ersten, keines Beweises bedürfen, verschonet, so soll er
mich nicht allein zur Antwort bereitwillig, sondern auch
als einen friedfertigen Verehrer und eifrigen Liebhaber
der Wahrheit finden.

Ankla-

Anklage.

Der Verfasser wird von aller vernünftigen Welt für einen Feind des Christenthums, für einen schlechten Philosophen und bösen Menschen gehalten. (S. 155. u. f.)

Ob ich dem Gegner als ein guter oder schlechter Philosoph vorkomme, verschlägt nichts. Daß ich aber kein böser Mensch bin, können mir diejenigen bezeugen, die mich kennen. Man kann sehen, was ich für ein Feind des Christenthums seyn müsse, weil ich behaupte, daß der öffentlichen Macht obliege, die heilige Ruhe der Tempel zu beschützen. Wo ich von Fegfeuer rede, sage ich also: „Wir sind durch eine untrügliche Lehre versichert, „daß die Flecken, welche uns die menschliche Schwachheit „zugezogen, und welche den ewigen Zorn des höchsten „Wesens nicht verdienen, durch ein unbegreifliches Feuer „gereiniget werden müssen.‟

Anklage.

Der Verfasser sagt, daß die Herrschaft der Religion über die menschlichen Gemüther etwas verhaßtes zu seyn scheine.

Die Herrschaft der Gewalt über die menschlichen Gemüther ist nicht eine rechtmäßige Herrschaft; nur Vernunftschlüsse, nur Ueberredung haben Recht zu dieser Herrschaft, und der Heilige und Unbefleckte hat sich auf der Erde nicht mit Morden und Wuth verbreitet, sondern durch die Predigt, Leutseligkeit und himmlische Tugenden; nie ist der Geist unsrer heiligen Mutter, der Kirche, ein Geist der Gewalt oder der Tyranney gewesen, sondern vielmehr ein Geist der Sanftmuth und

Huld; ein mütterlicher Geist gegen alle Gläubige, welcher
sie trachtet auf dem richtigen Pfade zu erhalten mit
Freundlichkeit, mit Beyspielen, mit Ermahnungen und
mit sanften Züchtigungen. So ist der Geist beschaffen,
welchen jeder erleuchtete katholische Christ in der Braut
Jesu unsers Herrn erkennet. Der heilige Mann, mein
Ankläger, will aber lieber der christlichen Kirche einen
Geist zuschreiben, den sie zu allen Zeiten verabscheuet
hat. Augustin bestimmet den Geist der Kirche also: Non
in contentione, et aemulatione, et persecutionibus,
sed mansuete consolando, benevole hortando, leniter
disputando, sicut scriptum est: servum autem domi-
ni non oportet litigare, sed mitem esse ad omnes do-
cibilem, patientem, in modestia corripientem diver-
sa sentientes.

Anklage.

**Der Verfasser ist ein verblendeter Feind
des Höchsten.**

Ich bitte den Höchsten von Grund meines Herzens
demjenigen, der mich durch solche Beschuldigungen beleidiget, zu verzeihen.

Anklage.

**Er lästert wider die Diener der evangeli-
schen Wahrheit, indem er ihre Hände mit Menschenblut besprigt nennet;**

Alle Geschichtschreiber von Karln den Großen bis
auf Otto den Großen und noch weiter hinaus, sind von
dergleichen Lästerungen angefüllt, weil die Geistlichen,
die Aebte und Bischöffe ganz ungescheuet in Krieg zogen.
Mein Ankläger kann Lästerungen von diesem Schlage in
Ueberflusse in den Antiquitatibus Italicis differt. XXVII.
Tom. 3. col. 164. finden.

An=

Anklage.

Wenn das ein Verbrechen ist, wodurch man den Nächsten beleidiget, so müste man auch die Häuser, welche einstürzen, die Feuersbrünste, die Wasserfluthen, die Steine, das Feuer, und die Gewässer bestrafen, weil sie der Gesellschaft Schaden zufügen.

Der Endzweck der Strafen ist, nach meinen Grundsätzen, den Schuldigen zu verhindern, daß er seinem Mitbürger keinen neuen Schaden verursache, und andere abzuhalten, ähnlichen Schaden zuzufügen. Wenn man dadurch, daß man einstürzende Häuser, Feuersbrünste, Ueberschwemmungen, Steine, das Feuer und das Wasser strafet, verhindern kann, daß sie keinen weitern Schaden zufügen, und andere Gewässer und Flammen abgehalten werden, ähnliche Beschädigung zu verursachen, so wird man sie bestrafen müssen. Es ist die Obliegenheit des Anklägers zu beweisen, wie die physikalischen Erscheinungen mit in diese Reihe zu stehen kommen. Man wird mir sagen, daß ein Toller einen Todschlag, eben so wie ein andrer, begehen kann, und doch nicht eben so, wie ein anderer Mensch, bestraft wird. Ich räume es ein, aber nicht deswegen bleibt der Tolle unbestraft, weil die Absicht und die Bosheit unterschieden ist, sondern weil der Wahnwitzige der Gesellschaft geringern Schaden verursachet, als der Gesunde, weil dieser Verbrechen zu verüben lehret, jener aber nichts weiter, als ein Beyspiel grausamer Narrheiten giebt. Der Gesunde erweckt den Unwillen, und den Begriff von einer Mordthat; der Tolle hingegen erregt nur das Gefühl des Mitleidens. Daher gilt der Lehrsatz immer noch, daß der Maßstab der Strafen auch in diesem Falle nicht der Vorsatz oder die Absicht, sondern der Schade sey,

D 2 welches

welcher der Gesellschaft widerfährt. Unter dem Worte
Schaden muß man überhaupt alle Arten von Beschädigung verstehen, welche der Gesellschaft, entweder aus
der Handlung an sich selbst, oder durch das Beyspiel zuwächst. Allein der Gegner sucht mir ein wichtigers zu
versetzen. Kein wahres Verbrechen ist ohne Bosheit.
Vollkommen richtig; aber ein anderer Satz ist, kein
wahres Verbrechen ist ohne Bosheit, und wiederum ein anderer Satz: die Bosheit ist nicht der
Maasstab des Verbrechens. Ein Buch nicht verstehen ist ein geringes Uebel; es widerlegen, wenn man
es nicht verstehet, ist ein grosses Uebel; es widerlegen
und es schmähsüchtig tadeln, da man es doch nicht verstanden, ist eines der grösten Uebel, welche die Kunst
Buchstaben zu mahlen jemals den Menschen zuwege gebracht hat.

Anklage.

Der Verfasser beschuldiget die katholische
Kirche einer Grausamkeit, und zielet dabey
auf die weisen Männer der katholischen Kirche.

Die heilige katholische Kirche, in deren Schoose ich
durch Gottes Gnade das Licht dieser Welt erblicket, deren
Lehren ich als göttlich verehre und als untrüglich glaube,
in deren Schoose ich zu leben und sterben hoffe, ist von
mir nie der Grausamkeit, oder irgend eines Fehlers angeschuldiget worden. Die Klugen in der katholischen
Kirche sind meine Lehrer, und ich habe das zuversichtli-
che Vertrauen auf ihre Gelehrsamkeit, auf ihre Redlichkeit, daß ein jeder von ihnen, wenn sein reines
Herz eines von beyden erwehlen müste, lieber dasjenige,
was ich itzt in der Beantwortung verrichtet habe, thun
werde,

werbe, als das, was mein Ankläger gethan, indem er
mir falſche und nie erwieſene Dinge in einer ſo wichtigen
Materie vorgeworfen.

Anklage.

Der Verfaſſer leugnet, daß die Ketzerey
nicht könne ein Verbrechen der beleidigten
göttlichen Majeſtät genannt werden.

In meinem ganzen Buche iſt nicht eine einzige Sylbe, woraus man dieſen Satz folgern könne. Denn ich
hatte mir vorgenommen, von nichts anders, als von
den Verbrechen und Strafen, aber nicht von den Sünden zu reden. Ich hätte vielleicht wohlgethan, wenn
ich davon geredet hätte; allein es ſey: darum daß ich
unterlaſſen davon zu reden, habe ich noch lange nicht behauptet, daß die Ketzerey nicht ein Verbrechen der beleidigten göttlichen Majeſtät in einem gewiſſen, ich weis
nicht eigentlich in welchen? Verſtande genennet werden
könne. Mein Ankläger weis vielleicht nicht, wie ſehr
in den Zeiten der, Tyranney und Unwiſſenheit man
das Wort der beleidigten Majeſtät ſchändlicher Weiſe gemißbrauchet, und es Verbrechen von ganz verſchiedener
Art, die gar nicht auf die Vernichtung der Geſellſchaft
gerade zu abzielen, beygeleget. Er braucht nur *Leg. 2.
Cod. de crimin. ſacril.* nachzuſehen, ſo wird er vernehmen, daß ſo gar diejenigen, welche in Zweifel ziehen
konnten: an, is dignus ſit, quem elegerit Imperator?
als Schuldige der beleidigten Majeſtät angeſehen worden.
Er leſe *Leg. 5 ad leg. Jul. Majeſt.* welcher Text das
Verbrechen der Majeſtätsſchändung ſo gar auf diejenigen
ausdehnet, welche die Räthe des Prinzens beleidigen,
und dieſes aus dem lächerlichen und übertriebenen ſpitzigen Grunde, weil ipſi pars corporis noſtri. ſunr. Er

D 3   ſehe

sehe *L. 9. Cod. Theod. de falſ. monet.* nach, ſo wird er daſelbſt das Verbrechen der geſchändeten Majeſtät lächerlicher Weiſe bis auf die falſchen Müntzer ausgedehnet finden. Er ſehe *Leg. 5. ad L. Jul. Majeſt.* an, und er wird finden, daß ſo gar eine Erleuterung nöthig war, daß derjenige nicht als ein Verbrecher der geſchändeten Majeſtät ſollte gehalten werden, der von ohngefähr einen Stein wider eine Bildſäule des Kaysers werfe. Domitianus ließe eine Weibsperſon ums Leben bringen, weil ſie ſich vor ſeiner Bildſäule entkleidet hatte. Auch in weniger von uns entfernten Zeiten wird er ſehen, wie Heinrich der Achte die Geſetze mißbrauchte, und mit einer ſchändenden Todesſtrafe den Herzog von Norfolk hinrichten ließe, indem er ihm deswegen einer Majeſtäts Beleidigung beſchuldigte, weil er das Wappen von Engeland auf das Silbergeſchirr ſeiner Familie hatte ſtechen laſſen. Er ſehe, wie eben dieſer König das Verbrechen der verletzten Majeſtät bis auf denjenigen erſtreckte, welcher ſich unterſtünde, den Tod des Fürſten zu prophezeyen, woher es denn kam, daß keiner von den Aertzten ihm bey ſeiner letzten Krankheit den Tod ankündigen wollte. Wenn er noch mehrere dergleichen Dinge in Erfahrung bringen wird, ſo dürfte er vielleicht nicht mehr in ſeiner Auslegung ſo weit gehen, daß er es für Gottesläſterung hält, wenn ich geſchrieben habe: „daß die bloße Rachbegierde und Unwiſſenheit, wel„che die Namen der Dinge und die deutlichſten Be„griffe verwirren, Verbrechen von ganz verſchiedener „Art den Namen der beleidigten Majeſtät beylegen.‟ Doch wir wollen meines Gegners eigene Worte hören: Der Leſer wird ſchon bemerkt haben, daß der Verfaſſer hier das heilloſe Verbrechen der Ketzerey meynet; daß er kühner Weiſe leugnet, daß man ſie ein Verbrechen der beleidigten göttlichen Majeſtät nennen

kön-

koͤnne, und daß er diejenigen, welche das
Gegentheil lehren, als Tyrannen und Unwiſ-
ſende anſieht, und noch obendrein mit unverantwortlicher Unbeſcheidenheit behauptet,
daß die Ketzer, welche die Kirche und Regenten verdammet, Schlachtopfer eines
Ausdruckes ſind.

Wie kann der Ankläger verlangen, daß die Leſer
merken ſollen, daß von dem Verbrechen der Ketzerey geſprochen werde, wo von der Eintheilung der Verbrechen in drey Claſſen die Rede iſt? Die erſte, welche
zur unmittelbaren Vernichtung der Verbrechen abzielet;
die zwote, welche ein einzeln Mitglied der Geſellſchaft
verletzet; die dritte, welche nur allein den Geſetzen
zuwider iſt. Wie kann wohl jemanden in den Sinn
kommen, daß von Ketzerey geredet werde, wo nur die
theoretiſche Betrachtung, und blos menſchliche Eintheilung der Verbrechen angeſtellt wird, wie ſie bey dem
ganzen menſchlichen Geſchlechte, bey den Türken, Heyden und Ketzern, ohne die geringſte Rückſicht auf die
Religion, allgemein und durchgängig obwaltet? Wer
mit der Kayſergeſchichte nur einigermaaßen bekannt iſt,
der weis recht wohl, wie viele Menſchen, einer dummen Tyranney und Unwiſſenheit, Schlachtopfer
eines Wortes geweſen; und dieſes Wort iſt eben
die beleidigte Majeſtät.

Anklage.

Der Verfaſſer des Buches von den Verbrechen und den Strafen beſchweret ſich über
unſere Gottesgelehrten, weil ſie lehren, daß
die Sünde eine unendliche groſſe Beleidigung
iſt, welche wider die göttliche Majeſtät begangen wird.

P 4   Nach

Nachdem ich von der Natur des Verbrechens der beleidigten Majeſtät geredet, nachdem ich es als ein Verbrechen beſtimmet, welches **unmittelbar zur Vernichtung der Geſellſchaft abzielet**; nachdem ich den Misbrauch angezeiget, welchen man von dieſem Ausdrucke: **beleidigte Majeſtät**, in den Zeiten der Tyranney und der Unwiſſenheit gemacht, wo man diejenigen Thaten, die nicht zur Vernichtung der Geſellſchaft abzielten, ſondern vielmehr von ganz **verſchiedener Natur** waren, Majeſtäts Verbrechen nannte, ſo will ich nunmehro den Vorwand anzeigen, womit man auch diejenigen Handlungen zu Majeſtäts Beleidigungen machen wollte, die gar nicht ſo beſchaffen waren, weil man die **Verletzung** der Geſellſchaft, und die **Vernichtung** der Geſellſchaft vermenget, daher ſage ich: „jegliches Verbrechen, obgleich nur ein pri- „vat Verbrechen, beleidiget die Geſellſchaft; allein nicht „jedes Verbrechen zielet auf die unmittelbare Vernich- „tung derſelben ab. Daher kann nur eine ſchmähſüchtige „Auslegung, welche gemeiniglich die Philoſophie der „Sklaverey iſt, dasjenige vermengen, was die ewige „Wahrheit mit unabänderlichen Eigenſchaften unter- „ſchieden und von einander getrennet hat.“ Das iſt die Stelle, welcher mein Ankläger Folgendes beyfüget, und anhänget: **Hier beklaget ſich der Verfaſſer über unſere Theologen, weil ſie lehren, eine Sünde ſey eine unendlich groſſe Beleidigung, welche wider die göttliche Majeſtät begangen wird.**

Wenn es ihm erlaubt iſt die Werke des Puffendorfs zu leſen, ſo leſe er ſie, und er wird lernen, daß die **moraliſchen Handlungen** bey dem, der von der Staatskunſt handelt, nicht von Sünde zu verſtehen. Allgemeine Regel: Ehe man Anklagen wider

ein

ein Buch aufbringen will, muß man das Buch verstehen.

Anklage.

Der Autor sagt, daß der Philosoph, welcher das Herz gehabt, den ersten langezeit
fruchtlosen Saamen der nützlichen Wahrheit
unter die Menge, aus seiner düstern und
verachteten Kammer auszustreuen, die Dankbarkeit der Menschen verdienet, und daß,
weil dieser Philosoph Rousseau ist, dieses
eine gottlose Lästerung sey.

Nirgend habe ich gesagt, daß dieser Weltweise Herr
Rousseau sey. Gesetzt aber es wäre, daß ich ihn genennet oder gemeynet, so gewiß und wahr, als es falsch
ist; was wäre dieses für eine gottlose Lästerung? Hätte irgend wo der Teufel einen guten Spruch gesagt,
sollte ich deshalben den Spruch verwerfen, weil ihn der
Teufel gebethet?

Anklage.

Der Verfasser des Buchs von den Verbrechen und Strafen zeigt eine übermäßige
Kühnheit, und läßt eine erschreckliche Lästerung aus, wenn er sagt, daß weder die Beredsamkeit, noch die Anmahnungen, auch
nicht einmal die erhabensten Wahrheiten vermögend sind, die Leidenschaften der Menschen auf lange Zeit zu bändigen.

Ich frage meinen theologischen Gegner, ob er glaube, daß diese erhabnen Wahrheiten, das ist, die
heiligen Wahrheiten des Glaubens in Italien bekannt
sind? Er wird mir Ja antworten. Nun frage ich,

D 5   ob

ob in Italien die Leidenschaften der Menschen auf lange Zeit sind gebändiget und unterdrücket worden? Alle
geistliche Redner, alle Richter, alle Männer Italiens
„ antworten Nein. „Folglich sind in der That die
„ erhabensten Wahrheiten nicht hinreichend, die Leiden-
„ schaften der Menschen auf lange Zeit zu bändigen,“
und so lange peinliche Richter, Gefängnisse und Strafen bey einem catholischen Volke vorhanden seyn werden, so wird dies ein Beweis und Anzeige seyn, daß „
„ die erhabensten Wahrheiten nicht vermögend sind, die
„ Leidenschaften zu bändigen,“

Anklage.

Der Verfasser schreibt mit heilloser Tü-
cke und Betruge wider die Inquisition.

Mein Gegner hat die Stelle vor Augen, wo ich
sagte: „ daß es ein ergötzendes Schauspiel und eine
„ sanfte Harmonie für den blinden (Catholischen) Hau-
„ fen gewesen, als sie das dumpfe Gewinsle der Elen-
„ den gehöret, u. s. w.“ Er selbst bekennet, daß
die heidnischen Völker, und die Secten zu
allen Zeiten, theils wider die Christen, theils
wider die Ketzer und wider die sectirenden
Gegner die grausamsten und unbilligsten
Martern ausgeübet. Er hat Recht und zwar
ganz Recht; warum will er aber schlechterdings, daß
der blinde Haufe der catholische seyn müsse?

Ich habe mein Buch, wie jeder, der es lesen will,
erkennen kann, deswegen geschrieben, um die allgemeine Theorie der menschlichen Gesetzgebung von den Verbrechen und den Strafen festzusetzen. Wäre diese allgemeine Theorie in ihr völliges Licht gesetzt (ein Glück,
welches ich mir nicht schmeichle erreicht zu haben) so
                                                         soll-

sollte sie dir zum Nordsterne und Leitfaden für alle Gesetzbücher des peinlichen Verfahrens bey den Heyden,
den Christen, den Muselmännern und allen andern Gesellschaften der Menschen, von welcher Religion sie auch
seyn mögen, billigermaaßen dienen.   So wie die Anfangsgründe der Geometrie, des Handels, der Arzneykunst und aller Wissenschaften geschrieben werden, ohne daß man die Geometrie oder den Handel blos der
Christen beschreibet: eben so habe ich die Anfangsgründe des peinlichen Rechtes ohne weitere Einschränkung
geschrieben, wie es mir nach der Wahrheit obzuliegen
schiene.

Ich frage meinen Ankläger, ob er wohl glaubt,
daß die Menschen lebendig zu verbrennen, dem Geiste
der heiligen Kirche wahrhaftig gemäs sey? Wäre dies
seine Meynung, so würde er unserer holdseligen und heiligen Mutter grosses Unrecht anthun.   Unsere heilige
katholische Kirche hat immer dergleichen grausame Schauspiele verabscheut; er lese den **Hilarius B. 1. Lactantius B. 3.** den **h. Athanasius B. 1.** den **h.
Justin den Martyrer B.** 5. da wird er den wahren Geist der katholischen Kirche erblicken.   Ich will
eben nicht sagen, als wenn alle Diener der hochheili-
gen und ehrwürdigen Gerichte allezeit, in allen Län-
den und in allen Jahrhunderten, ihrem Beruf gemäß
gehandelt: denn auch unter seinen Aposteln erlaubte der
göttliche Erlöser, daß ein verruchter und verworfener
befindlich war; und da die Kirche Gottes aus Menschen
besteht, so hieß dies Gott versuchen und ein immerwähren-
des Wunderwerk fodern, wenn man verlangte, es sollten niemals Unordnungen darinnen vorgehen.   Allein
der treue Christ kennet diese Unordnungen, und mis-
billiget sie.   Ob übrigens der Ankläger wohl gethan
habe, daß er den Schleyer, welchen er **boshafte Dun-
kel-**

kelheit nennet, abgerissen, und die vorhabende Frage
bis zum Verständnis des Pöbels aufgeklärt, das weis
ich nicht. Ich weis aber, um wieder auf unsern Streit-
punkt zu kommen, ich weis, daß die Abscheulichkeiten,
die Menschen lebendig zu verbrennen, größtentheils aller
Orten in Europa von den Laischen Gerichtshöfen begangen worden; ich weis, daß der größte Theil jener
Unglücklichen, um des Verbrechens der Hexerey und
Zauberey willen, also behandelt worden. Man sehe den
Niccolo Remigio, geheimen Rath des Herzogs von
Lorena, welcher sich in seiner Daemonolatreja rühmet,
er habe wohl neunhundert Hexen solchergestalt hinrichten lassen. Man sehe den Peter Roger im Supple-
ment zum ökonomischen Wörterbuche des Chomel art.
Sorcelené, Amsterdamer Ausgabe 1740. Man sehe
Pietro le Brun storia critica delle praticha superfti-
ziose Tom. 1. lib. 2. cap. 3. und man wird sehen,
daß mehr als sechshundert Hexenmeister in dem einzigen Distrikte des Parlements zu Bourdeaux elender
Weise verbrannt worden und das zwar Gott zu Ehren,
(propter gloriam Dei) eine Redensart, die alles zu
Boden wirft, alles zum Schweigen bringet — Der
Mensch will Gott zu etwas Ehre verhelfen! Lächerlich
George Gobat zeiget in seinen moralischen Werken
Tom. 2. Tract. 5. cap. 42. lect. 2. num. 63. daß
im vergangenen Jahrhunderte zweyhundert Hexen in
Schlesen verbrannt worden. Er wird über diese Mat-
terie in der Bibliotheca magica Tom 36. p. 807.
und in der Del Rio Disquist. Magic. und bey Cri-
sperten de odio Satanæ, Lib. 1. Disc. 3. und in
Bodius Dæmonomania, lib. 4. cap. 5. und bey
Lamberto Daneo, welcher von den Del Rio angeführet wird, in seiner Vorrede zu den Disquis. Magic. und
in den Bedenken des P. Federigo Spe, welcher dergleichen Todesstrafe ausdrücklich also nennet: certe ir-
re-

religiofa hæc mihi crudelitas videtur (Beb. 23.) hin
längliche Belehrung schöpfen können. Wenn meine
Denkungsart mit der Gesinnung auch einiger dummen
Kirchendiener, die Gott zuweilen in seinem Zorne den
Gläubigen gegeben, nicht übereinstimmet; hingegen dem
Geiste der rechtgläubigen katholischen Kirche, der höch=
sten Bischöffe und der heiligen römischen Inquisition
selbst, deren Hauptsorge dahin gehet, alle ihre in der
christlichen Welt zerstreueten Diener in den Schranken
der genauesten Sanftmuth und einer väterlichen Gna=
de zu erhalten, gemäs ist: Wenn meine Meynungen
sage ich, mit diesem Stempel geprägt sind, wie will
mein Ankläger Freysprechung von seinen Lästerungen
erlangen, und sich entschuldigen, daß er mich dessent=
halben als einen Mann gescholten, welcher einen tü=
kischen Abscheu gegen die geistlichen Gerich=
te und die Lehre des Christenthums hat (S.
156.) welcher den Namen eines verblendeten
Feindes des Höchsten verdienet. (S. 156.)
Glaubt er, daß diese neue Logik demjenigen zukomme,
welcher über eine gottesdienstliche Materie zu schreiben
unternimmt; glaubet er einen höchsten nicht zu umge=
henden Richter, der alles siehet, und bis in die ver=
borgensten Winkel der Herzen eindringet, und die Hand=
lungen der Menschen mit unendlicher Gerechtigkeit rich=
tet? Mein Gegner sagt also, daß ich in dieser Stelle
von dem Verbrechen der Ketzerey zu reden die Absicht
gehabt habe. Wenn es nun aber auch so wäre, was
hätte es denn zu bedeuten? Hätte ich auch zum Ver=
brennen der lebendigen Ketzer nicht angerathen, so hät=
te ich den Rath gegeben, dasjenige weiter fort zu thun
was alle Katholicken heut zu Tage zu thun pflegen.
Wo verbrennet man denn in unsern Zeiten die Ke=
tzer? Finden nicht selbst in Rom, vor den Augen des
Statthalter Jesus Christus, in der Hauptstadt des al=
lige

lein selig machenden katholischen Glaubens unzählige
Protestanten verschiedener Nationen alle Pflichten der
Menschlichkeit und Gastfreyheit? Wo ist jetzo ein Ke-
ber, den die heilige Inquisition in unsern Tagen zum
Scheiterhaufen verdammet habe? Ich habe in meinem
Buche gezeigt, daß der römische Hof und die Inquisition Recht haben, daß sie es also machen; mein Ankläger aber möchte gerne erweisen, daß eben diese Unrecht haben, es so zu machen. Doch damit er siehet,
daß ich ehrlich mit ihm handele, so will ich ihm zuletzt
noch einen Sieges Palmen in die Hände reichen, und
vor ihm und der ganzen Welt meine Schwäche öffentlich
und demüthig bekennen, welche darinnen bestehet, daß
es mir nicht löblich und gut scheinet, irgend einen
Menschen zu verbrennen; ob ich gleich gerne einem jedweden seinen Geschmack lassen will.

Anklage.

Was das für eine Blindheit ist, von der
Religion als einer Sache zu reden, welche
eine blosse Maxime der Politik wäre und
noch die Frage aufzuwerfen, ob sie sich nach
dem Beyspiele der andern Nationen richten
müsse?

Wer macht denn deswegen aus der Religion eine
blosse Maxime der Politik, weil er sagt: es würde zu
weitläuftig seyn, wenn man erweisen sollte, wie in
einem Staate eine vollkommne Gleichheit der Denkungsart, in Ansehung der Religion, nothwendig sey?

Von der Religion sage ich, nicht etwa von einer gewissen Religion, als von der türkischen, confu-
ziußischen, bramanischen, bavianischen, lutherischen, cal-
vinischen, und allen andern Religions Secten und Ob-

ben

tendiensten, die zu tausenden in der Welt vorhanden
sind, welche allesamt den prächtigen Namen Religion
führen. Ich sage also, daß es weitläuftig wäre, zu
beweisen, daß eine vollkommene Gleichförmigkeit der
Denkungsart in der Religion in einem Staate zur öffentlichen Ruhe schlechterdings nothwendig sey. Ferner sage ich, „daß es außer meinen Zwecke seyn würde,
„ wenn ich solches beweisen wollte." Wiederum sage
ich, „daß man es für deutlich erwiesen annehmen muß,
„ daß diese Gleichförmigkeit der Denkungsart schlechter-
„ dings nothwendig sey." Wie mag wohl bey dieser
Gelegenheit meinem Ankläger in Kopf gekommen seyn,
mich zu beschuldigen, daß ich von unserer heiligen Religion rede, als wenn sie eine blos politische Maxime
wäre? Wie kann er sich mit der Obliegenheit beladen,
mir dasjenige zu beweisen, was ich an verschiedenen
Stellen meines Buches selbst gethan, nehmlich daß nur
eine wahre Religion, alles übrige aber Blindheit
und Aberglaube sey.

Ich habe schon gesagt, daß, weil ich von den Verbrechen und Strafen schriebe und die peinliche Gesetz-
verfassung überhaupt untersuchte, es meinem Vorhaben
gemäs wäre, von der Religion zu reden, sie sey beschaffen wie sie wolle, wahr oder falsch, um einzig und
allein den politischen Einfluß derselben zu betrachten
ohne auf ihre Wahrheit oder Irrigkeit Rücksicht zu haben. Daß es unter den Christen Secten gebe und gegeben habe, und in grosser Menge noch geben werde,
welche unter sich durch sehr spitzfündige, unüberdenkliche
und dunkle Unterschiede von einander getrennet werden,
ist einem jeden bekannt. Und hierauf läuft alles anzüg-
liche Vorbringen meines Anklägers wider die Freygei-
ster, wider die Freydenker und wider meine Dummheit
hinaus. Nun wird er doch aber einsehen, ob die vielen

from-

frommen und eifrigen Männer, welche mich gelesen und
verstanden, Unrecht haben, wenn sie in meinem Buche
**nicht allein die erschrecklichen und aufrühri-
schen Irrthümer finden, welche von je her
wider die oberste Gewalt und wider die
christliche Religion von allen gottesvergesse-
nen Ketzern und von allen alten und neuen
Religionsfeinden und Spöttern** (S. 187.) aus-
gebrütet worden, so wie er solche in meinem Buche
findet, weil er es (ich muß es doch nur sagen) nicht
verstanden hat.

Sollte auch noch nach Anzeigung der vier Artikel,
welche zu erweisen wären, darüber ein Zweifel entstehen,
ob es schwer zu beweisen sey, daß Gewalt und Todesstrafe zu brauchen zur öffentlichen politischen Wohlfarth
(wovon mein Buch handelt) nützlich sey; so wird dieser
Zweifel um vieles vermindert werden, wenn man erwäget, daß **Lactantius** in diesen Worten mir beyfalle:
Defendenda religio est non occidendo, fed moriendo;
Non faevitia, fed patientia; Non fcelere fed fide.
Diesem wollen wir eine Stelle des **Muratorius** bey-
fügen: Mihi potius et unice fumo, commendare et
fuadere fummis poteftatibus moderationem hac in re
et manfuetudinem. Ecclefiafticorum autem omnium
effe puto, legum jußitiam hocce in negotio mitigare
potius, quam accendere, et fpiritum lenitatis ab
Apoftolo commendatum, non vero faevitiam, ubi-
que prodere et meminiffe ecclefiafticam lenitatem,
facerdotali contentam judicio, cruentas refugere ultio-
nes, uti ait S. L ε o *in Epiß.* 93. Tantum autem abeft
ut ecclefia fuadeat extremam feveritatem in devios a
fide, ut ab ipfis facris arceat religiofos viros talia
fuadentes, alioque pacto in judicium mortis influentes.

Es kommt mir vor, daß sich mein Gegner bey seinen Schreiben vorgestellet, daß die Einwohner des Caucasus oder Taurus und die Wilden in Canada, nicht
aber Italiäner ihn lesen würden, und freylich würde er
unter jenen vortreflich paradiret haben.

Anklage.

**Der Verfasser nennet die Ordensleute po-
litische Müßiggänger.**

So viel ist gewiß, daß die höchsten Bischöffe und
der katholischen Fürsten gewissenhafte und erleuchtete
Minister es jederzeit für die Gesellschaft, sowohl als für
die Religion, schädlich gefunden und noch so finden, daß
sich in dem Schooße des Staats Menschen aufhalten, denen obbesagte Bestimmung zukommt. Die Tempelher-
ren, die Jesuiten, Humiliaten und andere dergleichen
Orden sind von der Wachsamkeit der höchsten Bischöffe
abgeschaffet; die Gesetze, die pragmatischen Sanctionen,
die Verordnungen der Beherrscher von allen Staaten Europens, welche darüber vorsichtig wachen, daß die
Reichthümer nicht in todte Hände zusammengehäuft werden, beweisen mehr als zu augenscheinlich, daß die
Furcht für diesen politischen Müßiggang vernünftig und
christlich ist.

Anklage.

Der Verfasser des Buches von den Verbrechen und Strafen sagt, daß etliche keine
andere Verschuldung auf sich ziehen, als daß
sie ihren eigenen Grundsätzen treulich nach-
hängen, und hiermit will er die Ketzer verstanden wissen.

Beccar v. Verbr. u. Straf.　　P　　Kennt

Kennt denn mein Gegner keine heiligen Märtyrer, welche keines andern Verbrechens schuldig waren, als daß sie ihren Grundsätzen treulich anhiengen, und ihren Glauben an die von Gott geoffenbarten Wahrheiten standhaft bewahrten?

Anklage.

Der Autor gehört unter die gottlosen und verruchten Schriftsteller, welche aus den Geistlichen Harlekine, aus den Monarchen Tyrannen, aus den Heiligen Fanatiker, aus der Religion Betrügerey, und so gar die Majestät ihres Schöpfers lästerlich machen.

Der Ankläger schreibt meine Stelle folgender gestalt ab. Erst beschwert er sich über meine unglaubliche Kühnheit und Verblendung, da ich gesagt habe: daß die asiatischen Meynungen (nehmlich die Religion) und die Leydenschaften (das sind die christlichen Fürsten) welche mit Macht und Ansehen bekleidet wären, größtentheils unvermerkt, (durch die Predigt der evangelischen Wahrheiten) zuweilen aber auch durch gewaltsame Eindrücke (durch die auffallendesten Wunderwerke) auf die verzagte Leichtgläubigkeit der Menschen (das christliche Volk) gewirket und die einfachen Begriffe verstäubt, worinnen vielleicht die aufkeimende Philosophie der ersten Gesellschaften bestund, und wozu das Licht dieses Zeitalters (das Licht war in der Welt, aber die Finsterniß rc.) dem Ansehen nach wieder zurückkehret rc.

So hat es denn allenthalben, und besonders, wenn man diese Stelle liest, das Ansehen, daß als der Gegner

mein

mein Buch von Verbrechen und Strafen in die Hand genommen, in gottseliger Absicht, zu sich gesagt habe, bevor
er es noch eröfnet: Das Buch will ich widerlegen.

Anklage.

Der Verfasser des Buchs von den Verbrechen und den Strafen schließt erkühnter
Weise alles dasjenige aus, was die gesunde
und richtige Vernunft, die Staatskunst und
die Religion zur guten Verfassung des
menschlichen Geschlechts lehren.

Ich erwarte die Beweise, womit mein Gegner eine
so seltsame Beymessung erhärten will; damit er aber in-
zwischen sehe, daß ich etwas, das die **gesunde und
richtige Vernunft, die Staatswissenschaft**
und die **Religion** lehret, gar nicht ausschließe, so
will ich ihm eine so unumstößliche als bekannte Wahrheit, die mir eben jetzo beyfällt, sagen: daß die Gesetze,
welche für die Sicherheit und wider schändliche Verläumder sorgen, in der Verfassung des menschlichen Geschlechts, ausnehmend gut sind.

Anklage.

Der Autor zieht mit einer fürchterlichen
Offenherzigkeit und auf eine rasende Art wider die Fürsten, wider die Geistlichen los.

Die Offenherzigkeit ist kein Laster, qui ambulat
simpliciter, ambulat confidenter, qui autem depra-
vat vias suas, manifestus erit, sagt der heilige Geist
in den Sprüchwörtern c. 10. Daß meine Freymü-
thigkeit dem Ankläger fürchterlich vorkommt, darüber
gebühret ihm Richter zu seyn; denn er bezeuget es also, und ich glaube ihm.

P 2

Er beliebe unterdeſſen das politiſche Lehrgebäude
des VATTEL *le Droit des gens ou' Principes de
la loi naturelle*, *L.* 1. *chap.* 4. nachzuſehen, ſo wird
er dieſe raſende Art von groſſen Herren zu reden, eben
nermaaſſen finden: La ſouveraineté eſt cette autorité publique, qui commande dans la ſocieté civile,
qui ordonne et dirige ce, que chacun y doit faire,
pour en atteindre le but. Cette autorité appartient
originairement & eſſentiellement au ' corps meme de
la ſocieté, auquel chaque membre s' eſt ſoumis &
a cédé les droits, qu'il tenoit de la Nature, de ſe
conduire en toutes choſes ſuivant ſes lumieres par-
ſa propre volonté et de ſe faire lui meme. Mais
le corps de la ſocieté ne retient pas toujours à ſoi
cette autorité ſouveraine : ſouvent il prend le par-
ti de la confier à un ſenat, ou a une ſeule per-
ſonne. Ce ſenat, ou cette perſonné eſt alors le
ſouverain. Ich habe die Stelle aus dieſem berühm-
ten Staatslehrer nicht deswegen hergeſchrieben, um
meinen Gegner mit der Autorität, in Rückſicht des
Urſrungs des politiſchen Körpers zu überzeugen, oder
als wenn ich ihn in ſeinem herrlichen Syſteme irre machen wollte, das er ſich über den Urſprung der bürgerlichen Geſellſchaft geſchmiedet hat, und zwar nach
ſolchen Gründen, welche, wenn ſie auch nicht die Deut-
lichkeit zum Verdienſte haben, ſich doch wenigſtens durch
ihre Sonderheit auszeichnen. Ich will aus den politiſchen Grundſätzen meines Herrn Gegners einige beybringen, welche mir zufälliger Weiſe in die Augen gefallen. Sie lauten alſo: **Ein gemein gemachtes
Geſetzbuch würde die Menſchen dreiſter machen, Verbrechen zu begehen, und die Verbrechen vervielfältigen. (S. 26.) Die Furcht
erhält die Reiche. (S. 164.) die Bosheit der
Menſchen nimmt nach dem Maaße der Freyheit**

heit zu. (S. 165.) Eine Obrigkeit, welche heimliche Ankläger der Verbrechen wider den Staat annimmt, und die Angeber nie offenbaret; wenn sie auch gleich solche als Verläumder finden sollte, ob dergleichen Verfahren gleich zuweilen einen Unschuldigen zum Untergange gereichen könnte, muß dennoch für ein Gerichte gehalten und angesehen werden, welches für alle Staaten heilsam und vortheilhaft, welches ein Meisterstück der menschlichen Staatskunst ist, (S. 50.) u. s. w. Vortreflich! bündig! gottselig! ausnehmend schön! vor drittehalb hundert Jahren möchte er übel und böse, jedoch nur bey gewissen heiligen Leuten, Beyfall gefunden haben, aber leider! heut zu Tage, dürfen dergleichen Sächelgen ohne Vorwurf nicht geschrieben werden, und keiner von den gebietenden Herren, welche die verschiedenen Staaten regieren, wird mich, der ich das Gegentheil behaupte, als einen Feind ihrer geheiligten Gerechtsame ansehen. Unsere Zeiten hegen keinen Caligula, keinen Nero, keinen Heliogabalus mehr. Mein Ankläger thut den Fürsten Unrecht, und beleidiget sie höchlich, wenn er glaubt, daß ihnen meine Grundsätze Unrecht thun. Ich habe mir in meinem Buche nichts anders, als die Natur der Strafen und der Verbrechen überhaupt zu untersuchen vorgenommen; ich habe sie dergestalt untersucht, daß ich sie auf keine Nation, auf kein gewisses Zeitalter eingeschränkt; sondern ich habe das unveränderliche Wesen der Dinge vor Augen gehabt und darauf die allgemeine theoretische Betrachtung gegründet.

Anklage.

Der Verfasser des Buches von den Verbrechen und den Strafen sagt: ein Privatmann habe ein größer Recht, als die ganze Gesell-

schaft

schaft oder diejenigen, die selbige vorstellen, zusammen genommen.

Wenn in meinem Werke eine Narrheit von dergleichen Schlage irgendwo anzutreffen wäre, so glaube ich, wäre der Gegner auszulachen, daß er ein Buch von 191. Seiten wider mich geschrieben hätte, um solchen Unsinn zu widerlegen.

Anklage.

Der Autor des Buchs von den Verbrechen und Strafen spricht den obersten Gebietern das Recht der Todesstrafe ab.

Sollten meines Gegners Noten und Anmerkungen die künftigen Zeiten erleben (ich getraue mir aber nicht ihm dieses zu versprechen) so würde es gewis unter den Gelehrten vieles Disputiren, über den Geist und Verstand des achtzehenden Jahrhunderts, veranlassen. Sie würden die ganze Geschichte dieses Zeitalters mit Zügen der herrlichsten Wohlthätigkeit, der väterlichen Liebe und der huldreichsten Tugenden erfüllt sehen, welche die Fürsten der ihnen unterworfenen Menschlichkeit wetteifernd zufließen lassen. Sie würden sehen, wie die Menschlichkeit so gar mitten unter den unabänderlichen Uibeln des Krieges geschonet, die politische Freyheit vermehret, der Handel aller Arten zum Leben gebracht, prächtige Wohnungen für die entkräftete und rechtschaffene Kriegsmänner errichtet, Verarmte und Bettler von Hunger und Schmach befreyet, aus landesherrlicher Huld und Mildthätigkeit ernähret, beherberget und verpfleget; elende Waisenkinder, wie auch diejenigen, welche ohne die bürgerliche Genehmigung und wider die Verordnungen der Kirche die Welt erblicket, Geschöpfe, welche ehedessen unglüklicher Weise ums Leben kamen, jezt in vielen Theilen von Europa,

ropa, durch die natürliche Vorsorge der Fürsten, dem
Rachen des Todes entrissen werden. Die künftigen Zeiten werden in diesem philosophischen Jahrhunderte, wo
Philosophen auf dem Throne sizen, nicht die asiatische
Pracht, wie ehedessen an Höfen, sondern statt deren
Menschlichkeit, wohlthätiges Wesen und ausgeschüttete
Segenswünsche ihrer beglükten Völker um die Thronen
der heutigen Monarchen, als Opfer rauchen lassen. Sie
werden überhaupt die Früchte einer sanften und erlauch-
ten Tugend erbliken, welche den unterscheidenden Charakter unsers Zeitalters ausmachen. Allein wie werden
sie solche glänzende Beyspiele mit den Beschwerden meines Anklägers vereinigen; ist es möglich, werden die
Gelehrten in jenen Zeiten ausrufen, daß die damaligen
Gebieter das Recht mit Todesstrafe zu belegen, für einen
so kostbaren Schatz ansehen konnten, um einen Gelehrten
zu hassen, weil er solche abzuschaffen, angerathen? Wie
es überhaupt scheint, daß mein Gegner kein Weltmann
sey, und gar wenig vernünftige Bücher gelesen habe, so
steht man auch hier, daß er von der Denkungsart der
heutigen großen Monarchen schlecht unterrichtet sich be-
findet. Er lasse sich demnach belehren, daß unsere jezi-
gen Monarchen weit entfernt, das trauervolle Recht,
einem Menschen das Leben zu nehmen, für schätzbar zu
halten, dieses Verfahren für mehr als eine der schmerz-
haftesten Beschwerden des fürstlichen Amtes ansehen:
Er lasse sich gesagt seyn, daß alle heutige Fürsten nicht
im mindesten das Recht, mit dem Tode zu bestrafen,
achten, sondern vielmehr denjenigen belohnen würden,
welcher ein Mittel vorfinden könnte, die öffentliche Sicherheit zu erhalten, ohne einen einzigen Menschen ausrotten zu dürfen. Er wisse, daß in diesem philosophischen Jahrhunderte einige Fürsten dem Beyspiele eines
Kaysers Mauritius, Anastasius und Isaaks nachgefolget,
welche nie die Gewalt, mit dem Tode zu bestrafen, ha-

P 4 ben

ben brauchen wollen.   Er mag nun darüber als ein heiliger Mann jammern und klagen, so viel er will, so ist es
doch wahr und einmal nicht anders, als daß alle heutige
Regenten (dergleichen gottseliger Seufzer ungeachtet, die
scharfe Sittenlehre darwider gen Himmel hinauf steigen
lassen) die Anwendung der Todesstrafe eingeschränkt, ge-
mäßiget und in ihren Staaten vermindert haben.   Dies
alles betrift weder die Glaubensartikel noch die Könige,
sondern es kommt auf ein bloses Urtheil, und folgenden
Vernunftschluß an:

**Man muß zur Todesstrafe nicht schreiten,
außer wenn sie nützlich oder nothwendig ist.**

**Nun ist die Todesstrafe weder nützlich
noch nothwendig;**

**Folglich muß man nicht zur Todesstrafe
schreiten.**

Wir haben demnach hier nichts mit der Rechtsame
der Regenten zu schaffen.   Mein Ankläger wird doch
nicht behaupten wollen, **daß man zur Todesstrafe
schreiten solle, wenn sie gleich weder nützlich
noch nothwendig ist.**   Ein so ärgernisvoller und
unmenschlicher Satz kann unmöglich aus dem Munde eines
so überschwenglich frommen und gottseligen Mannes gehen.   Habe ich in dem Mittelsatze unrichtig geurtheilet,
so ist dies ein Verbrechen der beleidigten Vernunftlehre,
aber keines der beleidigten Majestät. Uibrigens sind doch
meine Irrthümer verzeihlich, weil sie unter die Anzahl
derjenigen gehören, worein so viele eifrige Christen
in den ersten Jahrhunderten der Kirche gefallen.   Man
ziehe hierüber die heiligen Väter zu Rathe, worunter
Tertullian in apolog. cap. XXXVII. also saget: Es
war bey den Christen eine von ihren Regeln: lieber
den Tod selbst zu leiden, als ihn andern anzuthun

thun: und in dem Tractate von der Abgötterey Cap.
18. und 19. verwirft er alle Arten von weltlichen Be-
dienungen, und verbietet sie den Christen, weil sie genöthiget wären, die Schuldigen zum Tode zu verurthei-
len. Jedweder sieht sehr leichte, wie man in den damaligen Zeiten in Ansehung des Abscheues der Verurtheilung zum Tode vielleicht zu weit gegangen; ich will auch
hierinnen dem Gutdünken des Tertullians nicht beytre-
ten; vielmehr habe ich mit dem heiligen Augustin gesagt:
es sey besser, daß die Verbrecher, anstatt sie zum Richt-
plaße zu führen, alicui vtili operi integra eorum
membra deferviant. A v g v s t. *Epiſt. CCX.* Ich
begnüge mich, meinem Ankläger damit zu zeigen, daß
der Geist der ersten Christen mir günstig sey, wenn ich
wünsche, die Fürsten schritten nicht zur Todesstrafe,
sondern beschüzten die öffentliche Sicherheit auf eine andere Weise, und daß dieser Satz sehr von meinem theologischen Herrn Gegner und einiger seines Gleichen unterschieden sey, da er schlechterdings zur Ehre Gottes die
Menschen will ermordet wissen. Mein Gott, was giebt
es doch in der Welt für sonderbare Begebenheiten! Ein
Mensch ist es, der sich wider mich auflehnet, weil ich
gelehret: man solle die Menschen nicht ermorden, bis
es der Nuzen oder die Nothwendigkeit erfodert! und ein
Mensch getrauet sich einem Menschen deswegen zu sagen,
daß etwas Unschikliches in dieser Meynung
sey (S. 108.) daß ich unsinnige Raisonne-
ments mache (S. 112.) daß ich ein Betrüger
bin (S. 114.) daß ich die göttliche Vorsehung
selbst der Grausamkeit beschuldige (S. 118.)
daß ich ungeräumtes albernes Zeug vorbrin-
ge (S. 130.) und daß endlich verständige
Menschen dergleichen Narrheiten jederzeit mit
verächtlichen Augen ansehen, und selbige
für Misgeburten erboster Menschen halten
P 5   wer-

werden, wie er sagt, daß ich mich bewiesen habe.
(S. 135.)

Er hat ferner durch Anführung der heiligen Schrift
einen Beweis beygebracht, welche wider einen Satz, den
er nicht recht verstanden, nichts beweist. Ich muß ihm
also dasjenige, was in unzählich vielen gar gemeinen Büchern geschrieben stehet, wiederholen, nehmlich daß die
Regierung des Ebräischen Volks nicht monarchisch, nicht
aristokratisch, nicht demokratisch, nicht vermischt, sondern Theokratisch war, das ist, eine solche, welche unmittelbar aus der Hand Gottes kam, indem er sich
durch manchfaltige Wunderwerke zur Gunst und Belehrung seines Volkes sichtbarlich zu erkennen gab, und durch
die Stimme der Propheten unmittelbar mit diesem Volke redete. Will mein Gegner die heilige Schrift und die
guten und rechtgläubigen Ausleger derselben lesen, so
wird er sehen, daß viele Thaten in der Geschichte dieses
Volks mit Bestande der Gerechtigkeit von uns nicht nach-
geahmet werden dürfen, so wie der Ausgang aus Egypten, der Eingang in das Land der Verheißung mit einigen Umständen verknüpft gewesen, welche nur allein damals gerecht waren, da sie vom Schöpfer und Herren der
Menschen und aller Dinge angeordnet und befohlen worden, dem Herren, dessen Wege gerecht und wunderbar,
aber zugleich dem schwachen Auge der Sterblichen un-
durchdringlich sind. Nebst dem, was ich jetzt angezeiget,
muß ich meinem Ankläger auch noch in Erinnerung bringen, daß mit der Bekanntmachung des Evangeliums und
des Gesetzes von der Gnade, nicht sowohl die Cerimonial-
gesetze des alten Testamentes, sondern auch (man merke dieses) die richterlichen abgeschaft worden, wie Tertullian uns schreibet: Vetus lex ultione gladii se vindi-
cabat, nova autem lex clementiam designabat. *Adverf.*
Iud. Cap. 3. Dieses sind alles Sachen, welche eben
rei-

keine tiefe Gelehrsamkeit erfordern. Es ist ferner zu erwägen, daß in der einzigen Criminalsache, worüber
unser Erlöser richtete, nicht die Steinigung, wie sie in
den Gesetzen verordnet war, sondern vielmehr die Begnadigung erfolgte. Mein Gegner erforsche nur recht den
Geist des heiligen Evangeliums, die Apostelgeschichte,
die Schriften der ersten Christen, die Gesinnung der heiligen Kirche, welche vom Kirchendienste alle diejenigen
ausschließt, welche sich des Todes eines Menschen theilhaftig gemacht, und dann sehe er zu, ob seine oder meine Meynung der **Menschlichkeit,** der **Wohlthätigkeit,** der **Duldung** menschlicher Schwachheiten
und Irrthümer (alles Tugenden, welche mein Gegner
zweydeutig findet S. 30.) gemässer sey? Wo ist wohl
ein Gesetz, welches zu sagen oder zu schreiben verbietet,
die Regierung könne vortreflich bestehen, wenn auch keinem Verbrecher die Todesstrafe zuerkannt wird! **Dio-
dorus** erzählt im 1 B. 65 Cap. daß Sabaco,
König von Egypten, die Todesstrafe mit sehr belobter
Huld in die Strafe der Knechtschaft verwandelt, und
die Missethäter zum gemeinen Besten durch ihre Arbeit,
mit sehr glücklichen Erfolge angewandt. **Strabo** im
XI B. sagt von gewissen Völkern, welche nahe an dem
Caucasus wohneten: nemini mortem irrogasse, quam-
vis peſſima merito. Die römische Geschichte bestätiget
eben dieses, weil nach dem Portiußschen Gesetze kein rö-
mischer Bürger anders, als durch den Ausspruch des
ganzen Volks, das Leben verlieren konnte. Endlich be-
kräftigt solches das Beyspiel der zwanzig jährigen Regierung des weitläuftigsten Kayserthums, der Welt, da
die Prinzeßin Elisabeth bey Ersteigung des Moskowiti-
schen Thrones, keinem das Leben zu nehmen, geschworen und diesen Eyd gehalten, ohne daß die strafende Gerechtigkeit dadurch in ihrem Laufe gehemmet, oder die
öffentliche Ruhe im mindesten gelitten, oder der Thron
er-

erschüttert worden.   Demnach ist es nicht durch Specu-
lation, sondern durch die That selbst erwiesen, daß eine
Regierung bestehen kann, ohne jemals wider einen Verbrecher mit der Todesstrafe zu verfahren.   Und wenn
ich also eine offenbar erwiesene That aufgeschrieben, kann
wohl mein Gegner glauben, daß ich die Gesetze oder die
Regenten gelästert.   Ist es vielleicht einem Bürger, der
aber den vorhandenen Gesetzen Folge leistet, verboten
zu wünschen oder zu schreiben, daß man noch bessere, an-
gemessenere, deutlichere und gelindere Gesetze verfassen
möchte? Ist etwa der hochverdiente und berühmte Herr
Marquis **Scipio Maffei** als ein Störer der
öffentlichen Ruhe und Schänder der Gesetze, der Regenten und der Kirche angesehen worden, weil er die Begriffe der Menschen von der Zauberey bestritten, und
man auch von ihm sagen könnte, **daß er alle Regen-**
ten, alle weltliche Gebieter und die Weisen
der Kirche als grausame Tyrannen ansehe,
weil sie die Bösewichter (S. 133.) (die Herenmei-
ster und die Hexen müste man alsdenn sagen) **zum To-**
de verurtheilten, wie mein Ankläger mir solche Verschuldung beymißt! Glaubet er, daß in Europa auch nur
eine einzige Regierung sey oder seyn könne, welche sich
für so vollkommen halte, daß sie es für eine Beleidigung
und einen Schimpf aufnehmen würde, wenn man ihr
einige Abänderungen anzurathen hätte. Uebrigens wie-
derhole ich nochmals, daß ich bey meinem Buche eben so
gedacht wie **Grotius** *I. B. et .P prolegom.* Vere
profiteor, sicut mathematici figuras a corporibus se-
motas considerant, ita me in iure tractando ab omni
singulari facto abduxisse animum.

Anklage.

Der Verfasser hat nicht aus Liebe zur
Menschlichkeit geschrieben, sondern einzig
                                    und

und allein um seine Galle wider die gemeine
Art zu urtheilen auszuschütten.

In diesem frommen Urtheile, welches mein gottseliger Ankläger, denn dafür will er gehalten seyn, und
viele halten ihn wirklich dafür, über die verborgenen Bewegungen meines Gemüths fället, ist er eben nicht glücklicher, als in der Beurtheilung meines Buches. Die Zü-
ge der Menschlichkeit, die jeder Unpartheischer in meinen Schriften antreffen wird, sind (ich glaube, das wird
ein jeder sehen) aus dem Grunde meines Herzens gekommen; also gebe ich jederman zur Beurtheilung, ob ich
nicht aus Liebe zur Wahrheit, sondern blos
zur Ausschüttung meiner Galle wider die gemeine Art zu urtheilen geschrieben habe.

Beschlus.

Jeder vernünftige Leser, der meines Gegners Noten und Anmerkungen selbst gesehen, mag überlegen und
urtheilen, wie weit er seine Sätze erwiesen.

Ausser augenscheinlichen Zündthigungen, welche man
darinnen liest, habe ich keine Einwürfe vorgefunden,
welche nur auf einen Anschein von Wahrheit gegründet
wären.   Ich verspüre auch zur Zeit nicht einen einzigen
von den schlimmen Gewissensbissen, welche,
wie er meynet, mich beunruhigen müsten (S. 6.); im
Gegentheile habe ich Ursache, von Herzensgrunde zu wünschen, daß seine Absicht so lauter und rein gewesen seyn
möge, daß er sich Ruhe und Friede in seinem gottseligen
Gewissen versprechen könne.

Die Anklagen, welche mein theologischer Gegner
nicht vor einem Gerichtshofe, sondern im Angesicht aller
Rich-

Richter, aller Gerichte von Italien wider mich aufge=
bracht, sind gar keine Sache der Litteratur. Wären die=
se Vorwürfe erwiesen, so wäre ich der abscheulichste
Mensch von der Welt. Sind sie nicht erwiesen, so ver=
zeihe ich ihm dennoch, und bitte ihn um nichts anders,
als sich künftig der Aeuserung seines Urtheils über ande=
re Schriftsteller zu enthalten. Und sollte man sich diese
schmeichelhafte Hoffnung nicht machen dürfen, so belie=
be er wenigstens zum Troste desjenigen, dem es bereinst
unglücklicher Weise gelten wird, gleich auf dem obersten
Titelblatte einen Zettel mit rothen Buchstaben anzuhän=
gen, auf welchen er Nachricht gebe: **Er sey derjenige,
welcher die Noten und Beobachtungen über
das Buch geschrieben, welches betitelt ist:
von Verbrechen und Strafen.**

E N D E.

www.ingramcontent.com/pod-product-compliance
Lightning Source LLC
Chambersburg PA
CBHW030344270326
41926CB00009B/960